万川
reflections

一步万里阔

幻兽志

Imaginary Animals

The Monstrous, the Wondrous and the Human

[美] 博里亚·萨克斯 ◎ 著
王爽 ◎ 译

一个没有幻兽的世界将是何等悲凉

Boria Sax

中国工人出版社

[美] 博里亚·萨克斯 | 作者

思想史与德语博士，作家、教师。

致力于研究人与动物的关系，曾出版多本相关著作，

代表作包括《乌鸦》《乌鸦之城：伦敦，伦敦塔与乌鸦的故事》

《为什么我们迷恋恐龙》《神话动物园：神话、传说与文学中的动物》等。

王爽 | 译者

幻想文学译者，各种神话和一切怪兽的爱好者。

主要译作有《最后的独角兽》《皮拉内西》《希腊罗马神话全书》等。

遇见万川

TO THE DRAGONS!

献给所有的龙！

目录

CONTENTS

IMAGINARY ANIMALS

传说中的生物，F. J. 贝尔图克，《神奇生物图鉴》，1801。其中一些生物广为人知：大鹏鸟、鸡蛇怪、凤凰、独角兽、鞑靼羊、龙。

1

真正的独角兽

THE TRUE UNICORN

现在我相信了
在阿拉伯，确实存在独角兽
还有一种树，梧桐树，在这个时刻
会有一只凤凰栖息其间
——莎士比亚《暴风雨》

在17世纪初，受过教育的人们普遍质疑独角兽的存在。爱德华·托普塞尔（Edward Topsell）牧师在他的《四足兽、蛇与昆虫的历史》（*The History of Four-footed Beasts and Serpents and Insects*, 1658）一书中，对于此类质疑是这样回应的：

> 关于独角兽，世界各地有众多独角兽的相关证据，由于它们的角很是贵重，所以一直遭到质疑。在我看来，这种质疑是因为人类天性中的堕落一面里有一些隐藏的敌人，它们蒙蔽了上帝子民的眼睛，让人们看不见也不相信上帝造物之伟大。[1]

这段话的语法有些混乱，不过他主要是指责了无神论者的质疑，认为他们或许遭受了邪恶力量的蛊惑。

事实上，托普塞尔是个相当开明的人，绝不是支持猎巫的那一派。他这段回应可能会让很多人不满，并转而指责托普塞尔本人在搞"偶像崇拜"。托普塞尔写这本书的时候，不列颠以及欧洲其他地区都处于紧张的宗教矛盾之中。作为英格兰教会的牧师，他寻求神圣的指引，认为有一种人人都能理解的语言可以超越一切教条，那就是自然界之语。

托普塞尔从未以自然主义者自居，但是他致力于研究前基督时代古书中关于动物的传说，并从中寻找道德教化的证据。他在书的献词里写道："在读过年轻的鹳鸟和啄木鸟反哺年迈的亲鸟之后，谁能对自己的父母冷漠而不知感恩呢？他们必定悔恨、痛改前非，变得更有爱心。"[2]他还把蚂蚁当作勤勉工作的典例，把狮子视为坚定不移的象

独角兽，来自康拉德·格斯纳的《历史中的动物》，1551。虽然是自然历史书中的插图，但这头独角兽还是摆出了如纹章图案一般高贵的姿势。

征，称鹈鹕是勇敢的代表。他在大自然中找到了无数的例证皆是有关道德与实践的，与宗教无关。但捕获独角兽则是一个独特而复杂的寓言故事，与耶稣的诞生、受难和处决有关。

几个早期的神学家也提到过独角兽，它还出现在知名作品《博物学家》(*Physiologus*)中，此书的作者是亚历山大的迪德摩斯(Didymus of Alexandria)，他生活在公元前2世纪末期。《博物学家》中提到，独角兽不能以武力捕获，但它愿意把头靠在少女的膝盖上，并被她们带走。作者显然是将少女比作圣母玛利亚，将独角兽比作耶

“处女诱捕独角兽”，来自一本12世纪的欧洲动物寓言集，很难判断这位少女是在“招呼”那个拿着武器的男士，还是想要保护独角兽。

一幅独角兽主题的壁毯画。弗兰德斯（1495—1505）。这头独角兽的侧腹上被长矛刺伤的地方与基督的伤口一致，它脖子上的冬青树枝有模仿基督的荆棘冠之意。左边那个指指点点的人或许在期待这头动物能复活。

稣基督，他写道："国家、权力、帝王或任何统治者都不能捕获它，地狱也不能禁锢它。"[3]独角兽被神圣化使得教皇格拉修一世很是不安，496年，他宣布少女与独角兽的故事是胡编乱造的，并将《博物学家》列入教会禁书名单。但是，这个故事仍在不断流传。《博物学家》不仅仅被抄写、复制，其影响力逐渐扩张，还被编入了其他书中。最终，它为中世纪的动物故事提供了基础，这种从道德角度进行讲述的自然史成为11世纪前后的流行故事。

在中世纪的欧洲，独角兽的象征意义远比它是否真实存在更加重要。人们认为，自然就是一系列的道德寓言，上帝通过自然展示自己的神圣计划。中世纪动物寓言的作者们对记录动物的故事不感兴趣，他们一心一意地阐述其中的象征意义。独角兽寓言不仅反映了传统的基督教思想，也象征着忠贞不渝的骑士之爱。骑士们需要像独角兽一样，在战场上勇猛不屈，但对自己所爱的女士则无限温柔，无私地为她奉献。

这些寓言在早期的动物故事里十分简单明了。比如，一只鹰会抛弃所有不肯直视太阳的小鹰，所以上帝也会抛弃一切无法承受神圣荣光的人。随着时代发展，一些故事延伸出了隐喻意义，变成了更复杂、更矛盾、更神秘的作品。此类作品在韦尔特伊壁毯画（Verteuil tapestries）中达到顶点。韦尔特伊壁毯又被称为“独角兽壁毯”，生产于15世纪，现收藏于纽约大都会艺术博物馆修道院分馆中。壁毯画描述了一位少女和几个猎人参与捕猎独角兽的野蛮行动，这场狩猎如同庄严的仪式，宛如弥撒。他们知道自己是罪人，也知道必须为自己的罪行忏悔，并最终获得救赎。中世纪晚期和文艺复兴时期的作品常常会描绘一位少女将受伤的独角兽抱在膝头，该场面模仿了圣母怜子雕像，即圣母玛利亚抱着死去的基督。

但为什么需要这样的寓言呢？其目的显然不是向未受过教育的人群讲述基督的故事，毕竟动物寓言甚至与基督的故事一样复杂。而且，这些故事与其说是在阐述宗教观点，倒不如说是在尽可能地掩盖与宗教的关联。这种隐蔽遮掩的手法在必须暗中行事的禁忌宗教中更为常见，占据统治地位的宗教很少这样做。这里揭示的问题重点是，当时基督徒之间的关系变得十分紧张，即使是最虔诚的信徒也很难避

“奇景”，一套6幅壁毯画中的一幅，产于布鲁塞尔或法国北部（1480—1500）。镜子是罗马女神维纳斯的象征，在近代早期被用以暗示女性的虚荣。但是这幅壁毯画的内容恰好相反，画中的女性并未照镜子，而是把镜子放在独角兽前，独角兽则将其前蹄放在她的膝盖上。这幅壁毯画包含了复杂的隐喻，而同系列的另外几幅壁毯画的内容也没有明确的解释。不过，有一种观点认为，独角兽代表了那位女士死去的爱人，她依然要忠于自己所爱。

“独角兽奋力反抗”，来自独角兽系列壁毯画，产于布鲁塞尔或法国北部（1495—1505）。受伤的独角兽象征基督，猎人们以一种程式化的、严肃的态度追逐它，仿佛在“望弥撒”过程中重现抓捕基督和基督受难的场面。

“被俘的独角兽”，来自独角兽系列壁毯画，产于布鲁塞尔或法国北部（1495—1505）。这是本套壁毯画中的最后一幅，独角兽被害又复活，这幅壁毯画暗含着一个无法被解释透彻的复杂隐喻。此处的独角兽战胜了死亡，只被一条细锁链拴在低矮的栅栏里，却很乐于接受这种爱的监禁。

一位少女的墓，建于16世纪早期，现保存于法国卢浮宫博物馆。由于这位少女早夭，未能结婚，独角兽就成了她永远的同伴。

免在谈论自己的教派时冒犯到对方。

托普塞尔的作品撰于伊丽莎白一世统治期间的文化衰退时期，当时清教徒的习俗盛行。童话和民间传说中的动物向导、智者和同伴形象被贬低，同样被贬低的还有女巫的精灵仆人。所有超自然的故事都有可能被打上轻浮愚蠢或者更糟糕的印记，比如与恶魔有关的偶像崇拜。但是在书中，托普塞尔不仅写到了独角兽，还提及了萨堤尔（satyr）、斯芬克斯（sphinx）、蝎尾狮（manticore）、戈耳工（gorgon）、鸡蛇兽（basilisk）、翼龙（winged dragon）、拉弥亚（lamia）[*]以及其他传说中的野兽，只可惜它们的存在不被学术圈所承认。他的书中充满了幻想故事，来源各不相同，从希腊-罗马的神话故事到英国民间传说全都有。他说黄鼠狼是通过耳朵下崽的，大象吃

* 萨堤尔，半人半羊的森林之神；斯芬克斯，人、狮、牛、鹰共同组成的人兽合体；戈耳工，长有尖牙、头生毒蛇的恐怖女妖；拉弥亚，半人半蛇的女妖。

了曼德拉草根就会怀孕。对托普塞尔和近代早期的其他作家来说，异域动物的故事是幻想的避难所，因为清教徒的教义不断挤压着幻想作品的空间。

1642年至1651年的英国内战是保皇派和议会派之间的战争，其中的保皇派保留了很多天主教习俗，议会派的绝大部分人则是清教徒。被废黜的国王查理一世在被捕后被新政府判以叛国罪，并于1649年被处以死刑。1653年，清教徒首领奥利弗·克伦威尔解散了议会派，并以护国公的名义统治英国，但后来，他变得越发孤立且不受欢迎。克伦威尔死于1658年，托普塞尔的完整版著作恰好在这一年出版了（此前仅有部分内容出版）。就在英国即将陷入混乱之际，克伦威尔的儿子理查德接替了父亲的职责，但他第二年就辞职了。1660年，在陆军的支持下，英国组建起新议会，并邀请流亡法国的查理二世——查理一世之子——回到英国登基。

在这些冲突中，托普塞尔站在哪一边呢？对于宗教和政治的纠纷，他很少直接发表意见，但是在他的自然历史书中还是能找到一些蛛丝马迹。他告诉我们：

> 蜂巢中，蜂王要是走失了，蜜蜂就会去寻找它。通过最富有洞察力的嗅觉感官，它们不找到蜂王绝不罢休。如果发现蜂王已经不能飞了，它们就会驮着它回去。见到此情此景，人们如何能不尊敬他们神授的贤明君主呢？

为了让故事显得更平衡，他接着写道：“蜂王虽然有刺，但从不

“萨堤尔”，来自爱德华·托普塞尔的著作。据说这种生物生活在印度。从本质上来说，它是中世纪野人传说的变种，但是其形象受到了一些猿类的影响，那些猿类是探险家从遥远的地方带回欧洲的。

使用，见此情景，哪位君主不会心存仁厚、杜绝暴政呢？”[4]显然，托普塞尔支持君主制度，并信奉英国国教。

独角兽的传说包含了很多天主教传统。独角兽的角，或者说“长角”（alicorns，实际上是独角鲸的长牙），会被当作圣遗物进行交易，而这一点是清教徒深恶痛绝的。据说这种角具有治愈功能，仿佛某种神迹一样。长角或长角的碎片会被当作圣骨放在金、银、宝石制成的精美容器里，容器存放在教堂之中，随后这些角会被加工成牧杖、圣餐杯和权杖。它们具有天主教会的一切魔力、光辉和荣耀。对托普塞尔来说，独角兽和其他幻想生物就像是天主教徒用以证明信仰的真理的奇迹。

西方世界的独角兽不断被卷入现代宗教、政治、科学的纠纷之中。也许这就是为什么独角兽的性格不仅凶猛，同时也很害羞，总是藏在遥远的森林里。为了证明独角兽的罕见性，传说中关于这种动物

"吾乃教皇"，这是15世纪末至16世纪初巴黎的一幅反对教宗亚历山大六世的宣传图。这位波吉亚教皇很有外交手段，热心资助艺术家，但其腐败和不道德的名声也尽人皆知。他极大地推动了宗教改革运动。

THE
DEVIL TURN'D
ROUND-HEAD:

OR,
PLVTO become a BROWNIST.

Being a just comparison, how the Devil is become a *Round-Head?* In what manner, and how zealously (like them) he is affected with the moving of the Spirit.

With the holy Sisters desire of Copularion (if he would seem Holy, Sincere, and Pure) were it with the Devill himselfe.

As also, the Amsterdammian definition of a Familist.

约翰·泰勒的小册子《恶魔化身圆颅党》的封面。在与恶魔交媾之后，一位女巫产下了清教徒。图中这位圆颅党手中拿的是上下颠倒的柴火架，用于放在壁炉里烤肉。他左手边就是一个烤肉扦子，可以把肉串在上面，翻着面烤。这两样东西表明此人来自地狱的火炉，或者他最终会回到地狱的火炉里。

独角兽是圣灵的象征，与教皇并列。保罗斯·斯卡利哲，1570。独角兽总是伴随着中世纪风格的辉煌和神秘，在宗教冲突中通常都站在天主教的一边。

独角兽，约翰内斯·乔斯通努斯，《自然界中的四足动物画集》，1678。虽然博物学家们早在16、17世纪就质疑独角兽的存在，但是很多自然历史著作中依然包含独角兽，探险家也不断地去遥远的大陆寻找它们。

“两位少女于混乱中拯救罗杰”，H.J.福特为安德鲁·朗的书籍所绘的插图。独角兽逐渐从自然史类的书籍中消失，它们越发紧密地和超群的想象力联系在一起。这幅画描绘了两位骑马的少女凭借纯洁的品质驱散了邪恶精怪和怪兽。

的信息非常之少，人们在提起它时总会引起争议。也许就连托普塞尔也会偷偷质疑独角兽的存在。毕竟，如果独角兽是一个符合科学课题的形象，那么它就不会成为信仰的象征。

虽然我们如今生活的世界已经不再由天主教所主导，但我们对独角兽的反应和托普塞尔那个时代的人们差不多。你相信世界上有独角兽吗？如果你和我一样——和大多数人一样——就会发现很难回答出“相信”，但也不愿意回答“不相信”。从19世纪到20世纪早期，探险家们不断地去往遥远的地区寻找独角兽，从亚洲中部的平原到非洲雨林，都有他们的踪迹。经过上千年的时间，独角兽获得了偶像图腾般的能力，如今更是渗透到了每一种信仰之中。若想在客观现实中否定独角兽的存在，就会不可避免地将它所代表的东西一并否定掉，即

拉斐尔·圣齐奥，《抱独角兽的女人》，1505。画中的年轻女人很可能是茱莉亚·法尔内塞，她是教皇亚历山大六世的情人。根据中世纪传说，只有处女才能捉住独角兽，但画中的独角兽看起来像个玩具。女人的表情既圆滑世故又有孩子气的天真，还有些脆弱。

“真正的独角兽”，1610。这是独角兽的一种，来自鲁道夫二世博物馆。在近代早期，人们把独角兽身上一些矛盾的特征解释为它们分属于不同品种。这幅画里的动物看起来像毛驴长了一只羚羊角。

J.J.格朗维尔，《牲畜聚会》，1842。图中有一只独角兽，作为一个“假想的”动物，它在“现实的”同伴们之中显得有些特殊。

伟大的想象力。

托普塞尔也许可以被视为欧洲早期的浪漫主义作家，但是他的浪漫之中包含着一种共通的要素。感官娱乐和想象力共同构成了我们对动物的认知，这种认知能让我们摆脱文化（包括宗教、哲学、政治延伸出的各种先入之见）的束缚，虽然只是暂时地、部分地摆脱。正如我在本书中想要说明的，这涉及对于生命、死亡、时间、身份的基本认知的质疑。独角兽这样的动物尤为明显地担负着这种功能，我们将其称为“幻想的”，这种特质又延伸到从蜻蜓到龙的每一种生物身上。

玛丽·丘吉尔的藏书票，比利时，20世纪。图中的画面是古老传说的变体，独角兽被手持画笔的少女引诱而来，狮子无须任何武器就捉住了独角兽。

寻找独角兽

我们姑且假设，假如在明尼苏达州北部，忽然出现了大量目击独角兽的消息。一些人既激动又迷惑，当地政府备受压力，必须解释到底发生了什么。林业工人在森林里四处搜寻，却没发现任何独角兽的踪迹。隐藏在森林里的摄像机拍到了一些熊的可爱照片，但再也没有其他内容了。人们设置了捕捉独角兽的陷阱，但只是抓住了一些不小心的猎人。依然有源源不断的独角兽目击报告出现，在所有办法相继失败之后，当局采用了一种由来已久的办法，如中世纪动物寓言集中记录的：他们找来一个年轻女孩，穿着美丽的裙子坐在森林边缘野花盛开的草地上。片刻后，独角兽悄悄地走出来，将头搁在女孩的膝盖上。埋伏在周围树丛中的人们一拥而上抓住了独角兽。和人们想象的一样，这是一个外形似马的生物，前额中间长着一只长角。

独角兽被放在一个广阔的牧场里，周围有高墙环绕，防止它逃走，它的脖子上还佩戴了无线电项圈。但现在就出现了最麻烦的问题——如何确定这个独角兽是真的？被草地上的女孩吸引而来似乎是个强有力的证据，但这可能是偶然情况。人们或许可以对独角兽进行基因检测，但是检测结果和什么作对比呢？检测结果只能用来反对当局的说法——如果结果接近马的基因，人们就会说，这动物“只是一匹马”。人们会根据DNA检测结果判断这动物是山羊，甚至是人，但肯定不是独角兽。说到底，唯一的检测标准就是将其跟古代的独角兽绘画进行比较，但究竟和哪一幅图画进行比较呢？真正的独角兽是大还是小？它的角是直的还是弯的？它是白的还是黑的？也许无论如何，被抓住的独角兽都会被视为“不真实”，因为它不可能跟我们的想象完全相符。

居斯塔夫·莫罗，《俄狄浦斯和斯芬克斯》，1864。俄狄浦斯和斯芬克斯凝视着彼此的眼睛，神态既恐惧又好奇。俄狄浦斯的外貌有些雌雄莫辨，这幅画在某种程度上受到了夏娃与蛇的意象的启发。

2

与动物邂逅

ANIMAL ENCOUNTERS

我爱我猫乔弗瑞，
他是永在的基督的忠仆，日日尽心侍奉，
东方出现第一缕上帝的荣光，他便恭敬致意，
他优雅敏捷地蜷起身体7次表示崇拜，
然后他跳起来去扑麝香，那是上帝回应他的祈祷赐下的祝福。
——克里斯托弗 · 斯马特，《我爱我猫乔弗瑞》

在一切幻想的生物中，最为突出的一种幻想无疑是“人”（man）或者“人类”（human being）。很难说“人”这种形象是如何出现的，所有人身上都覆盖着皮革、纺织品或塑料。它的自然状态——如果人真的有什么“自然状态”的话——完全是个谜。为了变得更为神秘，人还会模仿别的东西，像鸟一样穿上羽毛，或者像狼一样嚎叫。

这只是个开始。人类不只隐藏自己的身体，还用须后水、香水或除臭剂掩盖自己的气味。它们给自己的毛发染色，用涂料或永固墨水遮盖皮肤。它们将自己的形象投影到盒子里或屏幕上，它们的声音遍布全世界。别的动物，尤其是野生动物，肯定认为人类根本没有身体。森林里的生物把人类当作梦中之物、幻觉或者是变形怪。

作为人类，我们的观点常被情绪左右，比如集体自豪感、羞耻感、恐惧、渴望。如果我们试图说明人类到底是什么，我们可能会描述我们想要成为什么样子，或者我们害怕成为什么样子。给“人类”下一个轻松而有效的定义，那大概就是“我们之一”（one of us），这样一来，由文化、历史时代，甚至是个体日常体验给出的“何谓人类”的边界就会变得无限广阔。在古代和近代早期的欧洲，熊被认为是接近人类的，虽然不完全是“人”。因此有很多公熊和人类女性结合的故事。在斯堪的纳维亚半岛，很多国王的祖先都是熊。[1]西方的智慧领袖有一段时间把猿类视为人类，当然这要抵挡来自各个民族、国家、宗教、种族以及个人的反对。[2]新几内亚的卡拉姆人认为食火鸡（cassowary），一种与鸸鹋有关的不会飞的大型鸟类是人类。[3]在奇旺族（住在森林里的一支马来西亚人）的观念中，与“人类”概念最

J.J.格朗维尔，《动物佩戴人类假面》，1842。注意落在画面下方地面上的面具，面具抬头看着动物，似乎代表了人类。

接近的是一种“亲近感”的波动感知，这种亲近感并不以生态学或血统论为依据。有时，这种感觉可能来自鹦鹉或蕉叶，而不是某些男人和女人。[4]当代社会的很多人把自己的宠物猫狗当作“家庭的一分子”——简单来说就是把宠物当成人类。

曾经有不少人尝试总结出特别能代表人类的一些特征，比如会用火、会制造工具，但这些特征都受到了挑战。举例来说，有些思想家认为，埋葬死者是人类独有的行为。那么大象呢？大象也会把死去的同胞埋起来。为了探究这个问题，我们或许应该放弃或修改“人类”的定义，又或者应该坚持原本的定义，承认大象就是人类。事实上，我们可以同时采用以上几种办法，可以继续一边观察、一边调整我们想象中的画面。

关于“人类”的定义有法律的、生物学的、人类学的、神学的、哲学的以及文学的概念，其中绝大部分定义都只描述了人构想出的“人类”的一个方面。因为人类的每一种特征，从生理上的到信仰上的，所有特征都在不断变化、不断被修正，人也在不断反思、藏匿、夸大、更改自己的特征，“人类”的定义也就始终难以确定。如果你不知道“蜘蛛猴”是什么，你可以轻而易举地搞清楚——只需要看看百科全书上的解释就行了。如果你不知道“人类”是什么——当然人人都知道“人类”是什么——就没地方去寻找一个满意的答案了。任何对于“人类”的定义都是短暂的，是揣测得出的，而且往往具有时代性的错误或者语焉不详，总会受到诸多挑战。“人类”定义背后的真实情况总会被数百万个幻象所淹没。

创造幻想生物的一个目的是将人类千变万化的特征投射至其他动物身上。我们完全有理由说“人类创造了自己”，甚至可以毫不夸张地说，从20世纪中叶开始，欧洲绝大部分哲学家——从存在主义到社会构成主义——都持有这种观点。但是人类并非孤立地存在，因此保罗·谢泼德（Paul Shepard）所说的“动物创造了人类”，或许更有道理。[5]在很大程度上，我们通过与动物的互动体验来创建“人类”的概念。在20世纪的最后几十年，动物—人类关系领域（即人类动物关系学或者动物研究学）的学者开始研究这个过程。

人类动物关系学最初的研究来自基斯·托马斯（Keith Thomas）和哈里特·瑞塔沃（Harriet Ritvo），他们于20世纪80年代发现了在近代早期和维多利亚时代的欧洲和美洲地区，尤其是在英国，人类统治动物和自然界的象征符号。[6]从几何结构的花园，以及将老虎之类的大型捕食者关进笼子里的行为就能很明显地看出这些特征。他们假设人类与自然之间处于明显的对立状态，但这种说法并不具有很强的说服力。研究者们逐步发现，亚马孙盆地在过去的1000年内看起来似乎保持着未受打扰的自然状态，但实际上却受到了人类定居点的强烈影响。

本书将人类动物关系学延伸至幻想、神话和传说的领域，这些领域很少以人类为中心。在全世界的民间故事中，总是包含着各种生命形式，从人类到狐狸再到树木，它们都以平等的方式互动着。在本书中，我将尽可能地展示文明和自然是如何在幻想的国度相互融合的，并将最终证实，人类自称为“万物灵长”不过是幻觉。

夏娃的蛇

在整部《圣经》中，唯一会说话的动物（除了巴兰的驴子）是伊甸园中的蛇，它只跟一个人说过话，那就是夏娃。我们都知道，那条蛇劝说夏娃吃了智慧树上的果子，她还把果子给了亚当。上帝知道后便将这最初的一男一女赶出了伊甸园，并诅咒了那条蛇，它从此以后只能靠肚子爬行。

在近代早期，夏娃，也包括所有女人，都被当作一切坏事的源头——收成不好、疾病流行都怪女人。有些传说提到夏娃和魔鬼生下了孩子，那些孩子就成了折磨人类的恶魔。但同时，夏娃也被尊为圣人，还被认为是玛利亚的祖先，而玛利亚也被称为“新夏娃”。人们相信，夏娃犯下的罪行，以及后来她和亚当被逐出天堂的惩罚，对人类的最终救赎来说都是必要的，因此人们对她既愤怒又感激。

罪人也好、圣人也罢，夏娃很可能成为第一个代表西方文明与动物亲密接触的人类。当然也有其他人，比如劝诫鱼类的圣安东尼，教化鸟类的圣方济各，但他们与动物的关系都缺乏互惠。欧洲中世纪和文艺复兴时期的绘画明显地表现出这一点——夏娃和蛇通常有意味深长的眼神交流，亚当则茫然地站在一旁。

大约在11世纪中叶，伊甸园中的夏娃和蛇的形象开始融合。充满厌女意味的布道、中世纪晚期和文艺复兴时期的宣传册都在不断地描述夏娃（以及所有女人）有着蛇一般的卑劣残忍。12世纪晚期，恶魔常常被描绘为拥有恐怖的外表，突出的眼睛、巨大的嘴巴、吓人的尖牙。但后来，有深远影响力的法国牧师彼得·科米斯特（Peter Comestor）声称，为了赢得夏娃的信任，蛇化作与夏娃相似的形象，他将这种形象称为“蛇化身”。在一些作品中，蛇化身常常有着女人的头和蛇的身体，脸和夏娃一模一样。作为代表女性虚荣心的形象，这怪物的发型也十分精美。有时，这个美女蛇还会佩戴一个王冠，代表她的梦想与权力。夏娃与蛇交换着鬼鬼祟祟的眼神，这表明二者之间存在淫秽关系。

经过数个世纪，蛇化身变得更为复杂，兼具女性特征和动物特征。蛇身的起伏常常暗示着女性身体的曲线。在很多绘画里，蛇化身甚至有手、乳房和女性的躯体，仅仅下半身有着蛇的形态。在其他一些绘画中，蛇化身则半是女人、半是蜥蜴。这些画像给近代早期的许多混合生物形象提供了灵感，比如长着人类女性脑袋的蝗虫。[7]

女人比男人更贴近自然的说法一直持续到现代，而自然又是具有威胁性的，这两种说法叠加起来，便会生出“厌女”的结果。但是，如今的自然成了都市生活的噪声和压力之外的世外桃源，女性和自然夏娃被蛇化身引诱。《玛丽皇后的圣咏经》插图，伦敦，1310—1320。图中蛇化身的发型比夏娃的还要精美，但自腰部以下有很多动物特征。

的密切联系变得和蔼可亲，甚至越发神圣了。

几个世纪后，人类逐渐失去了与野生动物的联系，尤其是大型掠食动物。在世界范围内，那些曾经恐怖的肉食动物变得非常稀少，有些甚至灭绝。很多人无法区分纹章图案里的狮子和熊，卡通形象和广告里的动物也变得难以区分。人们希望和野生动物再次建立起密切联系，所以养宠物成了19世纪的中产阶级尤为痴迷的爱好。有些人希望获得跨越物种的深切理解，选择在家中饲养狼、老虎、公牛、雄鹿、水牛、熊、土狼、猎豹、鳄鱼，甚至还有毒蛇，将他们自己和周边人置于危险之中。他们认为，自己就像中世纪晚期及文艺复兴时期绘画中的夏娃，和某些动物之间存在的神秘联系能让他们和动物进行安全的交流，“一般人”的警告他们是听不进去的。[8]

有一位“现代夏娃”名为格蕾丝·怀利（Grace Wylie），她早年

《诱惑亚当和夏娃》，马索利诺，圣玛利亚·卡尔米内教堂，1434。在这幅画中，蛇或者说蛇化身的脸几乎和夏娃一模一样，但前者发型更时髦。亚当和夏娃已经准备好了要吃苹果，他们二人的脸上没有什么表情，但亚当似乎更为恐惧，夏娃则更自信、清醒。蛇化身露出一副无所不知的表情悬在夏娃的头顶上。

和非常危险的毒蛇住在一起，并逐渐学会了如何驭蛇，她可以不使用任何工具甚至不戴防护手套就和蛇接触，她的自信态度令旁观者惊叹。她曾以蛇类专家的身份在芝加哥的布鲁克菲尔德动物园工作，她允许眼镜蛇和大蟒在自己的办公室里自由爬行，因为她坚信蛇都是温顺的。这让她声名大噪，她带着众多的蛇去了好莱坞，成了电影顾问，出租蛇用于拍摄。1948年，她同意将自己最新获得的一条蛇拿出来拍新闻照片，那是一条5英尺长的印度眼镜蛇。怀利轻拍它的背，希望它摆出一个漂亮的姿势，但眼镜蛇突然发起攻击，90分钟后，怀利死在医院。心理学家卡尔·门宁格表示，怀利对蛇有一种“图腾崇拜似的迷恋”，就像我们提到的夏娃与蛇化身那样。[9]

主教的雄鹿

根据传说，圣胡贝图斯（St Hubertus）是法兰克王国统治者埃斯塔勒的丕平国王的廷臣，此人十分热爱打猎。有一次，在耶稣受难日，在追猎一头雄鹿时，他和同伴分开了。他孤身深入丛林，雄鹿突然转过身面对着他。在那头雄鹿的犄角之间，有个小小的耶稣受难像。雄鹿开口说话，劝诫胡贝图斯不要再过这种无所事事的日子。于是胡贝图斯不再狩猎，他把自己的财产分给穷人，他的余生一直虔诚侍奉着上帝，最终当上了列日的主教。动物们常常以这样的方式提醒我们反省自己的价值观，督促我们改变自己的人生。

但是，和动物的邂逅都是十分私人的体验，很难概括出其中的意义。也许这就是为什么胡贝图斯从未下令禁止狩猎，事实上，他至今仍是猎人们的庇护圣人。给动物赋予权利的尝试会扰乱动物占据主导地位的自然界环境，这个世界原本远离人类社会。我们只能在自己的世界（即所谓的“文明世界”）内赋权，而在不同的文化环境内，这些权利必定存在很大差异。

在人类社会被称为“盗窃”“谋杀”的行为在动物界不仅司空见惯，而且实施起来也毫无愧疚和悔恨之感。杀戮和死亡是日常生活的一部分，普通得不值一提。在数千只小蝌蚪中，或许只有一只能长成青蛙，而那只青蛙很快便会成为苍鹭的猎物。十几只兔子里可能只有一只兔子能够长大，但长大的兔子却会被鹰或者浣熊吃掉。如果我们以人类社会的标准——对生命的期望、医疗看护之类的事情——去看待自然界的事件，那么生活在原野和森林里的动物就显得极为不幸，比人类社会中最离群索居的人都要悲惨。

这种情况使得18世纪末和19世纪的思想家，如威廉·佩里（William Paley）和威廉·斯梅利（William Smellie）开始思考，弱肉强食是否是自然界构造的缺陷。“自然界竟然建立在如此残酷的规则之上？”斯梅利问道，“她为何规定，一个动物必须吃掉其他动物才能生存？”最终，斯梅利认定这是一个神圣的宗教奥义，但是其他不那么赞同宿命论的人则想改变这一缺陷。他们大量捕杀狼一类的掠食动物，甚至搞得狼快要灭绝了。[10]如今，我们不像维多利亚时代的人一样如此直白地谈论这个话题，但我们对于动物捕食行为的接受程度其实并不比维多利亚时代的人更高。然而，当我们在春天穿过一片草地时，却不会有任何悲惨的感受。不管兔子们的生活多么岌岌可危，小兔子们都在嬉戏玩耍，一切生命都参与到欢喜美好的韵律之中。无论我们对

J.B.科廖兰为乌利塞·阿尔德罗万迪的《怪兽历史》(1642)所画的插图。直至19世纪，欧洲人依然认为鹿的角本质上是从鹿头上长出的某种枝条，就像树枝一样。雄鹿的枝条长得更茂盛一些。

圣胡贝图斯，根据科隆的威廉1380年所画的肖像画复制。注意这位圣人手中的《圣经》上有一只雄鹿，鹿角上佩戴着十字架，正是这头鹿让他投身到宗教事业之中。

其中的道德问题作何思考，狩猎，尤其是不以获取食物为目的的狩猎，其实是人类采取的一种以大体上和其他动物平等的方式参与自然界活动的行为，以克服自己对自然界的矛盾心理。

中世纪的欧洲人将狩猎视为一种简单、单纯的娱乐，狩猎时他们可以参与到森林、草地的多彩生活中去。和现代人选择养宠物一样，这是逃避复杂人际关系的一种手段，同时也是享受微风、阳光、森林美景的机会。狩猎不会让人反感，在现代医学出现之前，人们对血和

Une jeune brebis fort tendre ouvrit le bal avec une panthère sur le retour; ce couple, valsant à peine du bout des pattes, captiva longtemps mes regards. Un quadrille délirant composé de singes et de guenons coiffées à l'épagneule fut exécuté ensuite et suivi d'un menuet plein de grâce et de modestie. Un renard faisait les yeux doux à une poule. Une perdrix coquette tenait en arrêt sous son coup d'œil fascinateur un braque amoureux.

格朗维尔的《另一个世界》中的插图，1844。在一个化装舞会上，年轻的羊羔和一只母豹跳舞，狐狸专心地看着一只母鸡。格朗维尔讽刺一切看似文明的装饰，它们掩盖了“掠食行为”，这让维多利亚时代的人尤其是欧洲人感到苦恼。

死亡的接受程度很高。当雄鹿的脖子被割开时，女士们会将双手浸泡在鹿血中，好让双手变得白皙。[11]狩猎也为被压抑的激动情绪提供了一个出口。和养宠物一样，狩猎有时也会招致责难，但并不是指责狩猎的残忍，而是批判这种行为既轻浮又愚蠢。狩猎和宴饮、情色一样，都被视为动物性的享乐。

为了让狩猎过程显得文明，贵族猎手们随身携带着高雅生活的一切物品。领主和夫人们在狩猎时必定身着华服，猎手们结成庞大的队列随行，狩猎期间的工作就按照他们在宫廷中的地位大致分工。狩猎结束时，按照每个人的贡献瓜分猎物。从领主到狗，大家都能分得一份，领主通常可以得到兽头。雄鹿是基督的象征，人们对此深信不疑。雄鹿吃掉蛇就能褪去旧的皮和角，返老还童，就像耶稣死后又复活一样。如此一来，狩猎就成了一种重演耶稣受难的仪式，只是其宗教意义和世俗享乐并不互相干涉。毕竟，狩猎反映出了我们作为人类的堕落地位。[12]

圣胡贝图斯的故事不是独一无二的，也不是完全原创的。圣普拉西多斯（St Placidus）和圣尤斯塔斯（St Eustace）的故事与圣胡贝图斯的非常相似。大约在罗马帝国晚期，当时的人们不认为雄鹿是森林的统治者，它们只是人们的食物，因为人们并不能狩猎野猪或熊。[13]但这并不意味着圣人的故事是假的。那些故事中的要素不但很真实，而且很自然，排除其中有关魔法的内容后，类似的故事可以发生在任何时代的任何人身上。雄鹿使得胡贝图斯和他的同伴分开，实际上就是让他离开了宫廷的环境，也就是“文明世界”，并带领他进入了神奇的领地。寻找圣杯的传说也有着类似的故事模式，传说的起因就是亚瑟王因为追逐一只白色的雄鹿而在森林中迷了路。

此外，雄鹿有时会转身直面猎手。当一个人在森林里迷失时，很容易就会联想到这是在直面自己的命运。一旦与日常的习俗和仪式隔绝，猎杀雄鹿的行为就没什么内涵了。圣胡贝图斯不得不以一种十分透彻的方式反思自己的生活。所有的动物，包括胡贝图斯的雄鹿，都能带领我们进入另一个国度。艾伦·卡特丘（Aaron Katcher），动物辅助疗法的先驱之一，相信接触动物能带来治愈效果，因为动物们能够传达出一些比我们所谓的“文明”更高级的东西。具体来说就是动物们过着一种循环往复的生活，同它们互动能让我们放松，暂时摆脱构建人类生活的线性时间，以及随之而来的一切恐惧和焦虑。他写道：“动物的持续稳定就是时间周期的持续稳定，是生命在日、月、季节、生命周期中的循环。”[14]

人类模糊的分类法并不能很好地适应自然界，因为分类法只是用来描述人类所见的世界。我们关于动物的各种说法，要么是陈词滥调，要么就是大错特错，没有一句是完全正确的。动物不缺乏“意识”，同时也不需要这种东西。它们既不“口齿清晰”也不“哑巴”，既不“聪慧”也不“愚笨”，既不“善良”也不“残忍”，它们不“邪恶”、不“道德”，也不“超越道德”。和人类相比，它们不“低级”、不“优越”，也不“平等”。总体来说，它们从根本上就与人类截然不同，我们的概念都不适合用来描述它们。

不存在一个普遍适用的词汇可以用来描述人类与动物之间的巨大差异，也没有哪一门哲学可以体现出动物在根本上的他异性。我也不愿在此采用任何特定的措辞。因为我的本意是为了指出动物不在人类的框架和分类学限定之内，如果特意为此安上一个词，就显得自相矛盾了。而且如果给每一种思想上的细微差异都发明一个词语的话，不免显得是在自创术语，反而更不能阐明道理。而且最重要的是，我更喜欢诗人们的描述，他们拓展了日常语言的力量，哲学家则常常在自创新词。但为了公平起见，我会注意这种他异性（或是类似的东西），乔安娜·博尔克用“消极动物学”（negative zoélogy）的标签发表了十分深刻的意见，罗伯托·马尔凯西尼则以“非人类他异性”（non-human alterity）发表了同样有创造性的见解。[15]

我们忍不住把自己的分类标准套在动物身上。在某种程度上来说，所有的生命都是整体，但我们把生命分成了无数单元，分成了“生物个体”。我们评价苍鹭捕食青蛙行为的利益，评价鹰捕食兔子的利益。我们给黑猩猩涂上红点，然后把它放在镜子前面，测试它会不会摸那个红点，以此判断它有没有“自我意识”。我们提出各种概念，我们让动物人格化。但动物毫不客气地丢下我们发明的概念，就像蛇褪下旧皮一样。动物让我们退回到人类尚未给世界命名、分类、阐述概念结构的原始时代。动物邀请我们反思整个人类文明，甚至是重新塑造文明，并让我们在幻想过程中不断创造出新生物。

哲学家的猫

从某种意义上来说，我们的动物伙伴基本上和独角兽一样，都是“幻想出来”的动物。从这个角度（或类似观点）上来说，雅克·德里达（Jacques Derrida）在那个著名的主显节当日，被猫盯着自己的

奥迪隆·雷东，《独眼巨人》，1914。画家以同情之心描绘了这个怪物，它象征着对社会的疏离感。它似乎在羞怯地看着我们，我们似乎打搅了它。但它的注意力似乎集中在画中的那个女人身上，这位女性的喜好它无法猜透。

裸体时，产生了这样的顿悟：

> 不，不，我的猫。我在卧室、浴室时这只猫都在盯着我，也许这不是“我的猫”，也不是“我的小猫咪”。它并不代表着我们文化中一切猫科动物的形象，它不是那个巨大猫科符号的大使，从拉方丹到蒂克……从波德莱尔到里尔克、布伯，以及其他无数作家都与它无关。如果我说有“一只真正的猫”盯着没穿衣服的我，这是为了强调它不可替代的唯一性。它回应自己的名字……代表“猫”这个种族时，它不予理会，作为“动物界”或“动物王国”的象征时，它就更不回应了……它作为“这个”不可替代的生命体，有一天忽然进入我的空间，来到我身边，进入了这个能遇到我、能看见我、甚至能看见我裸体的地方。我确信这里有一个拒绝被概念化的存在，任何东西都不会改变我的这个观点。

德里达接着说，他在猫面前裸露身体时感到很丢脸，[16]有一种类似于对掠食动物的既害怕又着迷的心情，或许我们遥远的类人猿祖先在面对猫科捕食者的时候也有同样的感觉。

不用说一个字，只是凝视一只动物，我们就会将它从大环境中抽象出来，或多或少地拉进我们的世界。[17]自然界的动物没有名字，至少没有人类能够分辨的名字。通过给动物命名，我们将动物进一步人格化——让它们变得“文明”。在《创世记》中，当亚当给动物命名的时候，他的地位就在动物之上了。而今天，我们给动物命名的时候，做的比亚当更多。我们罗列出了进化路线，以此将动物们放在特定的门、纲、目、科、属之中。家猫是猫科猫属，同时也是“Cleopatra”，它不只是获得了一个名字，而是一串长长的名字。每一个名字都将动物与文化上的特定预期紧密相连，在绝大部分情况下，这种预期混合了希望和恐惧。语言是人的专属领域，名字——更多情况下是好几个名字——就是该领域的会员徽章。

通过把动物放在复杂的分类系统中，我们可以平息生理和心理上本能的恐惧。可以缓解我们在与动物对抗时的心理冲击，因为所有动物都可以在某一时间内异常“像人”，但又极其陌生。看一只猫的眼睛或看蜘蛛织网都能产生一种回到前文化时代的体验。能唤起一些原始的回应，让我们想起（至少是暂时地想起）被人类随意地称为“文明”的东西的真面目是什么。

德里达写过一篇著名的评论，是关于他的猫多娜·哈拉维的：

> 他（德里达）只是勉强保持尊敬态度……但是他的行文标准被西方哲学、文学以及他在猫面前赤裸身体所产生的焦虑感带偏了……德里达忘记了陪伴动物的基本责任，他对猫会做什么、会感觉到什么、会怎么想都不好奇，也不去想那天早晨猫盯着他看是想做什么。[18]

换而言之，德里达只写了那只猫让他想到了什么、感受到了什么，在某种意义上来说，他很自私。最终，那只猫可能只是一个让他转而去思考笛卡尔、康德、边沁、海德格尔和阿多诺的过渡物。就算德里达看了动物学家的论文或者猫咪饲养手册，可能也不会有什么改变。也许德里达也曾像诗人一样写作，然后他突然想起来自己是个哲学家。

诗人与学院派哲学家之间的紧张关系贯穿德里达的文章始终。诗人们总想接触非人类的存在，比如猫，但哲学家说那是不可能的。诗人们感觉到，或者说至少是渴望感觉到超越的时刻，但哲学家说绝无此事。诗人花整个下午看猫、和猫玩耍，哲学家却说他必须回到边沁和笛卡尔身边。诗人不时插入几行诗句，哲学家却打断他，打开一本大书，让诗人别说话要好好读书。但是诗人在闭嘴之前确实表达了一个重要观点，哲学家不能强迫他收回这个观点——动物超越了所有概念化的尝试，甚至超越了饱学之士的努力。

此外，德里达的矛盾还体现在一个简单的方面。他坚持由于无法分类或命名，他会继续将这个生物称为“猫”。事实上，在告诉我们猫无法用概念来理解之后，他在文章中花了大量篇幅描述猫，这有点像一个不停地谈论自己为何必须保持沉默的人。但是，假如德里达给这个生物画了一幅画，而不是努力地试图给它贴标签呢？或者假设他为它写了一首诗？假设他讲过一两个关于这个生物的故事呢？这样，他就可以承认它的自主权，也就不需要强行给它取什么名字了。

一位旅行者故事的插图，法国，15世纪。在中世纪末期，关于旅行的记述变得越来越离奇。在这个故事中，美人鱼，或者说塞壬，与海豚和其他海洋生物一起吹着号角。旅行者踏上了一座象征原始纯洁的白马的岛。

3

何为“幻想动物”

WHAT IS AN 'IMAGINARY ANIMAL'?

……某种有缺陷或不合时宜的东西
如老鼠长翅膀，或汽车长着人脸
——希欧多尔 · 罗赛克,《蝙蝠》

假设一位动物学家在经过深入调查后，宣布“雪怪其实是熊”。很多人会认为这意味着雪怪（yeti）不存在，但如果我们不拘泥于字面意义去理解的话，就会发现并不是这样。相反，这一结论告诉我们应该如何对雪怪进行分类。我们仍然可以认为该结论相当轻蔑，因为与雪怪相比，熊显得相当普通。但也许，雪怪不是一只“普通的”熊，也许是一种此前不为人知的熊，一种拥有非凡力量和智慧的熊。而且，即使事实并非如此，这位动物学家的声明也可以被解读为对熊家族的致敬。

“熊”是什么呢？说到底，什么才是“真正的”动物？现代生物学通常可以追溯到卡尔·林奈（Carl Linnaeus）于1735年出版的第一版《自然体系》（*Systema naturae*），该书试图对所有生物进行系统分类。然而，林奈的分类法基本上是对传统或“常识”范围内的生物进行有条理的分类排序，遇到模棱两可的生物就有麻烦了，比如蝙蝠。起初林奈和他同时代的许多人一样，认为蝙蝠是长了翅膀的老鼠。在后来的版本中，他将蝙蝠归类为灵长类动物，并将它们单独分了一类，即劳亚兽总目，从此它们就一直待在这个分类里。

和当时的其他博物学家一样，林奈把鲸鱼和海牛归为鱼类（当然，现在的科学家将它们视为哺乳动物）。河马通常被认为是半猪半马的动物，但林奈把它归类为啮齿类动物。他的大多数分类方式在同时代的人看来都是有直观意义的，但科学却逐渐教会人们不要轻信表象，专业知识与实践经验之间产生了越来越大的隔阂。大约两个世纪以前，哥白尼证明了地球不是静止的，其他天体也并不围绕地球旋转。开普勒证明了天体不是沿着完美的圆形轨道运动的，而是以椭圆形轨道运动的，而伽利略发现天体的表面并不是完全规则的。后来牛顿证明了白光不是均一态的，而是由许多颜色的光组成。化学家们正在证明物质并不完全是纯粹的，而是包含许多元素。

从林奈的时代到现在，这一过程还会加速进行。动物学现在已经破坏了更多传统的分类，例如，与我们的印象相反，河马与陆地哺乳动物的关系并不密切，反倒是和鲸以及其他鲸目动物更接近。这不仅反驳了“鲸是鱼”的观点，而且质疑了“鱼”作为一个生物类别的地位，因为这揭示了在传统上属于这一类的生物并没有进化上的单一祖先。[1]但是，将动物从“经验”之中分离出来，很容易使人产生新的幻觉，毕竟随意的观察无法对动物的真实性进行有效检验。也许这就是在文艺复兴带来科学革命之后，关于美人鱼和其他古代神话生物的目击情报不断增多的原因。

如何辨别动物是“幻想的”（imaginary）还是“真实的”（real）？面对这个棘手的问题，把它简单地看作分类学的一个维度或分类学的一个延伸，可能会让人稍稍安心一些。毕竟，幻想的动物不仅建立在人类的希望和恐惧之上，大部分时候，它们还涉及有形的东西——诸如狮鹫（griffin）的爪、独角兽的角、大脚野人（sasquatch）的脚印或尼斯湖水怪的照片。经常有关于传闻中的生物的目击消息，甚至是精心策划的假冒报道。当然，我们如今的检测手段比文艺复兴时期要复杂得多，但它们并不总是准确无误或万无一失的。如果雪怪的一缕毛发的遗传密码与人类的相似，相信雪怪存在的人可能会回答说这是因为雪怪与人类有关。要确定雪怪是否存在，首先必须确定它是熊、猿、人，还是别的什么动物。

倭黑猩猩是不是黑猩猩？蘑菇这类真菌究竟是动物还是植物？熊猫是熊吗？尼安德特人究竟算不算人类？现已灭绝的袋狼——会吠叫、会狩猎，看起来很像狗，会把幼崽放在育儿袋里——究竟是肉食动物还是有袋类动物？分类学家永远都在努力地把他们的学科建立在更科学的基础之上，他们的努力催生了各种复杂的测量方法和图表，但最终，他们仍必须依靠对自然秩序的直觉进行判断。[2]

这同样适用于那些主要通过谣言或传说而被人们所知的动物分类。独角兽是马、山羊、犀牛，还是别的什么？萨堤尔是人吗？圣灵（holy spirit）是鸽子吗？美人鱼是海豚、海豹、海牛，还是女人？狗头人（cynocephali）是人、是狗，还是狒狒？在很多情况下，我们的答案最终决定了那些模棱两可的生物究竟是不是"幻想的"。

17世纪中期，托马斯·布朗曾（Thomas Browne）否认狮鹫的存在，苏格兰大臣安德鲁·罗斯（Andrew Ross）在回应他时写道：

> 有的作家说狮鹫是幻想的，但即使他们这样说了，也没有说服力，因为世界上有许多这样"混杂而可疑"的动物。阿科斯托斯给我们讲了印第安人的羊驼，这种动物有些地方像驴，有些地方像羊。莱里斯谈到了巴西的貘，它既像驴又像小母牛。我们还读到过许多其他仿佛混合体的动物，比如会飞的猫、会飞的鱼，还有一种长着狗头的猿类，名为犬头猿。我们的蝙蝠一半是鸟，一半是兽。[3]

罗斯是在克里斯托弗·哥伦布踏上新大陆半个多世纪后写的这篇

文章。那时候，人们只能从探险家的一些记录中了解诸如美洲驼和貘这样的动物，而那些记录往往很令人困惑。新的动物种群是如此奇怪，以至于人们不知道该如何描述它们，只能将其与更熟悉的生物进行类比，于是催生出各种奇妙的组合。今天的科学家们认为，把美洲驼描述为羊和驴的结合体要么是错误的，要么是有隐喻性的，但我认为，从更宽泛的层面上来说，罗斯的观点仍然是正确的。有许多生物看起来像是奇怪的混血儿，但却是完全真实的。

何为幻想？

除了现代奇幻小说家和艺术家，可能很少有人会去刻意创造一个幻想中的动物。如今我们称为“幻想的”动物，都是跨越了文化和历史的鸿沟去看待的。对于描写、雕刻或绘制它们的人来说，这些动物是如此真实。它们的字面描述或许不尽相同，但“字面”之下的真理——除去象征、寓言和情感的维度——在很大程度上都是现代西方文明的产物。随着“真实”与其他经验的分离，“幻想”的领域出现在“真实”的边界上。以法国的情况为参照，塞缪尔·萨达恩（Samuel Sadaune）写道：“直到13世纪，真实与虚幻、正常与超自然、自然与超自然之间才出现了一条精确的界限。这边界真是太棒了。”[4]

“幻想的”（imaginary）与“富于想象的”（fantastic）是同义词，imaginary直到14世纪才进入英语。人们很容易去思考imaginary和magic之间是否存在词源上的联系，“有魔力的”（magic）也是在14世纪时首次出现在英语中的。imaginary一词来源于拉丁词汇imago，该

《奇迹之书》的插图，此书是13世纪比萨的鲁斯蒂切罗根据马可·波罗的故事用古法语写成的。右下前景中的动物是一只短吻鳄，但为了满足大众对伟大奇迹的品位，画家在作者的准确描述基础上进行了极大的修饰。

词义为“与某物的相似之处”；magic一词来源于拉丁词汇magos，意为“施魔法者”，magos则是借用了波斯语中的magus。无论imaginary和magic之间是否有直接联系，这两个概念一直是密切相关的。“肖像”（likeness）*似乎总是有一些“有魔力的”（magical）的东西，因此也就很危险，这就是为什么《圣经》禁止“塑造肖像”的原因，这一禁令在犹太教、伊斯兰教和许多其他基督教派别中都被不同程度地严格遵守。“真实的”（real）与“幻想的”（imaginary）是反义词，real于15世纪时进入英语，它来源于拉丁语中的res，意为“事物”。总之，以上概念都是根据现代科学和宗教原教旨主义中的一种新的“真实”（truth）概念来理解的。

纯粹字面意义上的“真实”的概念在后现代时期遭到了越来越多的怀疑。“经验”和“幻想”听起来可能仍然是对立的，但认知心理学和许多其他领域的最新研究表明，它们的关系要复杂得多。知觉主要由想象组成，因为个体必须根据概念框架、视觉刺激、声音、记忆等构建对象，这一过程既是文化层面的，也是生物层面的。该过程通常在即刻之内便可完成，但它绝不简单。我们的经验在很大程度上决定了我们能注意到什么样的刺激，而先前的信念影响着我们如何下意识地对收集到的刺激进行分类和解释。[5]

我们甚至也是这样划分生命和其他有机物的，不过一般来说，我们认为这种划分无须多言。实际上，这是非常主观的做法。例如，为什么我们把身体里的大多数细胞看作我们身体的一部分，而把胃里对

---

* likeness有相像、相似之意。

消化至关重要的细菌看作独立的有机体呢？胎儿是一个独立的人，还是孕育它的女人的一部分？为什么我们不把蜂巢看作一个单一的有机体，而把各种高度分化的蜜蜂看作是其中的不同部分呢？俄勒冈州东部的蜜环菌是一种占地约4平方英里的真菌，那是一个世界上最大的生物？还是一群小生物的集合体？生物学家现在认为真菌在基因上更接近动物而不是植物，所以如果它是单一的生物个体，很难不认为它是一个“怪物”。但是，这样的问题处于生物学和哲学的边缘，没有任何最终的答案。

何为动物？

“动物”（animal）一词来自拉丁语anima，意思是呼吸、灵魂或蝴蝶。这3种含义微妙地联系在一起，有助于我们理解动物是什么。倾向于生物学的定义强调了生理过程，如呼吸。倾向于宗教或哲学的人可能会强调灵魂的存在，或是它的世俗等价物，意识。而灵魂的图画表现形式通常为一只蝴蝶或一个长着翅膀的小人。我们今天所理解的“动物”的概念，是有时被称为“科学”的世界观的重要组成部分，就像其他大范式概念一样，它建立在难以清晰表达、阐明或解释，甚至是不可能证明的假设之上。

许多非西方语言中都没有与西方的“动物”概念相对应的词汇，比如中国的文言文以及许多土著民族语言。[6]亚马孙流域的希瓦罗诸人认为，植物和动物有自己的社会，有它们特定的规则和习俗。还有一些民族，如澳大利亚的土著，认为部落关系——包括植物、动物和地貌特征——比物种之间的区分更重要。我们有时可能会想当然地认为生物可以被划分为稳定的类别，如动物、植物、人类等，而所有这些类别都可以进一步细分。我们的大多数科学、宗教和法律可能都建立在这种假设之上，但这种分类并不是显而易见的。对于一些土著文化，特别是美洲的土著文化来说，生物的身份并不稳定，而且是难以捉摸、短暂复杂的，以至于无法完全融入固定的类别，更不用说去安排等级了。[7]

人类学家蒂姆·英格尔德（Tim Ingold）注意到，“万物有灵论”（animism）的说法在西方文化中被误解为给无生命的物体盲目地赋予意识。然而，在信奉万物有灵论的文化中，意识根本不局限于特定的对象，而是由它们相互作用的方式产生的。英格尔德是这样说的：

> 万物有灵……不是人们投射到周边事物上的一种幻想出来的属性。相反……它是整个关系领域中动态、变革的潜力。这个关系领域中有各种各样的存在，或多或少地像人或像物，不断地、相互地让彼此存在。总之，生命世界的有生命性，不是精神注入物质的结果，也不是能动性注入物质的结果，而是先于它们的分化而存在的。[8]

由于习惯和传统，西方人仍然普遍用笛卡尔思想的模式去理解意识，也就是吉尔伯特·赖尔（Gilbert Ryle）所谓的“机器中的幽灵”[9]。意识在本质上被视为一种可以获得、赢得或失去的占有物。但是，这个模式现在受到了许多著名西方科学家和哲学家的强烈质疑，[10]

而且实际上，该模式在大多数人类文化中也从未被接受过。

略显讽刺的是，过去几十年才发展起来的技术现在为我们提供了一种隐喻，让我们理解曾经被嘲笑为“原始”（primitive）的思维方式。正如网络存在于许多电脑、手机、打印机、扫描仪和其他设备上一样，意识也可能在几个头脑之中传播，这种现象有时被称为“分布式意识”（distributed consciousness）。单说网络的话，人们可能会想知道所有这些图像、声音、文本、音律、表情包存在于哪个设备中。唯一可能的答案似乎是“全部都有”或“全都没有”。同样地，意识并不是在某一个存在中产生的，而是产生于许多个体之间的关系中。换句话说，如果一个人要描述意识的承载者，从万物有灵论的角度来看是可能的，它可能是一个神奇生物，拥有许多不同种类生物的特征，包括不同的头。

人类学家菲利普·德斯科拉（Philippe Descola）区分了运用于组织经验中的4种基本范式——图腾主义、万物有灵论、类比思维和自然主义。[11]最纯粹的图腾主义存在于澳大利亚土著文化中。万物有灵论通常与图腾主义相结合，在美洲和非洲的土著文化中占主导地位。类比思维在文艺复兴时期的西方文化中占主导地位，在中国和东亚大部分国家的文化中也是如此，至少是到最近的历史时期。自然主义建立在将经验划分为“文明”和“自然”领域的基础之上，从现代早期一直到现在，都是西方文化的首选思想范式。

万物有灵论和图腾主义的观点可能排除了“幻想动物”的概念，至少在西方文化的理解方式中是这样的，它们模糊甚至抹杀了这个概念所依赖的界限——人类与动物、生物与无生命物体、现实与幻想之间的界限。从类比学的角度来看，真实动物和幻想动物的区分并不一定重要，因为精神和物质世界都是通过复杂的寓言或隐喻模式来理解的。只有从自然主义的角度——也就是从现代科学的角度来看——幻想的动物才有可能与真实的动物明显区分开来。尽管在某些文化或历史时期里，这4种观点中的一种会占据主导地位，但这些观点并不总是相互排斥的。[12]万物有灵论者可能会向他的猫征求意见，而自然主义者则会研究猫的品种特征，图腾崇拜者会宣称自己是“猫人”，类比学专家会观察猫的眼睛，希望从中获得智慧。当然，很多养猫人会同时做到这4件事。

也许我们使用“幻想的动物”一词时会略带讽刺意味，并要求读者提供一些精神上的惊吓作为反馈，特别是当这些动物出现在与我们自身的文化非常不同的文化中时。我们必须承认，在另一种文化背景下，我们所说的“动物”可能更接近于人、神或灵。在一个与我们自身文化截然不同的文化环境里，所谓的“幻想”可能有一个非常明确的现实。但我们并不生长在那种文化环境之中，因此，虽然我们可以尝试以相对抽象的方式理解它们，却无法真正进入其中。

通过将动物识别为个体，从而将它们从它们所处的环境中抽象出来，虽然还没有赋予它们名字，但我们已经开始在它们的生活中强加一种人类的，甚至可能是西方的秩序。研究人员有时甚至会含蓄地认为，他们在学术界的派系不仅代表了所有人类的模板，也代表了动物的模板。确定动物是否有“自我意识”或“心智理论”的研究似乎总是假设任何动物都一定会把自我定位在自己的身体里——如大脑之类的某个特定部位。这是一个奇怪的猜想，因为这个模型显然不是通用的，即使对人类来说也是如此。有些人将自我定位于风景、部族、文字、精神领域、血统、行为之中，而类似的事情也可能存在于动物身上。就像万物有灵论的观点一样，熊或鹿可能根本不会将意识划分进“头脑”，但却有一种永远流动的自我感知。

鱼群里的鱼似乎很容易认为自己是某个单一的器官，而不是集群中的个体。此外，严重依赖感觉而非视觉的动物可能会以与我们截然不同的方式想象自我。狗靠嗅觉而不是视觉来导航，它们可能会把自己当成一种气味，把气味留在家里和路上，然后以后再去那里。蝙蝠通过声呐导航，它们可能会认为自己是一种声音，而海葵可能会认为它们是海洋中的一股水流。

成为动物

亲生命性理论（Biophilia）对“幻想动物”有一个初步的解释，爱德华·O.威尔逊（Edward O. Wilson）将其定义为“人类对其他生物与生俱来的情感依恋”。[13] 由于绝大多数幻想动物都具有人类的一些生理或心理特征，也许幻想动物就是这种理论的代表。例如，那些与马有联系的人可能会想象出“半人马”。

20世纪80年代末至90年代，“亲生命性”成为学术界的流行语。它恰逢环保运动的势头，同时为动物辅助疗法等新兴领域提供了理论基础。这一思想似乎统一了许多知识潮流，后来却逐渐消失了。尽管它具有不可思议的暗示力量，但提倡者们无法以足够严谨和清晰的方式描述他们的中心概念，甚至无法满足软科学的要求。

然而，意大利人类动物学家罗伯托·马尔切尼（Roberto Marchesini）和他的动物偏向性理论（Zootropia）对这一概念进行了进一步阐述。该理论认为，人类的身份并不是由某种特殊的特征来塑造的，如拥有一个大的大脑或会使用火，而是通过识别、认同其他生物而建立起来的。[14]这一理论最好的证据是，无论是个人还是集体，动物形象在人类的身份符号中都被普遍使用。从古埃及到现在，这样的例子遍布人类社会的各个方面。从英国的斗牛犬到中国的熊猫，动物一直在代表着不同的国家。运动队常用动物命名，如多伦多蓝鸟队、巴尔的摩渡鸦队。在美国，驴象征民主党，大象象征共和党。从鸽子到老虎的动物都被用来代表流行产品，流行社会学有时把人类分为“爱狗人士”和“爱猫人士”。

在宗教中，基督的形象仍然经常用一只羔羊或一只狮子来代表，而圣灵则被描绘成一只鸽子。虽然犹太教在传统上对《圣经》禁止偶像崇拜的解释要严格得多，但它仍然以狮子来代表犹大；穆罕默德登霄所骑的人头飞马布拉克（Al-Buraq）是伊斯兰教最具标志性的形象之一；象头神犍尼萨（Ganesh）是印度教中众多受人喜爱的动物神之一；而能在云端翱翔的神猴哈努曼（Old Monkey）在佛教中也同样受人欢迎。

食物与个人身份、集体身份的概念有着非常密切的联系，尽管几乎完全是在潜意识层面上的联系。一方面，因为食物成了我们的一部分，我们真的成了自己所吃的东西，所以人们担心吃肉会使自己兽化。有人相信，如果他们吃牛肉，或者吃太多牛肉，可能就会变得像牛一样。另一方面，由于我们在某种程度上会通过对动物的认同来创造自己的身份，所以吃牛肉的人可能会像一个食肉动物。[15]在路易莎·梅·奥尔科特（Louisa May Alcott）的中篇小说《超越的野生燕麦》(*Transcendental Wild Oats*）中，在20世纪60年代的美国，一个素食社团的成员对一个年轻女孩吃鱼感到震惊，他说："你们这些吃肉的人难道不知道你们正在喂养自己心中的虎狼吗？"[16]

因为食物是人类身份的重要而复杂的组成部分，因此有许多与之相关的强烈的文化和亚文化禁忌。[17]我们认为吃肉是对"同类相食"禁忌的轻微违反，因为无论是牛、人，还是青蛙，肉和血看起来基本都是一样的。吃肉带着一点厌恶和兴奋，可以算是一种越轨行为。《圣经》中有详细的饮食规则，规定了人们不能食用甚至触摸"不洁净"的动物，如爬行动物、两栖动物、猛禽、食肉动物、蚂蚁和猪。

已故的伊丽莎白·劳伦斯（Elizabeth Lawrence）是一位兽医和人类动物学研究先驱，她写道："……符号化是一种融合——动物具有人的特质，人也具有动物的特质。"[18]即使动物不被直接用作符号或隐喻，它们仍然是定义人类重要属性的基本参考物。狮子和狼等食肉动物最能诠释凶猛的特征，而温柔则与筑巢的鸟类有关。即使越来越多的野生动物从我们的日常生活中消失，人类文化仍然被图腾主义所渗透。

简而言之，动物是构建人类身份的主要模板，无论是在世界范围内、部落之内还是在个人身上。特别地，幻想的动物是对人类变化的记录，因为我们吸收、承认或试图否认我们在其他生物身上发现的特征。由于人们在不断地借鉴其他动物的外貌、习惯和能力，而且还以几乎与动物本身一样的方式利用它们的特性，因此人类的各种文化和个体之间存在巨大的多样性。

穆罕默德骑着布拉克，伊朗，15世纪。《古兰经》里没有暗示过布拉克长着人头，图中的形象来自伊朗民间传说。布拉克这个名字在阿拉伯语中意为“闪电”，也许是指它的速度快如闪电。

何为幻想动物？

那么最后，什么是“幻想动物”？大多数时候，我们认为自己知道——至少能明确辨别出幻想动物。然而，给这个术语下一个定义却异常困难，我们会不断遇到模棱两可的情况。比如说狗头人，长着人的身体和狗的头，真的是“幻想动物”吗？还是说应该称它们为“幻想的人”比较好？我们可能会认为埃及神阿努比斯（Anubis）尽管有着人的躯干，但本质上是一种犬科动物，可是圣克里斯托弗（St Christopher）虽然长着狗头，但似乎又是人。这只是因为后者更接近我们的传统文化，因此也就不那么陌生。

“幻想动物”一词逃避了精确的经验性定义，但并不意味着它就没有意义。如果它没有意义的话，所有抽象的词汇几乎都不可能产生。例如律师、哲学家等人经常在法律和道德讨论中提起“权利”，但他们通常都不关心权利是如何定义的，甚至不关心权利是否存在。像学者们的那种做派，即要求对手绝对精确，而自己却不去努力达到那个标准，这是极不合理的。如果根据非常严格的定义来使用抽象概念，很容易走向迂腐，而不是清晰。

出于某些目的，我们别无选择，只能以一种相当天真的方式接受“幻想动物”这一短语。在此我姑且给出粗略可行的定义：“真实”指的是我们通常认为的相当正常的东西，而“幻想”指的是不符合我们对现实的预期的东西；“人”的意思是“我们中的一个”，而“动物”的意思是“他们中的一个”[即“他者”（the Other）]。幻想动物是一种生物，它们似乎属于一个与我们自己的世界根本不同，但又在某种

狗头人，J.B.科廖兰，这是为乌利塞·阿尔德罗万迪的《怪兽历史》（1642）所绘的插图。阿尔德罗万迪称，这种生物有着人类的躯体和狗的头，住在小亚细亚地区，它们体格健壮、行动敏捷，足以对抗鞑靼人。

程度上与我们的世界相关联的领域。它最基本的特点是将我们相对熟悉的特征与高度多变的特征相结合。它让陌生的特征显得熟悉，又让熟悉的特征显得陌生。这在许多描述幻想动物的词汇中都有所体现："怪物""神童""奇迹""怪胎""神迹""奇观"，等等。[19]

定义一种幻想动物最有用的方法可能是描绘它的心理、精神和社会角色。幻想动物是人类的某种"第二自我"，是一群人甚至全人类的某种联系——是我们曾经可能成为、害怕成为或渴望成为的东西。它甚至可能是人在梦中或在另一种生活中变化而成的一种生物，例如狼人。从这个意义上来理解，幻想动物至少非常接近美籍法裔哲学家雷涅·吉拉德（René Girard）所说的"畸形替身"（monstrous double），罗马尼亚历史学家卢西安·博亚（Lucian Boia）所说的"另一人"

T.II.
7
8
9
10
11
12

一本欧洲自然历史书里的猴子，1806。在达尔文之前，类人猿的“人类”特征并不令人苦恼，人们对拟人化的类人猿几乎不觉得反感，它们给人的感觉像是精灵或孩子。

（I' homme différent），以及罗伯托·马尔切尼（Roberto Marchesini）所说的“变形者”（theriomorph）。[20]尽管不同的文化、宗教和哲学在概念上存在着巨大的差异，但将动物作为“第二自我”的现象几乎是普遍存在的。世界各地的神话都讲述了人类与动物建立的亲密关系——无论是现代提到的变形者，还是遥远的古代祖先的传说。

在大部分人类文化中，比较有名的幻想动物都具有人类的一些身体特征——比如脸、躯干、手、腿、其他部位或声音。最明显的例子有半人马、美人鱼、塞壬（sirens）*、狼人和狗头人，以及流行文化中的角色，比如米老鼠。其他的一些幻想动物，如龙和狮鹫，可能没有这些有形的人类特征，但它们在寓言故事或纹章图案中作为人类思想载体的角色十分突出。无论多么奇怪或奇异，幻想动物总是植根于人类世界。

动物主要是通过“说话”而被赋予人性的，这一传统来自充满传奇色彩的说书人伊索。据说伊索在公元前6世纪前后生活在希腊的萨摩斯岛上。我只举一个关于他的故事的例子：“雌狐狸嘲笑母狮子，因为母狮子从来只生一个幼崽，她嘲笑道，‘狮子，就一个幼崽’。”[21]在此种情况下，这两只动物代表了人类社会中的不同社会阶层，但缺乏深度思维的话语使这些动物显得兽性十足，这让我们感觉相当陌生。如果说它们暂时体现了某种人性，那也属于伊索时代的传达神谕之人从飞鸟的痕迹中解读出的那类含义。

中世纪动物寓言中动物的象征意义更为复杂，因为它们的行为不仅传达了实践中的信息，还传达了宗教信息。我们不知道中世纪动物寓言

---

* 半人半鸟或半人半鱼的女海妖。

树懒和猴子，摘自1806年的一本欧洲自然史书。当我们浏览这本两个世纪前的自然历史书籍时，会产生一种进入了幻想世界的感觉，这些生物有动物的身体，但它们的脸显然是人类的。

的作者和读者是否真的会相信，所有其他动物都会追随黑豹的芬芳气息，而龙却会因恐惧而瘫痪。他们对故事的真实性当然不感兴趣，他们感兴趣的是“真正的黑豹，我们的主耶稣基督，从天堂降临时会将我们从恶龙的魔掌中拯救出来”这一真理。[22]无论如何，这些动物从森林和平原被运送至思想的风景中，它们变得更像人类，也更陌生。

12世纪晚期，波斯的苏菲·法里德·丁·阿塔尔（Sufi Farid al-Din Attar）写过一首名为《鸟的会议》（*The Conference of Birds*）的史诗。其中提到，成千上万只鸟在戴胜的带领下，开启了向他们的国王——阿拉伯凤凰——的朝圣旅途。这是一段漫长而危险的旅程，途中鸟儿们面临着疲劳、火山、口渴、风暴、日晒和绝望的威胁。戴胜召集鹧鸪、孔雀、鸽子和老鹰一起上路，但是夜莺提出了抗议，他说自己太爱玫瑰了，玫瑰是为他而开的。戴胜回答说，玫瑰只是在用世俗的美丽来嘲笑夜莺，她用刺来保护自己，一天之内就会消失。然后戴胜讲了一个公主的故事，公主曾对一个可怜的苦行僧微笑，这个可怜的男人却把她的怜悯当成了爱，站在她家门口哭了7年，不仅出丑，还遭遇了生命危险。别的鸟也在犹豫，戴胜又给他们讲了爱情故事——有些是圆满的，有些是悲剧的，有些是愚蠢的——来鼓舞他们，鼓励他们上路。鸟儿们也会讲宗教寓言来陶冶自己，消磨时光，但很少有鸟能忍受旅途的艰辛。最后，只剩下30只鸟了，他们前去觐见西摩格，结果发现“鸟中之王”竟是他们自己在湖水中的倒影。在作者看来，这体现了苏菲派神秘主义者哈拉杰（Hallaj）的智慧，他为喊出“我是真理”而牺牲。[23]我们在这里得到的教训要稍微谦虚一些：在我们寻找幻想生物的过程中，得到的最深刻的启示可能是关于我们自己的。

THE GORILLA.

“猩猩”，菲利普·亨利·古斯，《传奇自然史》，1860。在达尔文之前，类人猿通常被描述为温和、善良，几乎和人类一样的生物。进化论使它们显得很有威胁性，因此后来它们被描绘成长着巨大獠牙的邪恶怪物。

“传说中的生物”，F.J.贝尔图奇，1801。左边是来自古代神话和传说的生物：1.半人马，2.奇美拉（chimera），3.希腊的斯芬克斯，4.埃及的斯芬克斯，5.丑怪像（grylle），6.塞壬。右边是希腊的生物，对应空气、泥土和水三种元素：1.鹰身女妖（harpy），2.狮鹫，3.萨堤尔，4.泰坦（titan），5.水马(或称海马)，6.涅瑞伊得斯（nereid）。

4

真实动物皆为幻想

EVERY REAL ANIMAL IS IMAGINARY

昔者庄周梦为胡蝶，栩栩然胡蝶也，

自喻适志与，不知周也。

俄然觉，则蘧蘧然周也。

不知周之梦为胡蝶与，胡蝶之梦为周与？

——庄子

关于幻想生物起源的最早理论可能来自公元前5世纪，由居住在西西里岛的希腊哲学家恩培多克勒（Empedocles）提出。根据他的说法，身体的各个部分是由“爱”（Love）创造的，然后由“意外”（Chance）连接起来。眼睛四处寻找额头，手臂四处游荡，直到找到肩膀、无头的身体和没有身体的脑袋。它们以任意的组合形式连接在一起：人的头被安在牛的脖子上，而牛的头被安在人的脖子上，它们的脸被向后放置在身体上，男性的特征与女性的特征融合在一起。在无数物种中，只有少数物种能存活下来并繁衍后代。这一理论为达尔文的自然选择理论埋下了伏笔，其灵感可能来自作者将早期神话中的生物与现实中的生物进行比较。恩培多克勒与苏格拉底同时代，但他较为年长。在那个相对理性的时代，思想家们常常以惊愕的目光注视着赫西俄德（Hesiod）那变幻莫测的世界。

恩培多克勒认为宇宙是爱和“争”（Strife）之间的永恒冲突，爱使事物继续团结，而争则使事物分裂。在某些时代，爱占据上风，世界有序。而在另一些时代，争造成混乱。[1]这与后来的许多理论相似，比如西格蒙德·弗洛伊德在他生命接近尾声时的理论。根据他的理论，人类文化，甚至生命本身，都是“厄洛斯”（Eros）和“塔纳托斯”（Thanatos）之间永恒冲突的产物。[2]

对本书而言更为重要的是，恩培多克勒阐明了一个关于幻想生物的原型视角，这个视角经常出现在神话、传说、宗教甚至科学领域之中。世界诞生之后便是一段混乱的时期，各种各样的怪物占据统治地位。这一观点不仅存在于西方文化中，而且在全球范围内的文化中都存在。居住在阿拉斯加和加拿大西北部的美洲土著阿萨巴斯卡

康拉德·冯·梅根伯格的《自然之书》(1478)中的幻想生物。几乎所有的幻想动物都是我们熟悉的动物的合成物或变体，而且或多或少地具有一些人类特征。

老卢卡斯·克拉纳奇雕刻的怪物，据说来自1496年纽伦堡的台伯河畔。在这个被称为“教皇之驴”的怪物身上，随机混合了许多动物的属性，给人一种混乱的感觉。

人认为，在生物数量急剧减少的混乱时代，幻想生物通过“维楚格”(wechuge)的形态得以生存下来。“维楚格”与人类大体相似，但可以通过一些兽性的特征来识别，如尖牙、瞪大的眼睛和多毛的身体。[3]这种概念甚至进入了生物学领域，一些古生物学家，如斯蒂芬·杰伊·古尔德(Stephen Jay Gould)认为，前寒武纪时期的生命起源是在5亿多年前，随后出现了大量生命形式，产生了比之后任何时代都更丰富的生物多样性。[4]世界各地的许多民族都把幻想生物的出现视为混乱的征兆，并相信它们的大量繁殖标志着宇宙秩序的崩溃。为了让有序的生活继续下去，怪物必须被消灭。不过，战胜它们不一定意味着取得了最终胜利，它们可能会在一些偏远的地方徘徊，或者再次被创造出来。

怪物们原始吗？

从18世纪后半叶到20世纪的最后几十年，人类研究的主流理论认为，历史是不断增长的理性的记录，欧洲人和北美人在其中处于领先地位。这一过程可以被划分为不同阶段，通过某种特定的智力或风格特征来识别，能够让人们知道某个特定文化在这一过程中有多“先进”。

正如历史上的许多重要观点一样，幻想生物在开始受到人类学家和历史学家强烈质疑时得到了最有力的论证。在20世纪后期，海因茨·莫德（Heinz Mode）的《传说中的野兽和恶魔》(*Fabulous Beasts and Demons*）认为，幻想生物只有随着城市和文字的出现——也就是人们所说的“文明”——而发展。根据莫德的说法，“神话生物”起源于埃及和美索不达米亚的第一个文明，稍晚出现在印度，然后在希腊、罗马和地中海地区的其他文明中得到充分发展，后来向东传到中国。[5]换句话说，它们的传播遵循了从19世纪到20世纪中期被认为是复杂社会特征的模式。

但是莫德大大低估了文字出现前各大文明的创造力。在那些被他认为是“原始”的文明的美术作品中，他倾向于将不现实的特征和元素视为错误，而在所谓的“开化”的文明中，他将这些东西视为创造性表达。目前已知的最古老的幻想生物形象可能是2003年在德国乌尔姆市附近的霍赫勒-菲尔斯洞穴中发现的狮头人身小雕像，其历史可追溯到约公元前3万年。尽管莫德的说法与现实相反，但神奇的合成生物在史前洞穴绘画中并不罕见。[6]莫德也没有充分认识到土著文明的创造性，正如美洲印第安人、非洲人和澳大利亚土著将许多动物的特征融合成了新的生物形态。

莫德最根本的错误或许在于混淆了神话怪兽本身与对它们的某些幻想方式。古希腊和古罗马的怪物往往比许多其他文化的怪物更“公式化”，而且，至少对于那些受过西方文化教育的人来说，更容易识别和描述。即使是最奇异的生物，一般也会按照一种相当系统的分类法来分类，这种分类法是根据常规的解剖特征来制定的，和自然史学家的分类没有什么不同。例如，希腊的狮身人面兽通常有女人的头、狮子的身体、鹰的翅膀，有时还有一条尾巴，尾巴末端是蛇头。美杜莎（Medusa）是蛇发女怪，她的目光可以把人变成石头，据说她长着一张女人的脸，头发全是蛇。但在视觉刻画中，这些生物看起来不过只是有点吓人，也许这就是它们都有着约定俗成的外表的部分原因。即使是最具艺术性的绘画和雕塑，也很少或从来不会唤起恐惧感，这与人类在未知情况下因狂热的想象力而引发的恐惧完全不同。

与之相对的是羽蛇神（Quetzalcoatl），它是阿兹特克人和其他中美洲民族的神话中长羽毛的大蛇，它将鸟、蛇和人的特征进行了各种组合。这个神可以是男性或女性，可以有人脸或蛇脸。在羽蛇神的图像中，我们往往不能分辨出手臂和翅膀，也很难分辨出鳞片和羽毛，至少在没有仔细分析的情况下是这样的。换句话说，它的形式永远不是固定的，它似乎永远在变化、进化。在许多方面上，中美洲人比那些为西方文明奠定基础的民族更有创造力，虽然可以说他们缺乏科学性。[7]

美杜莎，取自卡拉瓦乔1597年的一幅作品。美杜莎的蛇发很有辨识度，她的形象通常严格遵守约定俗成的规矩。在古希腊的作品中，她经常露出一副怪诞的笑容，但文艺复兴时期的艺术家给了她一张美丽而悲壮的脸。卡拉瓦乔将这两种传统结合在一起，赋予她迷人的容貌，又带有恐怖的表情。

“旧瓶装新酒”

一些幻想动物的创作可能受到了有先天缺陷的真实动物的启发，如生下来就有两个头的小牛或只有一只眼睛的羔羊。另一些则可能是人们在紧张或混乱的情况下看到动物的结果，尤其是在不熟悉的环境中。但还有一种创作灵感——上个冰河时代末期的大规模物种灭绝，尤其是猛犸象和巨树懒等大型哺乳动物的灭绝。我们的祖先对这些死去的生物的记忆通过口述传统代代相传，特别是对它们的巨大体形和凶猛性情的回忆，在想象中，死去的动物与幸存的物种融合，成为传说中的怪物。

幻想动物的创作受到灭绝或稀有动物——从恐龙到猛犸象——的遗骸的影响，特别是它们的骨头。在地球环境相对温和的年份，更新

根据阿兹特克壁画绘制的羽蛇神。很多文明中都有会飞的蛇的故事，羽蛇神可能和中国龙的传说有着遥远的关联。和其他神话生物一样，羽蛇神是鸟、蛇、人的复杂混合体。

世时期的动物尸体偶尔会在西伯利亚等更寒冷的地区被发现，随着曾经包裹它们的冰原融化，它们的尸体在数千年后甚至仍然很“新鲜”。直到19世纪的头几十年，在居维叶（Cuvier）的灭绝理论被普遍接受之前，人们仍然普遍认为任何骨头都必须属于某种仍然活着且能被找到的动物。当一头长毛猛犸象的骨头在北卡罗来纳州和后来的肯塔基州被挖掘出来时，人们把其称为“美洲象”，并预计它最终会在野外被发现。

许多关于巨大生物的神话或许受到了巨型动物的启发，尽管它们很难与特定的物种联系起来。[8]根据对早期玉雕的研究，有一种理论认为麒麟（或称“中国独角兽”）最初是一种犀牛，后来在中国灭绝了。[9]在美洲原住民部落中，一直有“快乐的狩猎场”的传说，这可能是指在最后一个冰河时代末期大型动物灭绝之前的一段时间。甚至可以想象，几乎在每一种文化中都能找到有关巨人的故事，在一定程度上来说，这是受到了尼安德特人、丹尼索瓦人和其他古人类的记忆

龙和龙的骷髅，曾存于布拉格的鲁道夫二世博物馆，1610。鲁道夫二世皇帝不理朝政，沉迷于收集各种怪异生物和稀罕物件。他的收藏数量庞大，甚至包括上帝创造亚当时大地上的一粒沙。图b是一具来自东方的骨架，来自皇帝海量收藏目录中的图片。据传这是龙骨架，但实际上是由猫的骨头和鸟的翅膀组成的，图a可能是基于这个骨架重建而成的龙。

“真正的独角兽”，海中的独角兽，曾存于布拉格的鲁道夫二世博物馆，1610。自中世纪之后，独角兽常被描绘成长着螺旋状长角的样子，那角很像独角鲸的长牙。图中生物展示了17世纪的人们在独角鲸和独角兽之间建立起的联系。独角兽的形象基本符合描述，也许是因为人们相信每一种陆地动物在海洋中都对应着某种相似的海兽，所以在独角兽身上可以看到海陆两方面的元素。

的启发，这些记忆通过口述传统流传下来。

但是，为什么美洲的印第安人不像我们今天那样，把猛犸象的骨头仅仅看作已经死去的生物的遗骸呢？为什么欧洲人不把双头蜥蜴简单地看作畸形动物，而把它看作龙的一种呢？为什么世界各地的人们不仅不断地创造幻想动物的形象，而且还精心编造有关它们的故事？除了少数例外，试图通过误解（misperception）来解释幻想生物的尝试通常包含大量的猜想和推测。例如，乳齿象的头骨上有一个大洞，这似乎表明它是独眼巨人，但这并不一定意味着两者之间有真正的联系。更重要的是，误解通常只能解释某个单独的幻想生物的部分特征。在中世纪时，独角鲸的角经常被误认为是独角兽的角，犀牛角则被当作狮鹫的爪子进行展示。但这样的误解只能解释广为流传的独角兽和狮鹫传说中的一小部分。爪子可以告诉我们一些关于狮鹫的情况，也许就像一对拇指传递给我们有关人类的信息一样。

幻想动物源于何处?

人类学家史蒂文·米森（Steven Mithen）认为，给动物赋予人性是幻想动物形成的重要步骤，也是人类进化的关键因素。根据他的年表，大约在50万年前，我们的人类祖先发展出了一种“心智能力”，即理解其他个体可能有与自己不同的信念和欲望的能力。人类的这种能力使得劳动分工成为可能，进而可以构建出相对复杂的社会。约5万年前，这种理解被应用到动物身上，使人类能够与其他生物建立起各种各样的关系，而不仅仅是捕食者与猎物。米森将这种能力称为“认知流动性”（cognitive fluidity），本质上是一种不严格区分的对各种现象做出反应的能力。最重要的是，曾经将人类与其他生物分隔开的概念界限瓦解了，这使得艺术家能够描绘出人类与其他生物的奇妙组合。在米森看来，认知流动性使得早期人类能够以更复杂的方式狩猎，而不是简单地攻击单个动物，他们能够有策略地攻击，将整个兽群逼入埋伏陷阱或逼落悬崖。认知流动性最终使得人类与动物形成了日益复杂的共生关系，开始了我们称为“驯化”的过程。狼很可能是在最后一个冰河时代末期被第一批非游牧民族驯化的，之后这些狼迅速进化成狗。绵羊和山羊是在一两千年后才被带入人类世界的。[10]

把自身和其他生物都视为独立的实体，这让我们对动物的认知变得相当复杂。当我们“进入动物的心灵”时，我们可以有效地将我们对它的感知分为两种：一种是我们直接看到的动物的部分；另一种是我们看不到的部分，它的内在“自我”我们是看不到的，至少有某些部分看不到。我们给这些看不到的部分起了很多名字，如“意识”“灵魂”“感觉”或“生命力”。动物的“心智”已经从它的身体中分离出来了，因此有了变形之类的能力。此外，无肉体的心灵也就有了存在的可能——成为幽灵、灵魂、仙女或恶魔，它们可能潜伏在任何地方。简而言之，认知流动性让自我与他人、现实与幻想的复杂融合成为可能，这不仅创造了幻想中的动物，也创造了大部分的人类文化。

除了为团结和控制提供巨大的可能性，认知流动性还会造成困惑和焦虑。它会让人产生心理上的脆弱性，进而产生对复杂防御机制的需求，比如“投射”（人通过指责他人来掩盖自己的罪行），以及“否认”（人拒绝承认某个明显的事实）。随着说谎和欺骗能力的形成，人们也学会了如何愚弄自己。人类不仅会害怕饥饿和被捕食，更会害怕失去社会地位和自尊。个人身份变得更加脆弱，更需要被保护，这不仅是身体上的，同时也是精神上的。

史前时代的艺术家们不愿在洞穴壁画上逼真地描绘人脸，这就反映了人类心理上的脆弱性。[11]安德烈·勒奥-古尔汗（André Leroi-Gourhan）对史前洞穴壁画进行了广泛调查，他确定了几幅代表人类面容的画，但没有一幅是写实的，与同一时期的野牛和马头的描绘情况

《五诗》插图，描绘穆罕默德升入天堂，伊朗，1539—1543。注意他骑的马“布拉克”，它长着人的脸，而穆罕默德的面孔则被面纱遮盖了。

拉斯科洞穴的独角兽，公元前16000年前后绘制。平行的长角是一种几何图形，它们被安在颇为写实的野牛图案上，其目的和象征意义未知。

大不相同。所有人脸无一例外，在某种程度上都是动物形态的。其中很多——尤其是男性——有动物状的头，“长着动物一样的蒜头鼻”。[12]此外，壁画中还有“鬼”的形象，两只大眼睛透过一团类似裹尸布的东西向外凝视着。许多人形形象上都有角，[13]例如，在法国肖韦洞穴中发现的一幅3万年前的绘画，描绘了一个长着野牛的上半身和人的腿的形象。鲁瓦弗雷尔洞穴中著名的“巫师”形象描绘了一个长着牡鹿的头角和浓密尾巴的人形。[14]

这种对现实肖像的回避或许是出于一种禁忌，类似于《圣经》对“雕刻偶像”的禁令。洞穴艺术家会把动物的头放在人类的躯干上，创造出类似于古埃及兽头神的形象。在此之后，以某种类似的方式，伊斯兰绘画传统将太阳或面纱置于穆罕默德的五官之上。脸能表露出亲密的情感，是一个人的“灵魂”最能显露的地方，在艺术中“捕捉”到这一点，可以赋予其某种可怕的力量。

马克·德尔（Mark Derr）在洞穴艺术中发现了另一种非常相似的禁忌。在肖韦洞穴中，有一个大约8岁的男孩的脚印，旁边还有一只狼的脚印，他们在26000年前曾一起走过这里。那时，洞壁上也布满了更早的大约12000年前的画作。这些脚印可能是我们所知的跨越物种的伙伴关系的最早见证，这种伙伴关系最终将狼变成了我们如今所见的狗。狼和人类是当时最常见的掠食者。但是，尽管狼和狗的存在令人敬畏，但在肖韦洞穴绘画中却没有狼和狗的形象，它们在旧石器时代的艺术中也十分罕见。这可能是出于某种不成文的禁忌，人们不得描绘神圣动物。[15]

在洞穴艺术的幻想动物中，半人半兽的形象最具戏剧性，但它们并不是孤例。也许，任何洞穴壁画上的幻想生物在解剖学层面上都不如希腊的奇美拉*或中国的龙那样复杂，但它们展现了巨大的想象力。洞穴壁画上的许多生物图案现在仍然难以准确破译，它们很可能描述了神话中的生物。[16]其中最著名的是拉斯科洞穴的“独角兽”，它像野牛，但却有两个看起来不可思议的平直的角，有点像昆虫的触角。[17]它的角几乎被画成直线，与野牛和牡鹿的角形成了鲜明的对比。它们似乎不是“独角兽”的一部分，而是一种叠加在其上

* 古希腊神话中的怪物，它拥有狮子的头、山羊的身躯和蟒蛇的尾巴。

的抽象符号。

捕食者与被捕食者

同情其他生物的能力真的是人类所独有的吗？狼、海豚和渡鸦等捕食者也会合作捕猎，这至少表明，它们可能会把自己投射到其他动物的思维中。在过去的几十年里，关于心智能力的争论主要集中在一个“镜子测试”上。在这个测试中，人们会在动物身上涂上一点颜料，然后把动物放在镜子前，看动物能否认出自己。如果动物擦掉、触摸或是密切关注颜料点，研究人员便会将这些行为作为心智能力的证据。到目前为止，只有少数的黑猩猩、猩猩、海豚、大象和喜鹊“通过”了测试，未来肯定会有更多动物通过测试。然而，这不过是动物有自我意识的非常间接的证据，因为做出这些行为只需要动物建立起识别色点与做出动作之间的联系。此外，不能建立这种联系并不能证明动物缺乏任何自我意识，至多只能证明该动物没有把自我与其身体的倒影联系起来。[18]无论如何，如果人类以外的动物确实有“心智”，那么塑造幻想动物的能力可能也不限于人类。

认为动物的“跨物种移情能力”可能有限的原因之一，在于捕食者似乎很少避免或根本不会避免给它们的猎物造成痛苦。黑猩猩会扯下被捕获的猴子的四肢，狼会吞食还活着的麋鹿。但同理心可能并不局限于（甚至不包括）避免给其他生物造成痛苦。功利主义者的主张与此相反，他们认为人们在许多情况下会积极地寻求痛苦——例如极限运动、战争、修行和殉道。从罗马马戏团到现代的恐怖电影，人类不断地在各种奇观中寻找痛苦的替代品。这并不一定是对自然秩序的扭曲。正如人类的行为，我们应该考虑到动物做出这种行为的可能性。例如，狼可能会感受到被它杀死的麋鹿的痛苦，但同时也会觉得它很有活力。这或许不是我们通常认为的同情，但也不一定是施虐。相反，这可能是一种很难用拟人化的方式来理解的关系。同情和施虐都假设了两个参与者是完全独立的个体，但捕食通常涉及身份的融合。狗拥有读懂人类情绪和手势的能力，这种能力有时看起来很不可思议。黑猩猩通常无法理解人类手势的意图，而狗即使没有被教导也能做到这一点。这种能力可能来自长时间的学习。在古代，狼是捕食者，而原始人，甚至是解剖学意义上的现代人则是猎物。捕食者和被捕食者不断地观察对方，以至于比起了解同类，它们更了解对手。

米尔恰·埃利亚德（Mircea Eliade）在他的《宗教思想史》（*History of Religious Ideas*）中提出，“捕食者和被捕食者的神秘联结”是宗教的基础。[19]这种思想在圣餐仪式中得以体现，在领圣餐时，信徒——几乎像捕食者一样——吃下神灵的血和肉。我认为这种“联结”渗透在自然界的许多关系中。如果是这样的话，导致了物种融合并催生出神奇动物的“心理复杂性”或许并不完全局限于人类。在狼和麋鹿的想象中，它们可能会合二为一，成为“狼-麋鹿”。猫头鹰可以在想象中与老鼠融合，老鼠也可以与猫头鹰融合。同样地，也许我们的狗认为自己至少有一半是人，或者认为人的一半是狗。

尽管原始社会的人们会非常顽强地抓住生命不放，但他们也会迎接死亡，并将其视为摆脱忧虑的解脱，是过渡到极乐世界的途径，是命运的终结，是冒险或其他各种过程。对他们来说，牺牲生命有时是一种诱惑，社会则对牺牲实施了严厉的禁忌。也许许多其他动物，比如被冲上海滩搁浅的鲸鱼，也被这种牺牲所吸引。原住民狩猎社会的成员，如大平原印第安人，认为动物愿意牺牲自己、献给猎人，这是因为动物与猎人及其部落结成了契约。[20]动物不仅将自己献给猎人，古时候的农民也经常觉得动物会告诉他们自己的死期将至。[21]

人们经常能观察到动物向捕食者牺牲自己。最常见的是鸟或猪，通常是母亲，它们会将自己暴露于捕食者眼前，以分散它们的注意力，保护自己的孩子。盲蛛（“长腿爸爸”）会丢下一条肢体给捕食者，许多爬行动物也会留下一截尾巴。[22]在第一种情况下，一个生物自愿死亡，以使其他生物存活；在后两种情况下，动物会丢弃身体的一部分，以保全自身。当动机不那么明显时，这种牺牲可能就不那么容易被识别了。想确切地知道动物在何时故意选择死亡是极其困难的，甚至不太可能，但明显的自杀——没有明显目的的行为，只是自我毁灭——已经在大量动物中观察到，包括蝴蝶、黑猩猩、冠企鹅、白蚁和裸鼹鼠。[23]

野生动物的生活永远不安全，我们称为“自然原因”带来的死亡不知何时就会降临。正如西顿·汤普森（Seton Thompson）所写的，“野生动物的生命总有悲惨的结局”。[24]我们用“自然死亡”一词指代在漫长的生命即将结束时在床上安详死去的过程，但是野生动物总是死于捕食、疾病和饥饿等原因。在某种程度上，它们确实拥有选择死亡时间的特权。我发现这很容易想象，动物有时会出于各种各样的原因，包括厌倦、好奇以及对捕食者的同情，允许自己成为猎物。

在章鱼看来，世界是什么样子的？蝙蝠呢？鹅呢？鹿呢？这些问题永远没有令人满意的答案，但坦普尔·格兰丁（Temple Grandin）

认为，动物就像患有自闭症的人一样，是从图片而不是抽象的角度来看待世界的。[25]大多数人通过分类，甚至是刻板印象来简化自己的感知。用格兰丁的话来说，“自闭症患者和动物则不同，他们不能过滤信息，世界上无数的感官细节进入他们的意识，令他们不知所措。”[26]换句话说，观念是通过故事或画面——也许有幻想的存在——而不是理论来把握的。这意味着可能存在一个变幻莫测的世界，有点像希罗尼穆斯·博斯（Hieronymus Bosch，他可能患有自闭症[27]）的画作描绘的那样，在这个世界里没有物种，只有无穷无尽的个体生物。由于人归根结底是动物，这种幻觉或许是一种默认的认知，当人类的习惯和思维方式被严重的危机破坏时，人们会不断返回到这种认知中。在这种情况下，我们作为人的相对独特性可能在于想象虚幻的野兽，而不是创造“真实的”野兽。

丑怪像

恩培多克勒创造的幻想生物与一种古老的视觉艺术非常接近，这种艺术可以一直追溯到古埃及、克里特岛、伊朗和中国，这就是丑怪像（grylles）的创作，也被称为“滑稽画”或“畸形像”——各种合成的怪物形象。最著名的丑怪像或许是哥特式教堂的浮雕或中世纪彩绘手稿的边缘装饰图。在古代，它们常被描绘在壁画、硬币、宝石、金属制品或任何适合装饰的材料表面。今天，它们仍然被装饰在巴黎和纽约等城市的建筑外立面上，并继续为庙宇和宫殿中描绘的英雄事迹提供参考图像。

尽管丑怪像展现出无拘无束的想象力，但令人惊讶的是，在不同的时代和文化背景下，它们的风格始终一致。它们展示了无穷无尽的植物和动物，头和四肢，以及人和野兽的组合。有的形象有头有腿但没有身体，而另一些则在腹部或臀部上长着脸。有的从人的头盖骨上长出了鹤的长脖子和头，或者是人的腿支撑着鱼的身体。半人马、狗和鸟的尾巴都很长，还长出了第二个头，这个头会回头盯着自己的脸。[28]

事实上，丑怪像的创作传统可能比最早的城市文明还要古老。安德烈·勒奥-古尔汗在旧石器时代的欧洲洞穴艺术中发现了类似的图案。在每一个有野牛、鹿、马、猫和猛犸象等大型绘画图案的洞穴里，总有一些地方的墙壁上雕刻或描画着曲折的线条，构成了未完成的人物和标志图案，有时候这些线条非常精美。有趣的是，这些画像通常在洞穴入口处，它们被画在宏伟的内部圣所的前面，与人们在中世纪大教堂中所看到的丑怪像的位置很相似，[29]很难断定这些相似之处是否符合某种传统的连续性。但是，在旧石器时代和中世纪的设计中，丑怪像的出现暗示着一种原始的创造，这与恩培多克勒的理论大致相符。

根据尤吉斯·巴尔特鲁塞提斯（Jurgis Baltrušaitis）的说法，“毫无疑问，雕刻各种形象的石头是为了拥有神奇的力量。一种超自然的力量会从错位、重复、丑怪、夸张的混合生命体中散发出来。”[30]虽然没有证据可以把丑怪像与形式化的实践或信仰联系起来，但它们诠释了一种原始的生命力，这种生命力不仅催生了新的生物，而且还催生了新的生命形式。

穆里尔·帕克根据中世纪绘画创作的丑怪像。中世纪艺术家在创作丑怪像时不羁的想象力和他们严谨刻板的宗教作品形成了鲜明对比。

一幅展示末日审判场景的雕刻里的丑怪像，根据15世纪希罗尼穆斯·博斯的绘画作品创作。这个怪物不是人们认识的任何品种，它既是植物，又是动物，还是人。

恶魔组成的字母T。来自法国书法手抄本，12世纪。书法字母的曲线给中世纪的抄书吏们提供了展示机智才华的机会。

意大利文艺复兴时期墙壁托架上的“绿人”，其特征很像萨堤尔。这个绿人的绝大部分是由植物组成的，体现了回归古代美索不达米亚风格的主题。中世纪晚期通过与伊斯兰世界接触，绿人形象进入了欧洲，此后一直十分流行。

这些怪异形象非常流行，人们经常可以在神圣场所看到它们的身影。但是，它们偶尔也会激起一些虔诚信徒的反对，比如克莱尔沃的圣伯纳德（St Bernard of Clairvaux），他曾在1125年表示抗议：

> 这些下流的猴子和狂暴的狮子是什么意思？还有那些可怕的半人马、野人、吵闹的猎人……在这一处你看到许多身体连在一个头上，在那一处又是许多头长在一个身体上……到处都是各种各样的石头，它们五花八门，令人惊叹不已，所以人们宁愿看石头也不肯读书，整天都盯着这些奇怪的细节，不肯默念他们的祈祷。[31]

大约100年后，即将成为大主教的西班牙牧师图伊的卢卡斯（Lucas of Tuy）为这些石像辩护，称尽管不具有任何富于启发性的象征意义，但它们仍然可以吸引人们进入教堂，这也算侍奉了上帝。[32]

虽然中世纪欧洲的艺术家和工匠必须遵守公会和教会的严格规定，但他们在教堂屋顶和墙壁上创作滴水兽时倒是可以自由发挥想象力。这些石像大致以真实的动物为基础，但以几乎无穷无尽的方式自由地将人类、鸟类、哺乳动物、昆虫和爬行动物的某些部分结合在一起，创造出一个庞大的“杂交动物园”。[33]这些石像响应着现代艺术家所宣称的自由，至少它们在创造性方面足以与现代艺术家的作品匹敌。

在同一时期，纹章的设计师却没有这般自由，虽然他们的作品同样很出色。纹章徽章最早可能是在12世纪后期诞生的，设计初衷是用于在比武比赛中区分全身披挂盔甲的骑士，这种设计很快传遍了整

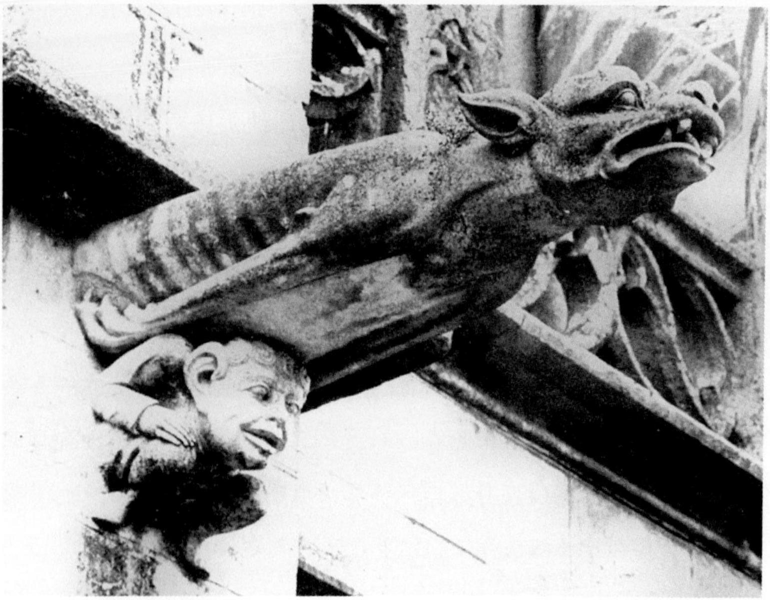

圣苏·韦兹莱神父教堂的滴水兽，13世纪。下面的侏儒似乎俯瞰着下方的城镇，上面的滴水兽则望着远处的什么东西。

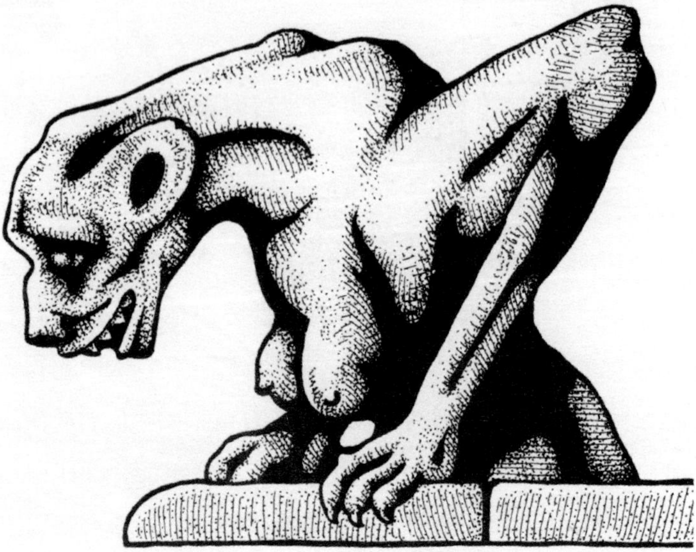

巴黎圣母院的滴水兽，14世纪。巴黎的某些东西引起了滴水兽的注意，它非常专注地俯瞰着这座城市。

个欧洲。它们被用来代表王国、家族、城市，甚至是商业实体。当这些体系发生变化时——无论是由于婚姻、战争、条约、利益或其他原因——它们的纹章图样也随之改变，图样通常只为反映象征意义，不考虑常识意义，这就有点类似于象形文字。纹章纹饰混合了各种图像，创造出越来越奇妙的组合。于是你会发现有翅膀、鱼尾、王冠、光环或人头的狮子。在多数情况下，狮子都是站立的，爪子里拿着一些东西，如锚、十字架、剑、战斧、玫瑰或旗帜。随着纹章变得越来越复杂和深奥，其象征意义对大多数人来说变得无关紧要，人们只是欣赏这些奇妙的设计。

边缘的生物

也许是因为它们与任何宗教或哲学信仰都没有紧密的联系，丑怪像很容易跨越国家和文化的界限，并找到通往波斯和欧亚大草原的路。从古代世界到中世纪早期，它们可能代表着类似于我们所谓的“野性”的东西。在全盛时期的哥特艺术中，它们常与超自然的力量联系在一起，而在浪漫主义时代，它们则意味着无拘无束的幻想。不管哪种情况，它们都象征着某种存在于文明艺术之前的原始状态。

在世界的大部分地方，丑怪像——幻想的动物——首先是“边缘生物”（creatures of boundaries）。它们主要出现在有声望的文化遗迹的边缘，如祭坛的装饰物或手稿的插图。在这些边缘，人们的期望并没有那么崇高，习俗也不会那么具有约束力。此外还包括门窗边缘和寺庙屋顶上，在壁炉边讲的故事中，在民间传说、儿童故事、漫画

REINIKE FOX BEFORE KING LION.

威廉·冯·考尔巴赫，“狐狸列那觐见狮王”，1867。这幅画的内在含义很接近中世纪后期列那狐的故事。在故事中，所有的动物本质上都是纹章符号。在这幅画里，狮子向暴发户狐狸施恩，而曾经强大的熊现在被嘲笑和羞辱，沮丧地在一旁围观。

J. J. 格朗维尔，“笼中的纹章动物”，1860。纹章图案里的动物和动物园里的动物一样，都是被展示的。

书、B级片、文身、电子游戏里，等等。中世纪的作者把它们放在手稿的空白处，因为它们也标志着我们所理解的边界。中世纪晚期和现代早期的绘图师们把它们放在海洋或岛屿上，标志着世界最远的尽头。从人类文明的角度来看，世界各地的传说通常把神话中的野兽放置在一些边缘地带——沙漠、森林深处、偏远的岛屿、冰川、海洋深处、山峰、洞穴和沼泽之中。科幻小说作家们则把它们放在遥远的外太空或另一个宇宙之中。根据圣约翰的《启示录》，在我们接近末日时，幻想生物的数量会激增。因为它们挑战了我们的观念上的极限，它们似乎也存在于语言的极限之中。

与此同时，幻想的动物遍布我们的潜意识，不断出现在梦境、想象和不经意的时刻，在云朵和墨迹形成的图案中、在风化的石头上都能找到它们。在严肃的文学和艺术作品中，它们虽然存在，但不那么普遍了，它们属于人类试图控制的原始的混乱领域，但人类往往只能实现部分的或是暂时的控制。有时候，特别是在不确定的时期，丑怪像会走出边缘地带，进入一些作品中，如16世纪弗兰德斯的博斯（Bosch）和简·勃鲁盖尔（Jan Breughel）那些变幻莫测的绘画，19世纪法国艺术家J.J.格朗维尔（J. J. Grandville）的版画，20世纪美国苏斯博士（Dr Seuss）的儿童读物，以及墨西哥瓦哈卡州的当代木雕。

总而言之，神话生物不是任何特定时期、文化或传统的遗产。相反，它是贯穿整个人类社会的一种基础，这是想象力远远超出实际现实所需的结果。我们不满足于日常生活的世俗世界，因此我们发明了幻想生物，就像我们创造了想象中的物体、历史、人物和世界一样。当我们讲故事时，我们会从日常生活的背景中抽象出各种角色，比如人类和动物，并或多或少地通过想象改造它们。当故事被重新讲述、成为传说和神话的时候，几个个体可能合并成为一个。如果这些角色是不同的物种，它们可能会融合成一个奇妙的合成物，就像半人马或美人鱼。

文化群体的根本不同之处在于人们处理这些丰富的幻想生物的方式，这些生物很容易使人迷失方向。在一些文化中，例如澳大利亚土著文化，幻想生物与真实生物之间的界限相对模糊；而在另一些文化中，这一界限则更为明显。一些文明，如古希腊和古罗马文明，试图将奇异生物标准化，以便将它们进行与真实生物大致相同的分类。其他文明，比如中世纪的欧洲人，则倾向于将它们妖魔化。还有一些群体试图禁止对它们的描述，比如犹太、伊斯兰和新教文化。大多数文化群体综合采用了这几种方式。

变化的身体，变化的思想

人类的心理需求大多是无意识的，但心理需求持续决定着人们如何感知并描绘真实的动物。文学作品或视觉艺术中的每一个动物在经历几个世纪的变化后都成了“幻想的”，这不算一个夸张的说法。这是因为动物，或者至少是我们对动物的记录，与一种受时代局限的错误世界观有关，同时也是因为分类法本身已经发生了变化，通过当代的分类方式，我们永远不可能确切地知道一份古代手稿描述的是什么动物。大多数例子皆是如此，18、19世纪的作品也不例外。即使是古代最崇尚科学的作家，比如亚里士多德，我们也不再相信他们的观察。很多时候，动物的活动范围、习性甚至外貌可能在几个世纪内发生了变化，这就使得我们对古代权威的评价变得更为棘手。许多物种在被科学鉴定之前就已经灭绝了，新物种不断大量涌现出来，只是速度较慢。所以，在希腊神话中，叼走婴儿甘尼梅德的鹰可能是猎鹰、渡鸦、秃鹫，或者是其他现已灭绝的鸟类。

这不仅仅是动物学家的深奥问题，神话、宗教、文化和意识形态方面的观念也明显地影响着我们对动物的看法。我们对动物的看法受到两种明显矛盾的冲动的强烈影响：骄傲使我们希望强调人类的独特性，但集体的孤独感使我们强调人类与其他生物的相似性。几乎所有人都同时拥有这两种倾向，我们对动物的描述从来都不是真正客观的，这反映了人们这两种想法之间的紧张关系。

迈克尔·帕斯图罗（Michael Pastoureau）已经证明，这种紧张关系从基督教诞生之初就贯穿了整个基督教。一方面，有一种看法认为人是按照上帝的形象创造的，因此从根本上不同于动物。这常常促使神职人员严厉谴责任何可能导致“人兽混淆”的行为——戴动物面具、模仿动物举止、为动物庆祝，甚至对动物充满感情。相反的看法是把人类仅仅当作生物大共同体的一部分。这在亚里士多德的著作中有观点基础，在西欧的基督教传统中，这一看法与圣方济各的关系最密切。但这方面最具影响力的表达来自圣保罗（St Paul）的几篇文章，例如：

> 万物仍然保留着被释放的希望，像我们一样，从奴役到堕落，作为上帝的儿女享受同样的自由和荣耀。

这表明动物和人类一样，都可以被基督救赎，这一想法促使中世纪的学者提出了许多问题：动物死后会复活吗？如果是这样，它们的灵魂是否和人类的灵魂上同一个天堂？动物应该在圣日禁食还是在礼拜日休息？它们是否应该受到司法的审判和惩罚？[34]

如果这两种看法中的任何一种走向极端，都会完全掩盖有关生物的真实情况。如果我们像哲学家笛卡尔那样强调人类的独特性，那么动物就有可能（至少在现实中）被简化为躯体。在否认人与动物之间的任何本质区别方面，歪曲拟人论（anthropomorphism）*的做法更是五花八门。存在这么一种做法，即通过收集大量逸事来证明“动物的情感生活和智力与人类并无本质区别”这一观点。这种做法至少可以追溯到2世纪时希腊化的罗马人埃利安（Aelian），后来者中包括法国文艺复兴时期的哲学家蒙田（Michel de Montaigne）。[35]举例来说，这类学者会讲述金枪鱼如何通过几何形游泳路线来展示它们的数学知识，狗如何以无与伦比的机智和毅力侦破谋杀谜团，白嘴鸦如何在司法法庭上起诉罪犯。

这一学术传统在现代的主要代表是牧师J. G.伍德（J. G. Wood），他一生著述颇丰，出书时间横跨大半个维多利亚时代。在《人与兽：现在和以后》（*Man and Beast: Here and Hereafter*）一书中，他收集了300多个故事来说明从麻雀到大象的动物拥有与人类何等相似的制度。举个例子：

---

* 赋予神、动物或其他事物人的特点。

至于蚂蚁……它们有由军官指挥的军队，它们发布命令、坚持服从，在行军中不允许任何士兵偏离队伍。有一些蚂蚁，它们耕地、除草，种植它们赖以为生的特定谷物，成熟时将其割下，储存在地下谷仓中。有些蚂蚁和地球上的人类一样，都是彻头彻尾的奴隶主。它们会系统地袭击其他蚂蚁的巢穴，把尚未孵出的卵带走并养在自己的巢穴里，成为自己的仆人。有的蚂蚁会埋葬它们的尸体……

他接着讲述了一个蚂蚁葬礼的情节：在葬礼上，蚂蚁的尸体在蚁丘旁被庄严地抬走，单独埋葬。有几只蚂蚁不肯承担它们的担子，它们被立即杀死，然后被粗暴地扔进一个坑里。[36]

伍德的结论是，动物和人类一样有着不灭的灵魂。也就是说，人可以在来世和自己心爱的猫狗重逢。对于宠物主人来说，这确实是个好消息，因此伍德可以说是有史以来最受欢迎的动物作家。我们应该将这些蚂蚁和他描绘的其他动物称为“幻想动物”吗？看上去它们确实充满幻想，但伍德的判断不仅涉及准确观察的问题，也涉及对动物行为的诠释问题，因此我们很难甚至不可能证明他是错的。

但是随着对于进化论争论的加剧，伍德认为，为了维护基督教的信仰，他必须把动物和人类区分开。他很少提到达尔文，即使他提到了，也只是用一些嘲笑的说法来驳斥进化论，认为进化论把猴子和人混为一谈。[37]事实上，在他最后的自然史著作中，基本上所有的故事都摒弃了“拟人论”的观点。[38]

如果一个人浏览19世纪和20世纪早期的绝大部分动物百科全书，

LE JOKO. L'OURANG-OUTANG.

红猩猩，来自一本法国自然史著作，1846。在达尔文之前，诸如法布尔、布丰这样的生物学家就提出了生物进化的观点。这幅图有意无意地将基督教观点融合到进化学说之中。拿着苹果的那只红猩猩对应夏娃，拄着藤杖的那只红猩猩对应亚当。

以及18世纪或更早的同类书籍，他会觉得自己仿佛进入了一个幻想世界。比如在18世纪和19世纪早期，类人猿的图画形象一般都是很和蔼的。它们被描绘成矮小的男人和女人，直立行走或拄着棍子，脸上通常有与人类很相似的和蔼表情。随着乔治-路易斯·勒克莱尔（Georges-Louis Leclerc）、拉马克（Lamarck）、达尔文和阿尔弗雷德·拉塞尔·华莱士（Alfred Russel Wallace）等人提出进化理论观点（后两位的影响力极为重大），许多人认为类人猿对人类的地位构成了威胁。在达尔文的《物种起源》（1859）出版前的几年里，也许是无意识地，一些插画家将进化论与《圣经》中《创世记》的故事结合起来，他们画的两只猿总是会摆出亚当和夏娃的传统姿势，拿着或吃着苹果，像极了人类。当围绕达尔文的争论愈演愈烈时，许多插画家把猿类描绘成了弓着背、恶狠狠地咆哮、眼睛凸出、长着大獠牙的样子。动物的图像和描述是一个时代的希望、恐惧和渴望的投射，只有随着时间的流逝，这些投射才会变得清晰起来。

诚然，与维多利亚时代的人相比，我们现在对动物，甚至是一些已经灭绝的动物都有更详细的记录，包括电影、DNA样本和非常广泛的描述文本。然而这并不能保证当前的分类法——无论是科学上的还是流行文化中的——能够无限期适用。未来的人们如何给生物分类将取决于他们认为的有趣和重要的特点，我们现在没有办法自信地预测这些特点将会是什么。也许，将来的科学家会认为形态比遗传更重要，因此，他们有可能再次宣布鲸是鱼。

传说，新与旧

幻想动物的创造不是几个世纪或几千年前幻想的遗产，也并未被系统的学术研究所驱散。相反，这是一个持续至今的过程，人们不断地想象出全新的生物，从卓柏卡布拉斯（chupacabras）*到外星人。

如果说有什么不同的话，那就是新技术的发展可能加速了这一过程。我们会用相机监视森林深处和湖底，它们不断地捕捉到模糊的图像、无法解释的闪烁和令人费解的阴影，然后有人就会把这些图像解释为猿人或美人鱼存在的证明。我们可以对毛发或粪便进行复杂的测试，但这些测试通常会带来一系列富有想象力的解释。今天的谣言传播速度比以往任何时候都要快，几个小时之内，目击猿人的报道就可能传遍互联网。如今，这些怪物并未被遗忘——实际上，在20世纪末和21世纪初，关于北美猿人大脚怪（又称“大脚野人”）的目击报道大幅增加。[39]大脚怪野外研究组织会定期派人进入森林和沼泽，虽然没有发现过大脚怪本体，但他们经常带着神秘的报告、录音、脚印的石膏模型或一撮撮头发回来。[40]

章鱼保罗（Paul the Octopus）住在德国奥伯豪森的一家动物园里，它因为惊人地成功预测了足球比赛的结果而受到国际社会的广泛赞扬，也受到了一些死亡威胁。每当重要的比赛即将到来时，保罗的饲养员会在它面前放上两盒完全相同的贻贝，盒子上标有两个球队的标志。保罗最先选中的那个球队几乎总是能获胜。它最大的成就是在

* 吸食山羊血的怪物，被认为存在于美洲。

2010年世界杯比赛的最后阶段正确预测了8场比赛的所有结果。统计学家认为，这种预测的正确率为1/265。虽然保罗的故事主要通过大众媒体传播而不是人们的口耳相传，但这个故事表明，现代人与我们的祖先并没有我们想象中的那么不同。古代博学的祭司可能会在祭祀后通过检查寺庙中的动物的内脏来预测未来，而今天的占卜者则表现出了类似于科学家在设计实验时的独创性和深思熟虑。

伦敦塔里总是养着至少6只渡鸦，它们在庭院里自由地游荡，但它们翅膀上的羽毛被修剪了，所以不能飞得很远。在塔里当导游的护卫员会告诉你，这些渡鸦是17世纪在国王查理二世的命令下被驯养的。因为有一个古老的预言，说如果渡鸦离开伦敦塔，英国就会灭亡。渡鸦还有许多其他故事，例如，它们在1605年时警告警方有人密谋炸毁国会大厦，以及它们一直守卫着皇家珠宝。事实上，渡鸦是在1883年才被带到伦敦塔的，那时它是伦敦塔卫兵向游客讲述哥特式恐怖故事的道具。“如果渡鸦离开伦敦塔，英国就会灭亡”的说法可以追溯到1944年7月。当时，乌鸦在空袭中被用作侦察敌方炸弹和飞机的非正式侦察员。[41]不管思想家们在希望或担心些什么，现代人并没有失去制造神话的能力。

很多街边小报和电视节目现在已经完全“放飞自我”，大肆传播耸人听闻的报道。生物技术和人工智能等领域的新发展为它们提供了大量新材料，因为新技术产生的谣言远比令人印象深刻的真正成就更引人注目。以下标题摘自20世纪最后几十年的《太阳报》《国家检查报》和《世界新闻周刊》——“实验室突变体逃逸！长脚蟑螂吓坏租房客”“渔夫妻子生下龙虾男孩”“俄罗斯将篮球运动员变为大脚怪”“精子库恐怖事件——山羊生下半人半兽”“我是大脚怪的性爱奴隶”“一家庭被感恩节火鸡的灵魂骚扰”“水管工变蛤蟆”“部落向巨型食肉鹦鹉献祭男孩”。[42]这些恐怖的奇闻逸事具有都市传说的特点，类似在坟墓附近消失的搭车客、保姆把孩子放进微波炉里烤熟的故事，其中一些可能有民间传说的基础。[43]

《1760年西班牙人展出萨堤尔》，18世纪下半叶的俄国流行版画。这个形象的灵感来源可能是野生猕猴，野生猕猴在现代早期的欧洲贵族群体中是很受欢迎的宠物。

5

幻想动物皆为真实

EVERY IMAGINARY ANIMAL IS REAL

另一个经常遇到事情的人是博尔赫斯。我在布宜诺斯艾利斯漫步，驻足凝望一个拱门入口和它的金属门，现在的金属门可能是机械的。我是通过邮件得知博尔赫斯的，在教授名单或传记词典中读到了他的名字。我喜欢沙漏、地图、18世纪的印刷术、词源学、咖啡的味道和史蒂文森的散文。他也有相同的喜好，但以一种徒劳的方式把它们变成了演员的道具。

——豪尔赫·路易斯·博尔赫斯，《博尔赫斯与我》

夜幕降临，猎人在树林里瞥见一个体形巨大的人形生物举着一块巨石。猎人盯着那个怪物，它扔下石头向他走来，两“人”四目相对。片刻后，猎人瘫倒在地无法射击，但他还是拼命逃走了。一个司机在一条偏僻的乡间公路上急转弯，车撞上了那个怪物，只是暂时撞晕了它，车子的挡泥板上留下了凹痕。那怪物撤退了，只留下一个巨大的脚印。一个年轻的男人和他的女朋友在情人小径见面，两人听到身后发出一声吼叫。他们转过身，看到一个巨大的身影，在夜空的映衬下，那东西的眼睛闪闪发光……

美国各州和世界范围内都有关于这种大脚怪的目击报道。这种怪物有着各式各样的别名：萨斯科奇（加拿大），大脚怪（美国西北部），巨猿（佛罗里达州），沃斯湖怪兽（得克萨斯州），草人（俄亥俄州），莫莫（密苏里州），巴塔哥尼亚巨人（阿根廷），野人（中世纪欧洲），野人（中国），林中人（越南），神秘小脚怪（苏门答腊），约威（澳大利亚），阿尔马（高加索山地区），等等。所有目击情报都被斥为欺诈或幻觉，但是其中少数，比如雪怪，则被动物学家认为有可能存在。

大脚怪及其同类

几乎每一种幻想动物都有一定的现实基础，通常是一两个孤独的人在夜晚的偏远地区遇到的。随着目击者试图解释细节或证据，这些生物及它们的故事可能会变得更加详细。为什么车门上有个洞？可能是因为怪物用它的角刺穿了门……

“带着小号的萨堤尔”，J. B.科廖兰，1642。据说，这种生物生活在毛里塔尼亚和印度山区等地。它们有山羊的脚、人的身体，非常好色。这个形象可能受到了几种类人猿和猴子的影响。

“安托瓦内塔·冈萨雷斯”，J. B.科廖兰，1642。安托瓦内塔的父亲彼得鲁斯·冈萨雷斯于1556年在加那利群岛被俘。由于浑身长满了毛发，最初也不会说任何欧洲语言，她被认为是一个“野人”。后来她得到法国国王亨利二世的帮助，学习了拉丁语并被准许结婚，学者们对她的家庭进行了深入研究。

在北美，说阿尔冈琴语的加拿大人讲述了温迪戈（windigo）的故事。这是一种多毛的庞然大物，内心冷酷，以人肉为食。它有一张大嘴，牙齿好似匕首，但没有嘴唇，可以一口吞下海狸甚至是人。温迪戈和其他类似的美洲土著精怪最初有可能是当地部落的成员或神灵，他们被后来者妖魔化。[1]这有点像古希腊诸神之前的提坦神族。这些生物的故事最终与欧洲和非洲传说中的类似故事融合在一起，催生了大脚怪的形象。[2]

对非土著的美洲人来说，北美野人、大脚怪及其同类可能代表了

鹰人，梅布雷诺斯族阿帕切人、皮马人和其他美洲土著群体传说中的恶魔。据说它最初是人类，但被女巫变成了怪物。

克劳族印第安人盾牌上描绘的怪物或恶魔。就其多样性和奇异性而言，美洲土著传说中的怪物完全可与旧世界的怪物相媲美。

美洲土著，土著一度也是如此神秘地游荡在树林中，躲在早期殖民者营地的周围。“萨斯科奇”（Sasquatch）的本意是指一个大规模本地部族，在20世纪早期，他们生活在加拿大的荒野之中。“大脚怪”（Bigfoot）的本意也是指美洲土著，据我目前所知，它最初是生活在18世纪晚期欧塞奇部落的一位酋长的名字。不管是美洲土著还是外来移民，对他们来说，半人半猿的怪物代表了已经消逝的原始世界的幸存者……

还有无数其他的怪物广为流传，偶尔被“看到”，但它们的存在至今未得到证实。最著名的当然是尼斯湖水怪，据说它有大约6英尺长的脖子，背部有驼峰和鳍。据报道，许多湖泊中都有类似的生物，

“飞头怪”，或者叫大头怪，是易洛魁印第安人传说中的妖怪，它栖息在高山上，以人类为食。这幅图画的是奥内达加人的传说：有一次飞头怪看到一个女人，她在烤橡子，飞头怪以为她在吃烧红的炭，于是被吓跑了。

“石巨人”或“食人者”，有一个传说讲道，石巨人曾经试图消灭塞内卡族印第安人，但是却被风神扔进了一个坑里。另一个故事讲道，人类必须找到石巨人的心脏才能战胜它，而石巨人的心脏是可以取出来放在别处的。

包括加拿大中南部的曼尼托巴湖，以及横跨加拿大、纽约州和佛蒙特州边界的尚普兰湖。在这些传说的怪物之中，最受研究人员重视的是莫克勒-姆本贝（Mokèle-mbèmbé）。据报道，至少从19世纪后期开始，人们就在中非的丛林中遇到过这种动物。它是一种巨大的爬行动物，类似于迷惑龙（以前被称为雷龙），时至今日，目击莫克勒-姆本贝的谣言仍然足以让一个村庄陷入恐慌。

据说，吸血怪兽卓柏卡布拉斯会吸食山羊和绵羊的血。关于它的报道始于20世纪末的墨西哥和波多黎各，之后迅速蔓延到整个拉丁美洲，接着传至美国西南部甚至俄罗斯。人们对这种生物的描述各不相同，但根据部分说法，它是一种大约3英尺高的爬行动物，皮肤是绿

第一次世界大战中的美国征兵海报。图中的形象在很大程度上归功于欧洲关于野人的传说。维多利亚时期对大猩猩的描述，甚至可能源自美国关于大脚怪的传说。

色的，长着大獠牙，背上有尖刺。据另一些人说，它看起来更像狼或土狼。这种层出不穷的目击事件表明，我们所说的“幻想动物”不是另一个时代的幸存者，也不是任何特定文明独有的产物。相反，创造幻想动物是人作为人类的恒定行为。它们永远在人类的想象中以一种与生物进化类似的方式进化，它们适应、吸收和舍弃各种主题，就像基因密码的片段一样。

大脚怪如何变成独角兽

关于“身体多毛、力大无穷”的恐怖人类的记载可以追溯到我们所谓的“文明”开始前很久。创造它们的灵感可能来源于人与类人猿的接触，甚至可能来源于人与和人类关系密切的物种的接触，如尼安德特人和丹尼索瓦人。无论如何，它们从古至今都遵循着一种惊人一致的模式。想想如下的状况：

> 有一天，一个猎人在水坑旁和“他”(一个人形生物)不期而遇，因为他进入了猎人的领地。一连3天，猎人都能遇到他，猎人被吓得呆若木鸡。猎人带着捕到的猎物回到家，他怀着敬畏的心情对父亲说：“父亲，有一个人从山上下来，他和别人不同。他是世界上最强大的，他就像天上下凡的神仙。他与野兽在山上一同行走、吃草。他在你的地盘横行，下到井旁。我害怕，不敢靠近他。他填满我挖的坑，捣毁我设下的陷阱，他放跑了野兽。”[3]

这段文字和21世纪时人们看到大脚怪或北美野人的记录如出一辙。事实上，“他”是在世界上最古老的史诗《吉尔伽美什》（*Gilgamesh*）中出场的“恩启都”（Enkidu）。我们现有的《吉尔伽美什》的最早的完整手稿来自公元前8世纪初亚述国王亚述巴尼拔的图书馆。其他一些用古代语言写成的版本只剩下片段，学者们通常认为这些片段可以追溯到公元前两千纪早期。

在父亲的建议下，猎人去找吉尔伽美什国王，国王派了一个妓女去勾引神秘的恩启都。她驯服了恩启都，就像中世纪传说中的处女驯服独角兽一样。两人在一起躺了六天七夜，然后恩启都回到了动物们的身边：

> 结果瞪羚一看见他，就立刻逃跑了。野兽一看见他，也全都逃跑了。恩启都本想跟在它们后面，但他的身体像被绳子捆着一样。他一跑起来，膝盖就软了，他的速度也消失了。现在野兽们都逃走了。恩启都变得虚弱了，因为他脑子里有了智慧，有了男人的想法。[4]

很快，恩启都开始为牧羊人捕猎狼和狮子。他去了乌鲁克城，在那里他开始玩摔跤，然后成为吉尔伽美什国王的好朋友，他们一起经历了许多冒险。

另一个古代人物也有类似的故事，他的前额中间甚至还有一个角，和独角兽的角一样。他就是“鹿角仙人”（Rishyasringa），长着瞪羚角。他的故事出现在一些古代文本中，包括《摩诃婆罗多》

（*Mahabharata*）。这是一部梵文史诗，写于公元前300年至公元300年，流传至今格式未变，或许它来自一个更古老的口述传承。故事开始于无瓶仙人在沐浴时瞥见一位神仙，于是他将精液射入湖中。一只母鹿喝光了湖中的精液，就怀上了鹿角仙人。母鹿生下了一个孩子，他的外形和人一样，只是额头上突出了一个角。无瓶仙人把他培养成一个严肃的修行者，不和其他人有任何接触。后来鸯迦国的土地上发生了一场大旱灾，统治者毛足王从婆罗门那里得知，王国正处于诅咒之中，只有鹿角仙人的到来才能解除诅咒。

毛足王派了一名神妓，她用树叶盖了一间小棚屋，小棚屋漂浮在河上。她顺流而下来到鹿角仙人的所在地。他以前从未见过女人，对文明的方式一无所知。鹿角仙人为她提供自己日常的简陋食物，但神妓给他送来了从花园里摘来的水果、葡萄酒、花环和豪华的衣服。她引诱他进入她的小屋，然后他们一起航行到鸯迦国，那里果然下起了倾盆大雨。毛足王将自己的女儿平和公主嫁给了鹿角仙人，同时还赠送了牛、奴隶和土地。随后，无瓶仙人来到鸯迦国，他对失去儿子充满愤怒，并计划烧毁整个王国（因为他的神力堪比太阳）。但当他看到鹿角仙人和平和公主庄严的样子之后，他平静了下来。鹿角仙人听从父亲的指示，在完成了他的职责并生下了一个儿子后，带着平和公主回到了森林。[5]这个故事的大致轮廓与恩启都的故事非常相似，在这样的故事中，一个能力强大的男人对女人和社会一无所知，只是受到引诱，于是离开了荒野去追求文明。

其他独角兽

西方的独角兽开始以我们今天所熟悉的形式出现，是在尼多斯的克泰夏斯（Ctesias of Cnidus）的一篇记述中。克泰夏斯是一位古希腊医生兼历史学家，大约在公元前4世纪初被任命为波斯国王大流士二世的宫廷大臣。他写了一本关于印度的书，其中只有几个简短的片段留存下来，在中世纪时被抄录下来。片段中提到一种类似野驴的动物，和马差不多大，前额中间有一个长长的角。克泰夏斯讲道，这种动物的角磨成粉可作为解毒药的主要成分使用。如果用它的角做成杯子，那么用杯子喝水的人的癫痫病就能被治愈，还能对毒药免疫。他补充说，这种动物的速度非常快，任何马或其他动物都无法超越它。

克泰夏斯这位古代医生描述了这种动物的颜色，甚至详细描述了它的踝骨的许多细节。[6]他的叙述具有科学权威的意味，但这些描述与任何有记载的生物都不相符。他可能指的是某一只印度犀牛、一只从侧面看到的瞪羚，或者可能是某种鹿。这种动物，独角兽，后来被亚里士多德、普林尼和其他古代作者提到过。最终，它与一种名为瑞埃姆（re'em）的有角动物融合成一体。瑞埃姆的起源同样不确定，但《圣经》中多次提到。它们最初可能是野牛、羚羊或任何有角的大型动物。《但以理书》中也提到了一只额头上长角的山羊，它能够不接触地面而迅速移动，在战斗中打败了一只大公羊。

波斯的独角兽叫作卡尔卡丹（karkadann），它的名字在梵语中的意思是“沙漠之王”。它有着犀牛般沉重的身体、马的蹄子、狮子的尾巴和能震慑一切动物的响亮吼叫声。它的前额长着一个弯曲的黑色

一段独角兽的角（其实是一角鲸的角），曾经保存在布拉格的鲁道夫二世博物馆，1610。一位药剂师曾从角上磨下了一点粉末，此后这种粉末一直被放在饮料中，用来中和一切毒素。伊丽莎白一世曾出高价购买这段角，其出价相当于现在的30多万英镑。

大角。卡尔卡丹以凶猛而闻名，它甚至能把大象刺死并且顶起来。然而，胜利不会持续太久，因为大象的血能让卡尔卡丹失明，它很快便会被对手的尸体压在地上。卡尔卡丹会被斑鸠迷住，也会像西方的独角兽一样被女人迷住。

中国的独角兽叫麒麟，极具代表性。它有着鹿一样细长的身体、马的蹄子、鱼的鳞、公牛的尾巴。它的胸口是黄色的，背部有多种颜色。它的角小而弯曲，呈银色或白色，由于角太纤细，所以它根本不能打斗。麒麟非常温和，所以不会踩在草上。麒麟极为神圣，有时人们说它是从火或者云彩中出现的。西方独角兽被人类少女吸

一些解毒药，曾经保存在布拉格的鲁道夫二世博物馆，1610。最左边是两个牛黄，这是从食草动物的肠道里取出来的结石，据说服用后能让人免受毒药所害。中间是一种“独角兽的角”，最右边是用独角兽的角做成的药盒。

引，或许有可能是因为它们在同类中找不到雌性，在这方面，麒麟则截然不同。麒麟不仅有两种性别，还拥有两性之间的完美平衡。麒麟的名字就包括了指代雄性的麒和指代雌性的麟，二者结合可以代表婚姻幸福。

麒麟是中国传说中的四大瑞兽之一（另外三种分别是龙、凤凰和乌龟），只在具有重大意义的场合出现。比如庆祝贤王登基的时候，麒麟的出现预示着未来会和平繁荣。圣人去世之时也会有麒麟出现。一则在中国广为流传的传说讲道，中国的第一个皇帝伏羲看到一头麒麟站在黄河边，于是他抄下麒麟背上的花纹，这就有了汉字（有时故事里的麒麟会变成乌龟）。另一则传说讲道，孔子出生前，他的母亲曾见过麒麟，那麒麟嘴里衔着一块玉，玉上刻有关于孔子的预言，说他将成为无冕之王。她往麒麟角上系了一条丝带，麒麟就跑走了。很久以后，孔子听说有个猎人捕杀了一头麒麟，内心觉得不安，于是前去查看。当看到麒麟角上系的丝带时，孔子不禁恸哭，因为他知道自己的死期将至。

独角兽与狮子

自1603年詹姆斯一世即位以来，英格兰的狮子和苏格兰的独角兽一直是联合王国皇家纹章上的两个扶盾兽，但它们的象征意义却不甚明了。[7]人们倾向于从二元对立的角度去理解，这使得所有以这种方

威尔士的露易丝公主、法伊夫公爵夫人纹章。英格兰的狮子和苏格兰的独角兽共同扶盾，纹章里包括很多国家、宗教的象征。

式配对的动物看起来似乎都是相互对立的。因此，狮子和独角兽分别代表白天和黑夜、太阳和月亮、战争与和平，或者是凶猛与温柔。它们也可能代表现实和想象——事实上，这种结合在很大程度上促成了独角兽后来成为幻想的象征。不过，这种对立经不起仔细审视，因为狮子和独角兽一样，都是寓言、象征和传统的产物。

从古代到中世纪，欧洲人公认的“百兽之王”其实是熊而非狮子，尤其是在北方。直立行走的熊很容易被赋予人性，它力量巨大，其他动物都不是它的对手。相比之下，在热带地区才有狮子称王，因为熊不是热带生物。在《圣经》里，狮子的名声有些矛盾。《圣经》讲述了大卫、参孙和但以理等英雄是如何战胜狮子的。中世纪画家有时会把地狱的入口描绘成狮子张开的血盆大口。但后来，这些动物逐渐被犹太-基督教的象征所同化，它们代表了犹大部落，也即诞生了救世主的部落。据说，狮子在行走时会用尾巴抹去行踪，就像基督隐藏神性而成为人一样。

随着欧洲越来越“基督教化”，神职人员努力用基督教的狮子取代异教的熊。他们在许多地区捕杀熊致使其灭绝，在节日里让熊戴着链子跳舞，在故事里贬低熊。不过，狮子作为兽王的地位被广泛接受仍然是几个世纪之后的事了。[8]狮子登上兽王宝座发生在12世纪前后。几个世纪以前，欧洲几乎没有人见过狮子。他们只通过《圣经》和其他古代文献中的内容了解这种动物。随着十字军东征，这种情况逐渐发生了变化。越来越多的人前往充满异域风情的近东，越来越多的狮子被带回来，它们被装在笼子里放在集市上展出。但此时，“狮子”仍然是一个通用词，用来指代任何有毛和大嘴巴，似乎能吞噬人类的

英国皇家徽章的变体，19世纪。图中代表英国的狮子是从玫瑰中生长出来的，玫瑰是都铎王朝的象征，而代表苏格兰的独角兽是从蓟中生长出来的，蓟是斯图亚特王朝的象征。

维多利亚女王纹章的一个变体，19世纪。在这幅皇家纹章的图画中，艺术家以一种比平常更自然的风格描绘了狮子和独角兽，它们似乎有点不安地看着对方。

伦敦《笨拙》杂志中的插图，1901年3月6日。这幅图讽刺的是人们争论代表威尔士的红龙是否应该和3只狮子一起列入大不列颠纹章图案。

动物。在中世纪的雕塑中，狮子通常看起来很像熊。[9]独角兽都有胡须，狮子也会被画上浓密的胡须，使人联想到高贵的战士。

1195年，理查一世（即“狮心王”）选择了3只伸出舌头的金色猫科动物作为他的御用纹章，3只动物平行地排列在红色的背景上。法国人也使用了类似的图案。也许这些动物最初的设计原型是豹子，关于它们的本来面目的争论从未停止过，人们普遍认为它们是狮子。[10]总而言之，纹章里的狮子与非洲大草原上的狮子的相似程度，就像独角兽与犀牛的相似程度一样。除了几千年来形成的象征意义，纹章和故事中的独角兽和狮子都非常神奇，你很难说清哪一个更虚幻。

追踪独角兽

学者们对独角兽以及传说中的类似野兽的复杂历史进行了详细追溯。尽管相关记录内容广泛，但其中仍有许多空白。比如说，我们不知道恩启都的故事和鹿角仙人的故事之间是否有联系，鹿角仙人的故事和《怪物图鉴》（*Physiologus*）中独角兽的故事是否有联系。这些缺口很像化石记录中的缺失，它们引发了猜测。除“长角”这个元素外，所有的故事都有一些共同的元素，这表明它们有着共同的谱系。所有独角兽，甚至是卡尔卡丹，都能表现得非常温柔，有时候它们是道德纯洁的象征。恩启都和鹿角仙人的故事也许一脉相承，然后故事向几个方向延伸，催生了麒麟、卡尔卡丹、西方动物寓言中的独角兽和许多类似的生物。或许在这些神奇的动物中，至少有一部分起源于某些独立的传统文化，这些传统文化后来相互影响。弗拉基米尔·普罗普（Vladimir Propp）曾写道：

> 就其起源而言，民间传说不应被比作文学，而应被比作语言。它不是由任何人发明的，它既没有作者，也没有创始人。它无处不在，只要有适当的条件，它就会有规律地变化，不以人们的意志为转移。[11]

我们可以更进一步地将幻想动物的“民间进化”（它们大多是民间传说的产物）与真实动物的生物进化过程进行比较。这样的类比引出了一个问题，即生物学分类和研究方法是否可以应用于民俗学的研究？事实上，此类研究由来已久。20世纪初，历史地理学派的学者们试图通过编纂详尽的主题和故事类型的索引，将民间故事这个此前相对松散的学科置于科学的基础之上，以追溯民间故事的演变历程。在1958年出版的斯蒂斯·汤普森（Stith Thompson）的《民间文学主题索引》（*Motif-Index of Folk Literature*）一书中，此类研究达到了高潮。[12]早在半个多世纪以前，民俗学家就已经探索了一些定量方法，而这些方法刚刚开始在人文学科中流行起来。他们的经验或许可以告诉我们在相关学科中使用这些方法将会遇到哪些问题。

历史地理学派在试图绘制民间故事演变图表时遇到的一个困难是研究故事的性质和传播依赖于难以重建的环境，比如少数天才说书人的出现及其行程。此外，我们对口头传承的记录，无论怎样认真地收集，终究都很不完整。历史地理学派最大的贡献应该是建立了对故事进行分类和编目的方法，便于研究人员可以相对容易地找到故事。通过分析民间传说的地理传播情况可以证实，尽管有一些故事，如《灰姑娘》，几乎遍布全球，但大多数故事传播的地理范围是有限的。

人们当然可以尝试用类似的方式来追踪独角兽或龙等生物的民间进化历程。在汤普森写了《民间文学主题索引》之后，计算机技术的进步使研究人员能够以更复杂的方式完成这项工作。我们可以用生物学家的方法测量独角兽角的相对长度和高度，并试图追踪角的长度在几个世纪中是如何变化的。创建一个追踪幻想动物起源的数据库是十分艰巨的工作，因为它涉及对无数外在特征信息进行编目，而其中许多信息都在博物馆的地下室或私人收藏中。这种研究在经济困难时期很难筹到钱，而且也无法确定它最终能有多少收获。试图预测经济进程的人经常发现，最重要的趋势隐藏在大量数据中难以辨别，因此最好还是依靠他们自身受过教育的直觉。搜寻恐怖分子的人往往不得不把专业图表放在一边，转而依靠小道消息和预感逮捕目标。所以，那些寻找雪人或独角兽的人也必须这样做。

羚鸟

豪尔赫·路易斯·博尔赫斯和玛加丽塔·格雷罗所著的《幻想生物之书》（*The Book of Imaginary Beings*）简要描述了民间传说和文学作品中的幻想生物，全书涵盖了117个生物，从阿布图（Abtu）到扎拉坦（zaratan），都有学术参考文献证明。然而在这个动物园里，有一种动物与众不同，那就是羚鸟（perytion）。目前只有一份已知的文献描述过它，即博尔赫斯和格雷罗部分引用的《论羚鸟》，文章开头写道：

> 羚鸟是一种生活在亚特兰蒂斯南部岛屿上的生物，它半鹿半鸟。头和脚是鹿的样子，身体则完全是鸟，有羽毛有翅膀。这种动物最神奇的特征是，当被太阳照到时，它投下的影子并不是它自己的轮廓，而是一个人类的样子。因此有人得出结论，认为羚鸟是不受神灵庇护的人类灵魂变化而成的……

文献还说道，如果羚鸟杀了一个人，神灵就会重新垂爱这个动物，它的影子就会变成自己的轮廓。西比欧及其士兵在走海路前往迦太基的途中遇到了一群羚鸟，险些全军覆没。但他们比较幸运，一只羚鸟只杀一个人，所以还是有部分士兵幸存下来。

这篇文献的来源是什么呢？作者解释说，这段话来自16世纪非斯的一位身份不明的犹太拉比，这位拉比从某个阿拉伯作者的书中复制了这段文字。当哈里发奥马尔烧毁亚历山大的图书馆时，记录文字的小册子丢失了，所幸原作的副本被保存在慕尼黑大学，但是在第二次世界大战期间，这个副本也消失了。所以博尔赫斯和格雷罗承认，这种生物的起源非常模糊。[13]

博尔赫斯最初是以书评人的身份出名的。他会想象一些情节宏大到永远无法真正创作出来的故事，然后为这些故事虚构出作者和出版商。他会在文学杂志上评论这些虚构的小说，让好奇的读者徒劳无功地寻找。羚鸟的故事很有可能就是这样一本“小说”，而“小册子”本身就是一种幻想。然而，博尔赫斯的评论并不仅仅是虚假的，这些评论本身在今天被当作文学来阅读。至于羚鸟，有些读者可能会反对说：“这是欺诈！这个怪物不是一个真实的幻想动物！是作者编的！”如果博尔赫斯还活着，他可能会回答：“那么，你承认幻想动物是真实的了……”

赫伯特·德雷伯,《尤利西斯与塞壬》,1909。在古希腊-罗马的传说中,塞壬是长着人脸的鸟。到中世纪时,它们与美人鱼的形象融合。到了维多利亚时代和爱德华时代,塞壬的形象变得越发性感。它们一旦离开了水,鱼尾就会消失,变成极富魅力的女人。

6

怪兽

MONSTERS

啊，恶魔，恶魔！
要是妇人的眼泪有孳生化育的力量，
她的每一滴泪，掉在地上，都会变成一条鳄鱼。
走开，不要让我看见你！
——莎士比亚，《奥赛罗》

人们为什么喜欢怪兽？由于它们的存在，但丁的《地狱篇》比《天堂篇》和《炼狱篇》更受欢迎，而希罗尼穆斯·博斯可能成了古往今来最流行的画家之一。人们对怪兽的喜爱有很多解释，其中大部分都集中在这样一个观点上——神圣与世俗之间有着深刻的亲缘关系。罗马尼亚历史学家卢西安·博亚将幻想动物，至少是那些具有一些人类特征的动物，称为“人类的他者”。他写道：

> 为了认识那些有万千面孔或连脸都没有的人，人必须把自己移到人类最远的界限，甚至超越界限，以便进入一个轮廓模糊的地带，或是一个人类的条件准则能够不断被违反的地带。

这是一种“彻底的异他性”（radical alterity）的表现，即使没有锋利的牙齿、尖角或魔力，怪兽也会让人深感迷惑。有些怪兽甚至可能是在相当正常的人类参数范围内的生物，只不过它们在某一个方面走向了极端——例如侏儒、巨人、亚马孙人或食人族。它们具有某些特征，这些特征既使它们区别于人类，同时又使人类的某些方面变得戏剧化。例如希腊神话中的塞壬，它们的优美歌声足以引诱水手走向灭亡。在古代，塞壬通常被描绘有女人的头和上半身，身体的其他部分则是鸟（中世纪以后被描绘成美人鱼）。这样的特征与它们的歌声达成了绝妙的平衡。[1]怪物是一种生物，通过提供最鲜明的对比，它们帮助我们定义了人性。

神学家鲁道夫·奥托（Rudolf Otto）提出了另一种理论，他将神圣的感觉（the sense of the sacred）称为“令人畏惧的神秘”

J. B.科廖兰，“鹤人”。和其他怪物相比，鹤人顺应了17世纪晚期很流行的想象。据说鹤人住在非洲偏远地区，它们会和狮鹫战斗。传说意大利伯爵赛兰曾于1664年在匈牙利和土耳其人作战期间捉到过一只鹤人。

（mysterium tremendum），或“全然的他者”（wholly other）。这是对一个现实的认知，我们的概念无法抓住这个现实，也无法通过任何尝试来表述它。我们甚至不能正确地说上帝是“存在的”或是“善的”，因为上帝超越了善与恶的二元性。这是一个如此伟大的现实，以至于我们所有的理论解释最终都消失了，我们只能站在对神圣存在的无言沉思中。[2]“神圣的”与“世俗的”都会引发一种神圣的感觉。

人类学家玛丽·道格拉斯（Mary Douglas）尝试在她的著作《洁净与危险》（*Purity and Danger*）中对神圣与世俗之间明显的密切关系作出解释，这是一种十分理智也极为细致的解释。她认为，《旧约》

塞壬，来自庞贝城的壁画，约公元前1世纪中期。在古希腊和古罗马，塞壬通常是长着女性头部的鸟，这个形象可能来源于古埃及人的“身魂”（ba）。身魂是人的灵魂，通常是长着女性头部的鸟模样。

中的宗教禁令，尤其是《利未记》中的那些，维持并强化了同一文化中的人们划分世界的界限。她的观点在很多方面与奥托相反，她认为神圣是秩序，与之相反的是混乱；“洁净”的动物是那些“没有瑕疵”的动物，那些完全符合人类分类的动物。在创世之后，耶和华将生物分为水、海和空气中的生物。《利未记》把那些看起来结构不正确、运动方式不正常的动物形容为“不洁净的”。因此，那些看起来长着“手”而非前爪，还用这些“手”走路的动物是令人厌恶的——

“赛琳，天堂鸟”，18世纪早期或19世纪晚期俄罗斯的流行印刷品。在俄罗斯传说中，赛琳（sirin）是头和胸为女性特征、身体是鸟的美丽生物，它戴着华丽的头冠，声音极为迷人。它住在《圣经》中所说的伊甸园附近。

海怪阿尔戈斯（Argus）。海洋生物常常显得很奇怪，它们几乎无法用任何文字来描述。它们通常被描绘成更常见的生物的合成物。这个海洋生物似乎有8只眼睛，有点像蜘蛛，还有着鱼的鳞、鸭的脚、野猪的头。

比如老鼠、鳄鱼、变色龙和鼹鼠。凡触摸这些动物的信徒，未得净化就不可进入神殿。猪违抗了传统的分类，因为它有偶蹄但不反刍，所以它也被认为是不洁净的。部分生物无视我们概念化的分类，破坏了我们存在的安全感，将人与动物、鱼与家禽，或者男性与女性混在了一起。

但是道格拉斯认为，没有一个分类系统是完全完整或全面的，总是会有异常现象。因此，有必要把一些通常被认为是可憎的东西“神圣化”。在大多数情况下，血被认为是不洁净的，但在动物祭祀时，血会被带入寺庙。[3]这就解释了基督教的画家为何有时会在至福德天堂场景中画出动物形态的怪物，比如状如狗头人的圣克里斯托弗。

18世纪晚期至19世纪流行起了壮丽华美的审美风潮，人们在暴力、极端的环境下寻求极致的庄严。[4]猛烈的暴风雨、大灾难和原始森林对维多利亚时代的人们有着强烈的浪漫主义吸引力。这个时代日益严重的世俗主义让人怀念中世纪的宗教信仰，甚至是野蛮的辉煌。在一个似乎充满魅力的世界里，恶魔甚至可以让人更接近上帝。但与中世纪晚期和文艺复兴时期的艺术家不同，维多利亚时代的艺术家，尤其是那些与前拉斐尔派有关的艺术家，对天使的关注远远超过对魔鬼的关注。在他们的画中，偶尔出现的小鬼更像是恶作剧，它们并不可怕，在画面上加以夸张的不是邪恶的权威，而是压倒一切的超自然力量。

所有这些理论使得幻想生物——尤其是恶魔——成为对人类形态的否定，在许多情况下甚至是对宇宙秩序的否定。这是在研究它们的过程中反复出现的主题，有时这种研究被称为“怪物学”，但这种观点绝不是普遍的。这些理论优雅简洁，能解释一些现象，但它们不能完全公正地观察、想象、推测创造幻想生物的复杂过程。

吃与被吃

保罗·A.特劳特（Paul A. Trout）在他的《致命力量:动物捕食者和神话般的想象》（*Deadly Powers: Animal Predators and the Mythic Imagination*）一书中颇为挑衅地提出，害怕被捕食者吃掉是“宗教敬畏”的起源，最终也是所有崇拜的基础。作为证据，他指出食肉动物的特征，如张开的大嘴、巨大的牙齿、有力的爪子和富有震慑力的凝视，在许多神话和宗教形象中都有出现，如埃及神灵塞赫迈特（Sekhmet）、印度女神迦梨（Kali），还有中国龙。根据特劳特的说法，早期人类和他们的祖先始终生活在对史前时期巨大食肉动物的恐惧之中。随着人类逐渐开发出新的武器并在食物链中步步高升，人类开始认同这些捕食者，并经常在想象中假想它们的特征。当人们试图保护自己，开始抵抗、安抚、征服和诱骗这些伟大的捕食者时，它们的形象就被赋予了更加丰富多彩的特征。[5]

J.奥古斯都·克纳普，鸡蛇怪，20世纪早期。希腊的鸡蛇怪身上融合了各种截然不同的特征，心理学家荣格认为它是一位超越了耶和华的神灵。

“地狱入口”，《神圣时刻》，1440。地狱常被视为是一个巨大的捕食者，长着巨蛇或狮子的血盆大口。本图中的地狱是狮子的形象。

这个理论使得人类的故事变得相对简单——人从动物中脱颖而出，从臣民上升到主宰地位。但我怀疑，像许多优秀的说书人一样，特劳特太过沉浸于故事的戏剧性之中，以至于有时忽略了核实证据。在早期的代表神性的形象中，大型捕食动物绝不是主流。在令人敬畏的史前洞穴壁画中，马、猛犸象、牛、野山羊和犀牛等食草动物比大型猫科动物和熊等食肉动物更为突出。一些强大的食肉动物，如狼和鳄鱼甚至难得一见。安纳托利亚地区的加泰土丘有着已知最早的神殿，那里最受崇敬的动物不是食肉动物，而是公牛。[6]

特劳特认为早期人类及其祖先一直生活在被捕食动物吞噬的恐惧中，这当然是对的，但他可能夸大了这种恐惧所引发的后果。大多数野生动物也有这种恐惧，但这似乎并没有主导它们的生活，只要它们想要玩耍放松，还是有大量空间去玩耍。松鼠这类动物在繁忙的街道上若无其事地穿过斑马线，除了偶尔躲避猛禽，它们并没有给人留下害怕什么的印象，因为它们常常欢快地追逐彼此。我们对死亡和痛苦的恐惧远远超过野生动物对它们的恐惧，因为我们对这两者并不习惯。对于我们遥远的祖先来说，死亡的景象是一种日常的经历，他们可能并没有赋予死亡一种可怕终结感的哲学。

我们生活在这样一个时代——家里有一整柜的止痛药、镇静剂、抗抑郁药等类似产品，旨在缓解从肌肉酸痛到皮肤瘙痒等所有能想到的身体不适，我们很难想象我们的祖先和大多数动物一样，认为疼痛是理所当然的。当然，他们不喜欢痛苦的死亡，但他们几乎永远不会迎来平和的死亡，他们可能会在一种认真的游戏精神中接受被捕食的死亡。也许他们甚至认为，与饥饿或疾病导致的死亡相比，这种杀戮是相对温和的选择。

不过，对捕食者的恐惧仍然是许多幻想动物故事和形象的核心。恐惧确实起到了巨大的作用，如果像特劳特这样的作者夸大了它的重要性，那就再一次证明了怪物其实控制着我们的想象力。幻想动物可能不是最古老或最深奥的动物，但它们肯定催生了最多的文学作品，通俗的和学术的都有。

屠龙

没有一个统治者或牧师能将幻想动物从传说和书本中驱逐，但确实有人尝试过。并不是所有的社会都能接受幻想出来的生物。有些人，尤其是那些属于亚伯拉罕诸教的人，认为怪物是盲目崇拜的产物，甚至是恶魔。另一些人，如古希腊和古罗马人，则常常认为它们是野蛮、怪诞和非理性的，是对自然世界或人类形态的亵渎。但在危机期间，对神奇动物的禁忌心理可能会完全消失，甚至大量奇异生物会在突然之间诞生。

一个充满怪物的荒野必须被毁灭，才能为文明生活腾出空间，这是一个古老而普遍的文化母题。一些传说中的英雄把杀死怪物作为他们的事业，以驱除混乱，为文明铺平道路——比如美索不达米亚的吉尔伽美什，希腊的忒修斯，中国传说中的孙悟空，盎格鲁-撒克逊人的贝奥武夫，霍皮族神话中的波恰胡雅双胞胎，南非布希曼人的螳螂，以及美国人故事里的大卫·克洛科特。

这种观点甚至进入了大众科学，野蛮的恐龙经常被描绘成感情丰

“已灭绝的动物”，来自S. G.古德里奇，《约翰逊的自然历史》，1867。史前动物被描绘成中世纪龙的模样，直立起来攻击对手。没有人察觉到这些不同的生物属于不同的时代，一只高度进化的现代鸟类出现在恐龙的旁边。

富的样子，而它们的死亡则被解释为进化的“进步”。这种观点更集中地反映在霸王龙身上。例如，在20世纪晚期之前，人们通常以中世纪欧洲龙的模样来描述霸王龙——它几乎完全直立，拖着一条巨大的尾巴。这个“恐龙之王”是原始混乱的又一个化身，这种混乱必须被克服，为人类的最终胜利让路。

英语的monster一词可以追溯到拉丁语的monstrum，是动词monere的变体，意思是“警告”。占卜者经常把怪物的出现解释为灾难即将来临的征兆，而在危机时刻，当灾难迫使人们反思自己文化的根基时，关于幻想动物，尤其是怪物的报道就会激增。为了克服迷失感，面对灾难的人们常常被迫重新思考作为一个人究竟意味着什么，以及人与神和动物的关系。根据《希伯来圣经》的描述，正是在这样

经典的霸王龙图片。直到20世纪的最后几十年，古生物学家们也一直以中世纪的龙为原型塑造霸王龙的形象，它用有力的后腿直立行走，用小前爪搏斗。在本图中，摆出这种姿势的霸王龙正好暴露了它的腹部，其他恐龙有机会用长角，就像拿长枪的骑士一样攻过来。

尼古拉斯·巴塔伊，《昂热的天启》，法国壁毯，1373—1387。怪兽、龙和假先知嘴里吐出青蛙，末日的天使与它们对峙，它们身上带着亵渎的标志。

一个不确定的时期，以色列人重拾对金牛犊的崇拜，金牛犊可能是埃及牛神阿比斯的化身。

最好的例子就是《启示录》，它是为了回应尼禄和其他罗马皇帝对基督徒的迫害而写的。用提摩西·比尔（Timothy Beal）的话来说：

> 使徒约翰的想象是汹涌的、原始的怪物洪流的源泉。它们在这个世界上进进出出，天堂和地狱、神圣和世俗的界限被血、伤痛、瘟疫和卑劣冲垮。[7]

魔鬼化身为一条巨大的红龙出现在天空中。它有七个头，每个头都有十个角并佩戴冠冕。它用尾巴从天上扫去三分之一的星星。这个怪物被天使长米迦勒赶出了天堂，但随后这个有七头十角、豹身、熊爪和狮嘴的野兽从海里冒了出来。魔鬼和它的跟班或许很可怕，但代表基督的形象更可怕。兽的对手是神所宰的羔羊，它有七角七眼。在神的宝座四围有四个活物：狮子、公牛、人和鹰。每个活物都有六个翅膀，脸上长满了眼睛。羔羊站在宝座和以色列长老之间，揭开书卷上的七个印。每印一破，就有死亡和毁灭的新异象。第六印一破，就有大地震，日头黑得像粗麻布，月亮红得像血一样，星星从天上掉下来，像无花果树上的果子在大风摇动时掉下来一样。天消失，好像书卷般卷起，山岭和海岛都震动不已。于是，地上的一切官长、省长、千夫长、财主、贵族、平民、奴仆和市民都往山上去，藏在山林和磐石中。他们对山林和磐石说："倒在我们身上，把我们藏起来，躲避宝座上的神和羔羊的怒气。因为他发怒的大日已经来到，谁能当得

阿尔布雷特·丢勒为《启示录》所作的插图，1493。这幅木刻版画结合了冷酷的现实和神秘的寓言，其中的兽及其追随者显得尤为可怕。

“龙和兽被扔进地狱”，大都会博物馆修道院分馆，《天启》，法国，1330。在对末日的描述中，就连魔鬼也表现出兽性的天真，仿佛它和所有人一样，只是在遵循神的计划。

起呢？”最后，羔羊揭开第七印，天堂一片寂静。兽和假先知以及跟随他们的罪人被扔进硫黄火海，在那里，他们必须永远燃烧。混乱和破坏爆发，就像只有挪亚及其家人幸存的大洪水一样，旨在摧毁旧秩序。最终，一个新耶路撒冷为正义而建。《启示录》以丰富的辞藻描绘出宏大的图像，在接下来的几千年里，这些图像将遍布正统基督教，同时也为从政治煽动到恐怖电影的广泛世俗活动作出了贡献。

下界的怪物

下界（underworld）充满了兼具人和动物特征的恶魔，这一设定不仅出现在基督教和琐罗德亚斯教中，也出现在印度、中国、伊斯兰世界、玛雅、阿兹特克和其他很多文明中。这种想法在欧洲中世纪和文艺复兴时期尤为重要。公元1000年前后，在对地狱的描述刚开始流行时，恶魔通常以希腊-罗马神话中的萨堤尔为原型，或者以猴子为原型。描绘恶魔的艺术家们逐渐表现出更丰富的想象力，他们尤其喜欢混合多种动物的特征，如蝙蝠的翅膀、蛇的尾巴、野猪的獠牙、山羊的蹄子、牛的角、狗的脸和鹰的爪子。

13世纪末至14世纪初，在马可·波罗和其他商人建立起欧洲与中国之间的贸易通道后，蝙蝠的翅膀从中国艺术中移植到了恶魔身上（讽刺的是，蝙蝠在中国艺术里是好运的象征）。这是为了把魔鬼和天使更明显地区分开，因为蝙蝠的生活习性表明它们是夜行生物。[8]16世纪的一些意大利艺术家受到人类形体崇拜风尚的影响，把所有人类特征从他们创造的魔鬼身上抹除了，魔鬼甚至不需要用腿行走。例如在拉斐尔的《圣米迦勒与龙》中，恶魔是许多动物特征的组合体，包括狗的头、公牛的角和蛇的脖子，只有它们凸出的眼睛和会做不同动作的长舌头似乎暗示着它们身上还有人类的残留痕迹。[9]但在其他意大利艺术家，比如米开朗琪罗和卢卡·西尼奥雷利的作品中，魔鬼可能对人文主义理想不再抱有幻想，这些恶魔在形体上与人类几乎没有区别，紧张的四肢和扭曲的面孔表达出了它们的愤怒。[10]

但无论恶魔多么像人或多么怪诞，它们的形象始终或多或少地显

保罗·乌切洛，“圣乔治与龙”，1456—1460。画家似乎是要炫技，他不仅巧妙地使用了透视法，而且把蝴蝶、蝙蝠、蛇、狗、鸟和猪等多种动物的特征结合起来描绘了龙。这头怪物唯一看起来像人类的地方是它的眼睛，其中一只眼睛被圣乔治刺穿了。

拉斐尔·桑齐奥，《圣乔治与龙》，1505。图中的怪兽融合了许多生物的特征，堪与希罗尼穆斯·博斯的怪物相比。它的畸形与画面的其他部分形成了鲜明的对比，在这幅画中，圣乔治、马和少女被理想化了，显得无比安宁。

示出一些动物特征。野生动物的生活主要围绕着食物展开——围绕着吃，如果可能的话，还要避免被吃。在16世纪对地狱的描绘中，罪人几乎从不吃东西，即使他们吃了，也是被迫吞下一些像癞蛤蟆一样的令人作呕的食物。相比之下，魔鬼总是被描绘成在驱赶、烹饪和吞噬被诅咒的人的形象。在我们熟悉的人类居住的世界里，对动物做这些事的是人，但在地狱里，这种关系正好相反。

西方绘画中的天堂，尤其是从中世纪到文艺复兴时期的天堂，是一个讲究规则的地方——等级分明，着装规范始终如一。偶尔会有一只威严的狮鹫或蛇头兽，但它们都是罕见的，而龙和蛇怪更是从未出现过。天堂里甚至没有人发胖，更不用说畸形了。相比之下，地狱，特别是在文艺复兴时期的北欧艺术中，充满了奇妙的合成生物，尽管这些组合看似充满想象力，但其实它们并不是随意出现的，而是遵循某些主题定期出现的。虽然魔鬼形象并没有任何明确的模式范本，但它们通常有人类的躯干、蝙蝠的翅膀、公猪的獠牙、公牛的角、猴子的尾巴、鱼的鳞片、猫的眼睛、驴的耳朵和鹰的爪子。如果天堂代表秩序，地狱就代表混乱。在约翰·弥尔顿（John Milton）的《失乐园》中，地狱的首都被称为“万魔殿”（Pandaemonium），字面意思是“所有的恶魔”，这个词后来用来被指代一切混乱场面。

马丁·施恩告尔（Martin Schongauer）是北欧众多专门描绘恶魔的艺术家之一，他从肉类市场上摆的鱼和家禽身上获得了很多灵感，他以极具创造性的方式将它们的样子结合起来，如他的蚀刻画《被恶魔折磨的圣安东尼》。佛兰德画家希罗尼穆斯·博斯以描绘恶魔而闻名，尤其是他的三联画《人间乐园》。也许历史上没有任何绘画作品

路加·西诺雷利,《末日审判》细节,1499—1504。除了角和颜色各异的皮肤,魔鬼看起来基本上和人类无异,紧张的肌肉和夸张的面部表情表明它们很愤怒。

林堡兄弟，"地狱图景"，14世纪。在中世纪晚期对地狱的描绘中，兽形恶魔驱赶、处决、烹饪、吞食罪人，就像人们对待家畜一样。

马丁·施恩告尔，《被恶魔折磨的圣安东尼》，1470—1475。这些恶魔形象的主要灵感来源是在海边或鱼市上捡到、看到的死鱼烂虾。

能像这幅画一样让评论家们感到困惑，人们围绕着它产生了几乎无穷无尽的争论，有些说法甚至和这幅画本身一样富有想象力——这幅画隐藏着神秘组织不为外人所知的密码；描绘了大洪水前的生活；描绘了一个乌托邦；画了新的世界；等等。也许再也没有画家像博斯那样具有如此无拘无束的想象力，尽管据我们所知，他的宗教观是非常保守的。[11]

在博斯的三联画中的第一幅描绘天堂的画中，大多数生物都是自然的，但也有一些生物，尤其是靠近水的生物，是非自然的。右下角的前景中有一只三头鸟，翅膀上有鳞片，尾巴像孔雀尾，旁边是一个长鼻子人鱼，它一边漂浮一边看书。许多生物根本无法辨认到底是什

希罗尼穆斯·博斯，“地狱”，《人间乐园》局部图，1503—1504。在这幅图中，被诅咒者所受的惩罚与其生理功能密切相关，尤其是吃和排泄。罪人被捆起来，像动物一样被驱赶、被烹煮。一个恶魔在厕所里吞人，然后把他们排泄出来。

希罗尼穆斯·博斯，“伊甸园”，《人间乐园》局部图，1510—1515。图中的亚当和夏娃似乎有一种不祥的预感。即使在天堂里，或许也潜伏着非自然的、恶魔般的生物。

么，看起来就像是由岸边捡来的奇怪骨头和贝壳构成的。

这些奇异的动物在中间的那幅画上繁殖得更多了，裸男裸女与各种形状和大小的奇怪生物们古怪地嬉戏着。除了相对自然的马、鸟和熊，还有各种各样的独角兽和人鱼，但许多生物根本无法进行任何分类。例如，画的右上角的森林里出现了一个生物，它有一个突出的鼻子，还有鹿的角、乌龟的壳、蜘蛛的腿以及蜥蜴的尾巴。

画的最后是地狱的场景，在那里，混沌占据上风，没有一个贴近自然主义描绘手法的动物。怪异的恶魔以千奇百怪的恶毒方式折磨着人类。在前景中，一个长着兔子头和人类身体的恶魔带着一个罪人，也许是一个曾经过于沉迷狩猎的人，他被绑在一根杆子上，仿佛刚被宰杀的猎物。右下角的一个恶魔有着巨大的眼睛和嘴巴，拥有猫头鹰的喙和人的躯干，以及蓝色的皮肤，一个巨大的水壶安在它头上。它坐在厕所里吞噬着罪人，然后把他们排泄到一个坑里。在中间位置，恶魔把罪人绑在古怪的乐器上，强迫他们唱魔鬼的歌。一个可怜的人从鼓的洞里往外看，看到的是一张恶魔的脸。恶魔的眼睛闪闪发光，头上长着羽毛，脸上长着猫的胡须，腿末端长着巨大的爪子。恶魔一只手握着乐器，另一只手拿着鼓槌敲打着鼓。这一切意味着什么？这些画面都极具启发性，但对它们的解读似乎只能解释一些像是随意安排的细节。无论画家的宗教或哲学信仰是什么，这些画面似乎既没有引导，也没有抑制他的想象力。

希罗尼穆斯·博斯，《人间乐园》，1503—1504。几个世纪以来，也许没有哪幅作品能像这幅画一样令评论家们倍感困惑，它的意象似乎拥有着无可比拟且不受限制的丰饶。

希罗尼穆斯·博斯，“地狱”，《人间乐园》局部图，1503—1504。画家将基督的象征和炼金术传说混合起来，表现得十分令人费解。

畸胎

在现代早期，“畸形”（monster）一词常被用来指代如今所谓的“有先天缺陷”的人和动物——两个头的牛、单眼的猪、暹罗胎，等等。这种生物的出生被认为预示着一场灾难，一场回归原始的混乱。民俗学家推测，它们可能是许多神话人物的起源，如斯雷普尼尔（Sleipnir），即北欧神话中的奥丁的坐骑、一匹八脚骏马。这些通常是最典型的，也即最“畸形”的怪物，是最能引起敬畏或恐怖的怪物。如果说科学对畸形的解释在某种程度上缓和了这种恐惧，那么现代传说和流行娱乐文化则表明这种恐惧并没有消失。畸形也能引起不健康的迷恋，这就是为什么像大胡子女人、连体双胞胎之类的畸形人会被P.T. 巴纳姆（P. T. Barnum）这样的马戏团经理放到畸形秀上展出。

通常来说，人们认为一切奇怪或反常的生物都属于畸胎。在犹太人和伊斯兰世界的传说中，沙漠中无数的恶魔都是亚当的第一任妻子莉莉丝的畸形后代。根据中世纪晚期和文艺复兴时期的一些基督教传说，恶魔是夏娃和伊甸园之蛇通奸的产物。另一些传说则认为那些恶魔是亚当女儿的、该隐的或挪亚之子“含”的后代。[12]在比较近代的时期，神智学创始人之一的海伦娜·布拉瓦茨基（Helena Blavatsky）认为，类人猿是来自“失落的大陆”利莫里亚的一个种族的后代，利莫里亚人曾与动物交配。[13]

畸胎不仅会引起反感，还会引起好奇。有一个流传很广的传说，讲的是吕西尼昂的水仙女梅柳辛的故事。年轻的雷蒙德伯爵意外杀死

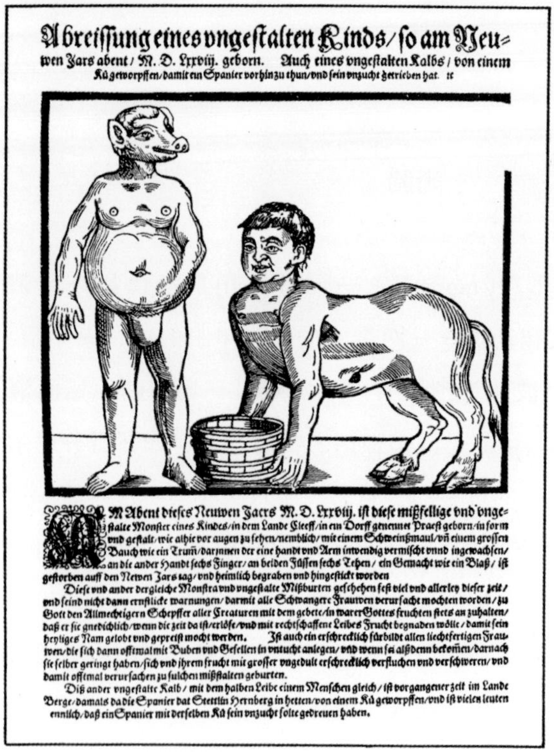

纽伦堡印刷的通告，1578。通告宣布了两个“人形怪物”的诞生，一个长着猪头，另一个长着小牛的后肢。

了一个打猎的伙伴，他在森林中游荡，结果迷路了，但他无论如何也不敢回家。他在泉水附近遇到了梅柳辛。梅柳辛和伯爵成了朋友并同意嫁给他，但条件是伯爵绝不能在星期六偷看她洗澡。他们在水仙女的城堡里快乐地生活了一段时间，并有了几个孩子，但孩子们都是畸形的——乌里安有一只红眼睛和一只蓝眼睛，还有一对野兔的耳朵；尤德斯的一只耳朵比另一只大得多；盖恩的一只眼睛远远高于另一只眼睛；安托万长着一头狮子鬃毛，左脸颊上有一个像狮子爪的印记；勒诺只在前额中间长着一只眼睛；杰弗里长着像野猪一样的长牙；弗

J.B.科廖兰，“长怪头的羊”，1642。不管这个东西的原型是什么，它的头很像是戴了一个意大利狂欢节的面具。

罗蒙特的鼻子上长着一大块毛，脸上有可怕的三只眼睛。不过，只有最后一个孩子的品行有问题，其他人都遵守了骑士的准则，在十字军东征期间与撒拉逊人的作战中表现得很英勇。他们建造了城堡，但家族将在未来几代人的手中陷入困境。[14]雷蒙德逐渐对梅柳辛产生了怀疑，他通过门上的一个小洞偷看妻子洗澡，发现她的下半身居然变成了大蛇。后来在一次争吵中，雷蒙德骂她是“可恶的蛇”，结果她永久地变成了蛇形，绕着城堡飞了三圈，唱着伤感的告别歌，然后消失了。这个故事被让·达拉辛（Jean d' Arras）在1382年至1394年期间写成了一首长诗，诗是为贝里公爵所作的，因为公爵希望从水仙女那里追本溯源，他认定自己是她的后代。[15]这个故事经常被复述、翻译。梅柳辛的故事或多或少地传达出了与恐怖同等程度的魅力——法国和卢森堡的许多富贵家族为了表明自己是梅柳辛的后裔，甚至改写了家族历史。梅柳辛和雷蒙德的后代中甚至包括了中世纪晚期的肯尼迪家族。

欧洲的童话故事中常有畸形角色出场。在格林兄弟的《刺猬汉斯》（*Hans My Hedgehog*）中，一个农民沮丧地说，他宁愿要一只刺猬做儿子，也不愿没有孩子。因此，他的妻子很快就生下了一个男孩，这个男孩有刺猬的头和上半身，下半身是人类。刺猬汉斯无法在人类社会中立足，他游荡到森林里，骑着一只公鸡，吹着风笛，以养猪为生。在民间传说的发展过程中，刺猬汉斯可能是一个森林精灵——一个巨魔或小妖精——可以用来吓唬村里的孩子，让他们乖乖听话。汉斯的故事与博蒙特夫人的《美女与野兽》很相似。在格林兄弟的童话中，一位年轻女子不顾汉斯的外形同意嫁给他，使他成为真正的人。[16]

弥诺陶洛斯

在所有神话中，最可怕的畸形人是希腊的弥诺陶洛斯（Minotaur），他长着公牛的头和尾巴，却有人类的身体。根据神话，海神波塞冬送给克里特岛国王迈诺斯一头从海浪中升起的美丽的白色公牛。波塞冬打算让迈诺斯把公牛献祭给他，但迈诺斯却从自己的牛群中另挑了一头最好的牛杀了用以献祭。为了报复，波塞冬让迈诺斯的妻子帕西法爱上了这头白牛。后来，帕西法生下了她和公牛的孩子弥诺陶洛斯。迈诺斯建造了一个地下迷宫，让这个怪物藏身其中。雅典每年都会派出7位少男和7位少女作为贡品献给弥诺陶洛斯，最终轮到了英雄忒修斯被送给牛头怪。迈诺斯的女儿阿里阿德涅爱上了忒修斯，并偷偷给了他一个线团——忒修斯进入迷宫时展开线团，便能找到回家的

乔治·弗雷德里克·沃茨，《弥诺陶洛斯》，1885。画中的弥诺陶洛斯眺望着大海，期待着被献祭的青年男女的到来。它手里捏着一只小鸟，小鸟象征着年轻的纯真。这幅油画是反对维多利亚时代英国儿童卖淫运动的一幅作品。

路——还给了他一把剑，足以杀死弥诺陶洛斯。[17]

早在这个希腊神话之前，公牛和母牛便是多产的象征。在欧洲的洞穴绘画中，公牛是最常见的动物。在埃及，公牛是卜塔神（Ptah）的化身，与法老有着密切的联系。苏美尔人的阿努（Anu），就像美索不达米亚的其他神一样，有时会被描绘成长着牛的头和人的身体的模样。即使在今天的印度，人们对牛的崇拜仍在继续。在那里，牛不但不能被吃掉，还可以自由地四处奔跑。[18]

对公牛的崇拜在古克里特岛达到了顶峰。神话中的迷宫很可能受到了克里特国王建造的复杂宫殿的启发。打败弥诺陶洛斯的忒修斯也是雅典城邦的创建者，他因驯服荒野、引入法治而被誉为文明的创造者。弥诺陶洛斯的故事不仅庆祝了雅典的胜利，也庆祝了整个希腊对克里特岛的胜利，以及文明对野蛮的胜利。更具体地说，它肯定了希腊宗教的优越性，其拟人化的神比其他民族的动物崇拜更优越。

弥诺陶洛斯的故事是一个更长的神话叙事的一部分。这个神话的人物数量和史诗一样多，命运的戏剧性转折比任何肥皂剧都要丰富。希腊诸神和英雄的生活里混合了一些极其浮夸的元素，这些元素不仅"有人味"，而且很琐碎、毫不威严。弥诺陶洛斯的故事就像荷马的许多故事一样，包含了讽刺的元素。这真是我们尊贵的国王和王后的行为吗？帕西法更喜欢公牛而不爱自己的丈夫，这对迈诺斯来说是一种侮辱。为了交配，帕西法必须伪装成一头假牛，掩盖她的魅力。迈诺斯把她和牛的后代藏在地下迷宫里绝不是国王应有的行为。这个故事所描绘的画面一直充盈在我们的脑海中。在文艺复兴时期及之后，弥诺陶洛斯一直是兽性和原始的象征，对它的杀戮被视为文明战胜了野蛮。在“二战”前动荡的10多年里，热爱斗牛的画家巴勃罗·毕加索经常在他的作品中用牛头怪作为男性侵略性的象征。20世纪的心理学家经常把迷宫解释为潜意识的象征，而牛头怪则代表潜伏在迷宫中的返祖和破坏性的冲动。

蛇怪

在所有怪物中，最可怕的当属蛇怪（basilisk）。根据各种说法，它可以通过气味、“咝咝”声和尾巴的触碰来杀人，最致命的是它的目光。basilisk的意思是“蜥蜴之王”，它通常被描绘成一条戴着王冠的蛇。古代世界中有一些关于蛇怪的文献，最著名的是老普林尼的《自然史》（*Natural History*）。老普林尼说，如果骑手用长矛刺穿蛇怪，蛇怪身上的毒液会顺着长矛的柄向上蔓延，杀死骑手和马。[19]

古代作家对蛇怪的起源和习性只字未提，但在中世纪，学者们把它描述为某种类型的畸胎。英国修道院院长亚历山大·内科汉姆（Alexander Neckham）称它为“鸡蛇怪”（cockatrice），还说它是“世界上独一无二的恶魔”。根据内科汉姆的说法，蛇怪/鸡蛇怪是由蟾蜍孵化的老公鸡下的蛋产生的怪物。[20]后来人们对蛇怪的描述着重强调了它非自然的特性，把它看成是由大量生物组成的混合物——它可能有公鸡的冠子和爪子、蟾蜍的嘴和躯干、蝙蝠的翅膀、牡鹿的角和蛇的尾巴。

在现代早期，如果有人神秘死亡，调查人员有时会组织人们狩猎

蛇怪图，曾藏于鲁道夫二世博物馆，布拉格，约1610。据说这个怪物只需一个眼神就能杀人，也许这就是为什么图中蛇怪的所有特征都隐藏在阴影中。

蛇怪。他们使用镜子间接观察某个区域，因为通过镜子反射的蛇怪的目光不会致命。1587年，两个年轻女孩被发现死在波兰华沙的一个地窖里。警察派了一个死刑犯去调查，并给他配备了镜子。后来他抓了一条蛇回来，人们判断这就是一条蛇怪。[21]

以上可能是最后一次有记录的蛇怪狩猎故事。但蛇怪这个概念的存在感太强，绝不会简简单单地消失。虽然很多怪物没有被明确地确定为蛇怪，但在20世纪的大部分时间里，从印度到拉丁美洲，几乎所有地方都相继报道了这种只需一个眼神就能杀人的蛇，而这样的报道一直延续到了今天。19世纪中期，美国密苏里州的富兰克林县发生了一个可怕的故事。一个小女孩不再吃晚餐，但会在每天晚上带一块面包和黄油到河边。一天晚上，她的父亲跟踪她，结果发现女儿被一条鸡蛇怪，约翰·斯塔比乌斯，1510。这只鸡蛇怪有公鸡的肉冠、鹿的角、蝙蝠的翅膀、蟾蜍的身体和蛇的尾巴。它拥有具有杀伤力的凝视目光，据说足以杀人。

巨大的黑蛇催眠了。当这位父亲看到蛇时，他瘫痪了，发现自己动弹不得而疼痛难忍。最后，他完全依靠自己的意志力射杀了那条蛇，可是他的女儿不久后就死了。[22]

启蒙时代的怪物

幻想生物在人类文化中是普遍存在的，但它们并不总是被当作“怪物”——也就是说，它们的存在并不仅仅意味着违反或挑战了宇宙秩序。只有当人们对宇宙持二元论观点时，怪物才有可能存在，它们代表着人类努力克服的事物。基督教从琐罗亚斯德教和犹太教继承了一种二元论的观点，随之而来的便是恶魔的增长。类似的二元论在世俗传统中

J.J.格朗维尔，“光亮吓跑了它们”，19世纪中叶。猫头鹰和蝙蝠的讽刺形象是启蒙运动所摒弃的迷信的代表。

继续存在，最终挑战了基督教，最突出的是18世纪的启蒙运动。

苏格兰的启蒙运动代表人物是大卫·休谟，英格兰是约翰·洛克，德国是戈特霍尔德·莱辛和伊曼努尔·康德。但启蒙运动的中心在法国，在那里它俨然成了一场有凝聚力的运动，其倡导者包括让·雅克·卢梭、伏尔泰和丹尼斯·狄德罗等人。就像欧洲的其他趋势一样，启蒙运动通过殖民主义在全世界传播，影响了北美的托马斯·杰斐逊和拉丁美洲的西蒙·玻利瓦尔等人。总的来说，启蒙运动的思想家相信理性的力量，在某些情况下，他们相信人类的完美性。我们可以省去从哲学上定义“启蒙运动”（Enlightenment）的艰巨任务，从字面上看，这个词的意思是“带来光明”。

“光”当然是指“理性”，它与“无知”或“野蛮”的“黑暗”对立。尽管支持启蒙运动的哲学家经常反对教会权威，但“光”是基督教意象的世俗化象征，在这些意象中，光代表上帝的存在。就像基督教的圣徒杀死龙一样，启蒙运动的思想家们试图揭露龙是一种幻觉。而且，正如基督教一样，启蒙运动极大地促进了怪物在人类文化中的繁殖。

基督教把许多异教、民间传说和炼金术的生物放逐到地下的炽热国度里，而启蒙运动则把它们驱逐到黑暗的国度——黑夜、茂密的森

J.B.科廖兰，“有翼有角的怪兽”，1642。这很显然是中世纪风格的恶魔，与众多宗教描述贴切，但它还是进入了17世纪的自然史书籍。

Hogarth pinx.t T. Cook sculp.t

CREDULITY, SUPERSTITION, & FANATICISM.

威廉·贺加斯,《轻信、迷信和狂热》，1809。牧师长得很像猿猴，信众出现幻觉并因恐惧而晕倒，而牧师正在痛斥恶魔和巫术。然而，这位艺术家却似乎痴迷于他所谴责的迷信。

林、洞穴和潜意识中。在这些领域里，怪物的数量和种类都在迅速增长。启蒙运动延续了巴洛克式基督教艺术对女巫、魔鬼和黑色安息日的关注，但它重新解释了这些元素，认为它们与其说是代表邪恶，不如说是代表迷信。总而言之，启蒙运动的哲学家们就像他们虔诚的基督教前辈一样，常常被自己口诛笔伐的事物所吸引。正如基督教传教士发现他们可以通过对地狱进行耸人听闻的描述来吸引听众，启蒙运动的哲学家们也在寻找最恐怖的迷信当作例子。

在画家弗朗西斯科·德·戈雅的晚期作品中可以看到一种图像上的连续性。他曾经是个花花公子，同时也是宫廷画家，后来身体越来越虚弱，生活越来越痛苦。1799年，他出版了一系列共80幅讽刺版画，名为《随想》(*Los Caprichos*)，其中很多都是关于超自然现象的场景。在第一幅也是最具代表性的一幅画中，一名男子双手抱着头，瘫倒在桌子上。他的周围是一些看起来像猫头鹰和猫的黑影，它们的眼睛却像魔鬼一样。标题写着：理性的睡眠产生怪物。

作为对启蒙运动及其矛盾遗产的总结，这些作品肯定再恰当不过。启蒙运动的崇高理想激发了美国的独立战争，但随后也导致了印第安人的种族灭绝。这场运动也引发了法国大革命，催生了《人权宣言》，但很快就导致了“恐怖统治”，以及拿破仑的独裁统治和旧秩序的恢复。我们不知道戈雅是否相信，或者在何种意义上相信他画笔下的女巫和怪物是否存在，但就算它们只是栖居在人类灵魂之中的“居民”，这个现实也足够可怕了。

在启蒙运动所产生的怪物中，最有名的例子是“热沃当之兽”。1764年至1767年正值法国启蒙运动的鼎盛时期，法国中南部林木繁茂的热沃当山区发生了200多起针对农民的袭击事件，被袭击者大部分是女性和年轻人。他们的尸体被严重损毁，经常有部分尸体被吃掉，有时连头也没有了。尽管这些袭击事件很可怕，但也不是什么新鲜事，因为在之前的几个世纪里，村民们就经常成为狼的猎物。当地人以很坚韧的精神接受了现实。野兽危机在当地得到了处理，而关于它们的记忆，如果能流传下来的话，便会通过《小红帽》或狼人传说的故事流传下来。

但是，启蒙运动重新强调人类优越性的理念，使得人被捕食动物杀死的说法令人难以接受，而报纸等媒体的出现又让相关报道迅速传遍了法国和其他地方。当时的理性主义不仅要求遏止这种事情的发生，而且想要寻求合理解释。这些动机，再加上哗众取宠的心理、猎人的虚荣心和执政官受伤的自尊心，共同造就了许多离奇的故事。那些试图杀死热沃当野兽却失败的人为了维护自己的骄傲，便说野兽拥有强大甚至是超自然的力量。所有杀戮行为被认为是同一个生物——一只可怕的狼、狼人、鬣狗、狮子或不为人知的怪物所为的。据说它体形巨大，能用后腿直立行走，会和人战斗，不怕枪弹，身上布满鳞片。

对于那个时代受过教育的阶层来说，山区农村已经变成了一个充满异域风情的地方，充满了他们厌恶的迷信，也有令人渴望的冒险。他们可能会沉迷于恐怖袭击的魅力，同时间接地享受在一个陌生而隐秘的世界里的冒险。他们夸大了当地故事中的荒诞元素，然后，这些故事进入了报纸，获得了新的权威。这些故事被不相干的意义所覆盖，以至于背后的简单现实几乎都消失了。这些事件激发了人们对某

弗朗西斯科·德·戈雅，“理性的睡眠产生怪物”，《随想》。启蒙运动和浪漫主义都延续了巴洛克时期人们对恶魔、女巫和夜间生物的迷恋。在这幅版画中，猫头鹰和猫都有着人类一般的眼睛，着实令人不安，这暗示它们可能是女巫或恶魔伪装的。

一个怪物的搜寻，尽管人们猎杀了一些大型的狼，但从未得出令人信服的结论。[23]野兽统治了恐怖——黑暗和寂静，直到几声诡异的嚎叫和尖叫声打破了这种氛围——至今仍充斥在恐怖电影中。

吸血鬼

吸血鬼是启蒙运动时期进入西方主流文化的生物之一，通常被描绘成长着尖牙的蝙蝠模样。文艺复兴时期的吸血鬼曾被描绘成长着翅膀的蝙蝠模样，在流行画像中，蝙蝠翅膀往往被一件飘逸的斗篷所替代，或被披风所遮掩。一些故事赋予了吸血鬼其他动物的特征，比如飞翔的能力，或者像壁虎一样爬墙的能力。在大多数吸血鬼故事中，他基本是人类的形态，甚至说着文雅的语言，但这只是为了突出他本质上的兽性。大约在19世纪初，吸血鬼作为传说、动物学、谣言和历史的混合体进入了人们的幻想之中，这些要素以极其独特的方式融合在一起。

吸血鬼的形象受到了中世纪晚期梦魇（incubi）和魅魔（succubi）形象的影响。梦魇往往伪装成性伴侣的模样吸食熟睡中的女性的生命力，魅魔则是吸食男性的生命力。这些传说与天主教中灵魂在炼狱游荡的说法以及新教中恶魔化身为人类的故事相结合。吸血鬼还受到了一些罪犯故事的影响。比如15世纪的罗马尼亚伯爵德古拉（也被称为“穿刺者弗拉德”），他将数千人穿刺在十字架上；15世纪的法国元帅吉尔·德·莱斯，据称他在神秘仪式中虐杀了数百名儿童；还有17世纪的匈牙利伯爵夫人伊丽莎白·巴托里，据说她杀害年轻女性，并试

亨利·富塞利,《梦魇》，1781。一个躺着(很多人认为这种姿势会招来恶魔)的女人遭遇了噩梦和梦魇，它们都恶狠狠地盯着她看。

图通过沐浴她们的血液以吸收她们的青春活力。最后，还有些故事是由来自异域的水手带来欧洲的，内容包括仪式上的食人习俗和夜间可怕的生物。

18世纪，中美洲和南美洲的探险家们发现了几种其他地方没有的蝙蝠，它们会吸食牛的血，偶尔也会吸食睡觉的人的血。尽管它们吸的血量根本不足以伤害到一个健康的人，但把人血和兽血混合在一起的想法很恶心。这种蝙蝠让人想起“人兽杂交”，就像中世纪晚期和文艺复兴时期绘画中长着蝙蝠翅膀的恶魔一样。1760年，当时最受欢迎的动物学家布丰伯爵将它们命名为“吸血蝙蝠”，并将它们与以活人精华为食的传说联系在一起。

在传统的文化史书籍中，紧随启蒙运动之后的是18世纪末和19世纪初的浪漫主义运动。这是一场十分浩大的运动，内容多样，在一定程度上涵盖了那个时代欧洲的主要文学人物，以及更多世界各地的作家。该运动的主要理论家有德国的约翰·戈特弗里德·赫尔德和弗里德里希·施莱格尔，英国的塞缪尔·泰勒·柯勒律治和法国的弗朗索瓦·雷内·德·夏多布里昂。至于浪漫主义诗人更是人数众多，他们声名显赫。教科书告诉我们，浪漫主义者反对启蒙运动，他们主张激情凌驾于理性之上，自然凌驾于文明之上，幻想凌驾于科学之上。然而，随着时间的推移，这两个运动之间的连续性越来越凸显出来，因为从本质上来说，它们只是从两个角度来看待同一个世界。

人们可能认为，浪漫主义对幻想的推崇和对民间传说的回归会让幻想动物的数量激增。但是这种现象并没有发生，也许是因为像约翰·济慈和诺瓦利斯这样的浪漫主义诗人大多关注内心世界，关注感觉和直觉。因此他们不太可能将自己的主观状态向外投射，从而创造出幻想的野兽。相反，浪漫主义者所做的是完善和发展启蒙运动时期出现的怪物。流行文化中的吸血鬼形象在浪漫主义文学作品中得到了具体化呈现，如约翰·波利多里的中篇小说《吸血鬼》（*The Vampyre*），以及最重要的布拉姆·斯托克的小说《德古拉》（*Dracula*）。紧随其后的是大量关于吸血鬼的文学作品、歌剧、图画、歌曲、电影和漫画，一直持续到21世纪。

有时，吸血鬼会成为人们同情的对象，但在启蒙运动的背景下，他通常代表着人类应该克服的“兽性”倾向。他曾经是——现在也仍然是——吞噬幼崽的熊，吞噬尸体的虫，吸血的水蛭，爬墙的蜥蜴，捕捉蝴蝶的蜘蛛。对当代男女来说，吸血鬼比古代的龙更生动，他是疾病的化身——是在我们身边悄无声息移动的捕食者，甚至可以从人体内部吞噬人类。

乔瓦尼·迪·保罗，《创世及逐出天堂》，1445。将亚当和夏娃赶出天堂的天使是赤身裸体的，这在西方绘画中很不寻常。然而我们无法判断天使的性别，即使他们有性别差异，也被花遮住了生殖器。

7

奇迹

WONDERS

当我发现所有故事书都是
人写出来的时候，感觉特别失望，
书居然不是自然产生的奇迹，
不是像草一样生长出来的。
——尤多拉·韦尔蒂，《作家的起点》

除了伪圣人（acetic saints）和龙妖女（dracontopede）这两个邪恶的女性妖怪，基督教艺术中的恶魔形象绝大多数都被描绘成男性，至少人形恶魔的形象基本都是男性。它们的身体棱角分明、肌肉发达。尽管在欧洲中世纪和文艺复兴时期的世界里，父权组织的影响力强大，但当时的艺术仍然可能有一种女权主义基调，因为它把地狱想象成了一个没有女性影响的地方。

在《旧约》/《摩西五经》中，天使除了与上帝亲近的特征，几乎与人无异。事实上，亚伯拉罕和罗得都可能把天使误认为是人类旅行者。然而，在基督教传统中，天使在某种意义上超越了男女二元性，所以它们通常被描述为雌雄同体。它们通常都有曲线分明的身体、飘逸的长发，长袍几乎遮住脚。就算它们穿上盔甲拿起武器（比如圣米迦勒拿着剑和盾牌的模样），它们也多少显得有些女性化，只是不那么明显而已。毫无疑问，圣女贞德之所以能够激励众士兵，部分原因在于作为一个穿着盔甲的女人，她看起来更像一个天使。

除诸如伪经《以诺书》等资料提到以外，天使并没有与人发生情爱关系。但是从文艺复兴时期开始，天使绘画中出现了儿童形象，模仿了希腊-罗马时期对爱神厄洛斯或丘比特的描绘。和恶魔一样，天使也是人与兽的混合，因为它们有人类的身体和鸟的翅膀。然而，人们对这些附加特征很熟悉，它们似乎是天使非常自然的一部分。

就我们的一般经验而言，恶魔和天使都很奇怪。那么，为什么畸形的特征会让恶魔看起来像野兽，而让天使看起来更为神圣呢？原因在于恶魔的存在似乎挑战了宇宙秩序，而天使似乎通过整合各种独立特征使秩序更完整。天使填补了自然界中那些突然出现的空白——男

巴罗洛梅·埃斯特巴·穆立罗,《圣米迦勒》，1665—1666。圣米迦勒是上帝的战士，它的外貌和衣着都显得非常女性化。

老彼得·勃鲁盖尔，《反叛天使的堕落》，1562。当天使们从天堂坠落时，它们的形象变得越来越怪异，越来越像野兽。画面下方圣米迦勒下面的恶魔还没有完全失去天使的模样，它还保留着蝴蝶的翅膀和棕色的长发。

波斯彩绘手稿，“摩西和亚伦与蛇”，15至16世纪。这幅图描绘了当摩西带领以色列人离开埃及时降临的蛇疫。画中的蛇显然是受中国龙的影响，它行动时四肢冒出火焰。

性和女性之间的，以及天上和地下之间的。我们可以认为恶魔和天使都是幻想出来的生物，它们之间的区别就是“怪物”和“奇迹”的本质区别。

神迹

动物的存在本身就是上帝力量的证明，这个观点可以追溯到《圣经》。沃尔特·惠特曼在《自我之歌》(*Song of Myself*)中写道：“一只老鼠是足以使无数异教徒吃惊的奇迹。”[1]但如果异教徒仍然不相信呢？许多人得出的一个推论——那就需要更大、更神奇的生物来充当更有说服力的神性的证明。

在犹太-基督教传统中，信徒和异教徒之间比拼法术很常见。在早期对圣徒生活的描述中，讲故事的人往往会故意加入一些难以置信的事件。他们相信，越是荒诞的故事，就越能证明上帝的力量。苏格兰著名的尼斯湖水怪最早的记载来自圣阿多南于6世纪末所著的《圣科伦巴的一生》(*Vita Columbae*)。书中写道，当圣人的一个追随者正在游泳的时候，一条龙从湖里冒出来要吃掉这个可怜的人。当时，站在岸边的圣科伦巴在空中画了个十字，命令龙返回，这怪物便惊恐地撤退了。目睹了这一幕的异教徒皮克特人皈依了基督教。[2]

圣西门·斯泰莱特（St Simeon Stylites）的故事就更加充满神迹的意味了。这位狂热的苦行者几十年来一直站在修道院里的一根越来越高的柱子顶上。有一条巨龙被树枝刺瞎了眼睛，它向苦行者走来，坐在他的柱子底下，盘绕着身子，低下头。当圣人往下看时，树枝立刻从龙的眼睛里掉了出来，龙的视力恢复了。围观的人都吓坏了，但龙只是在修道院门口停下来拜了拜，然后平静地回去了。[3]

人们常常出于虔诚的好奇心想象出更奇妙的生物，但它们的形象往往很微妙。就像达尔文-华莱士的进化论在解释化石记录的空白时面临严峻的科学挑战一样，许多传统文化都认为有必要解释为什么不同种类的动物差异这么大——如果蝙蝠和鸟类有翅膀，为什么马和人类没有呢？而一个拥有人类身体和秃鹫翅膀的女神可能会像天使一样，将人与鸟、地与天连接起来，让这个世界更加“完善”。

埃及

埃及通常被认为拥有世界上最早的城市文明，也可能是动物意象最普遍的国家。在古埃及的遗迹中，关于动物的描述几乎无处不在——壁画、墓穴、珠宝、玩具、护身符、桌游、梳子、陶器等。从早期王朝时期开始，古埃及的动物形象就很丰富了。早在第一王朝时期（公元前2920年—公元前2770年），动物就已经被制成木乃伊，人们希望它们能陪伴逝者前往另一个世界。最早关于埃及神的描述便是动物形象，最常见的有猎鹰、朱鹭、鳄鱼、牛、狮子、河马和眼镜蛇。到了第二王朝时期（公元前2770年—公元前2650年），越来越多的神祇有了动物的头和人类的身体。透特（Thoth）是智慧之神，艺术和科学的发明者，它通常是人形，有着男性的躯干和朱鹭或狒狒的头。指引死者的阿努比斯有着人的身体和狗或豺的头。尼罗河之神索贝克（Sobek）长着鳄鱼的头，天空之神荷鲁斯（Horus）长着猎鹰的头，妇女的守护者巴斯蒂特（Bastet）有人类女性的身体和猫的头，

埃及神透特，艺术和科学的发明者，根据古埃及壁画绘制。透特被描绘成有着人类的身体和狒狒或朱鹭的头的形象，后来它被希腊人视作和赫尔墨斯等同的神灵，在意大利文艺复兴时期，它又以炼金术师的庇护者，三重伟大的赫尔墨斯之名复活。

而战争女神塞赫迈特（Sekhmet）长着狮子头。[4]多萝西娅·阿诺德（Dorothea Arnold）写道：

> 毫无疑问，埃及人并不认为他们的神的本尊就是这个样子的。这些形象应该像象形文字一样，一段一段地加以“阅读”。人类的身体表明描绘的神灵不是普通动物，动物的头则象征着神的超人类属性。[5]

我对此毫不怀疑，至少对于受过教育的埃及人来说确实是这样

来自公元前1350年古埃及《亡灵书》的一个非常完整的版本。左边是奥西里斯大神，死者的审判者，他是为数不多的以人类形象出现的埃及神之一。画面中间的阿努比斯有着狗或豺的头，他正在接过亡者的《亡灵书》抄本。画面右边是贝努，它可能是最早的凤凰形象，旁边还有巴，它是人类灵魂的一部分，有着人的脸和猫头鹰的身体。

的，但肯定也有不会读象形文字的埃及人。缺乏想象力的人可能有点像现代信仰中的原教旨主义者，会认为这些图像确实代表了神灵的真实模样。

当然，神灵也有很多别的形象。“巴”（ba）即灵魂，它与常见的神灵模式截然不同，这是很罕见的。它有着鸟的身体，可能是只猫头鹰，但又有着人类的头。太阳神“拉”（Ra）和冥界之神奥西里斯（Osiris）是为数不多的完全以人类形象出现的神。和谐女神玛特（Maat）有着女人的外形，但头发上有一片鸵鸟羽毛，这是她的特征。爱情女神哈索尔（Hathor）有时被描绘成一个女人，有时也被描绘成一头牛。如前所述，荷鲁斯可以被描绘成一只猎鹰，他的一只眼睛是太阳，另一只眼睛是月亮。生育女神伊西斯（Isis）后来在罗马很受

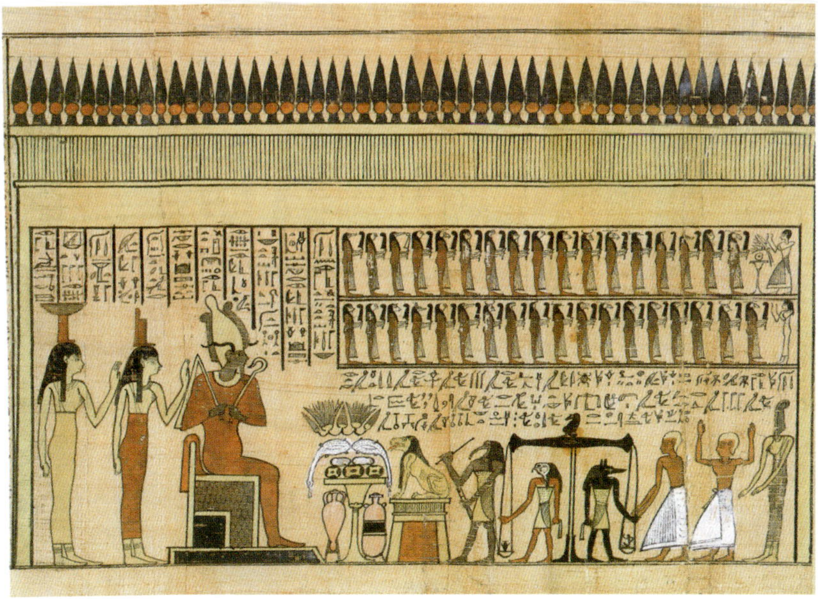

冥界之神奥西里斯的审判，古埃及坟墓中的莎草纸图画，约公元前300年。死者心脏的重量与一片羽毛作比较，通过这种方式决定灵魂的去向。

崇拜，它的形象是一个翅膀收拢的女人，与基督教天使的形象略有差异。瓦德杰（Wadjet）是法老的保护神，经常以眼镜蛇的形式出现。埃及的守护女神奈赫贝特（Nekhbet）则长着兀鹫的头。

有人认为宗教神灵的动物形象是“原始的”，他们希望经历数百年变化之后，动物神能够更拟人化。事实上，埃及的情况恰恰相反。神牛阿庇斯身上带着特定的标记，被认为是造物主卜塔的化身，还被养在孟斐斯的豪华宫殿里。在新王国时期初期（公元前1550年—公元前1070年），这种做法扩展到其他与神相关的动物身上。人们建起庙宇，供奉鳄鱼、公羊、鹅、狒狒、朱鹭和其他动物，它们生前得到

J.B.科廖兰，“狼人”。在19世纪初期埃及象形文字被破译之前，人们有时会认为豺头人身的阿努比斯神是狼人。

赫曼努比斯的雕像，古埃及，托勒密时期。这位神灵的身体像是古希腊的赫尔墨斯，但是它又像埃及的透特一样，有着狗或者豺的头。

认真的照料，死后被制成木乃伊。虽然这些动物本身不是神，但它们被认为是神的代表，人们通过它们可以接近众位男神女神。

随着古埃及文化（可能是人类历史上持续时间最长的文明）在王朝晚期（公元前664年—公元前332年）和托勒密及罗马时期（公元前304年—公元前395年）慢慢走向终结，动物崇拜的风尚愈演愈烈。人们相信不仅单个生物是神圣的，甚至整个生物物种都很神圣。于是人们杀死了数百万只猫、猎鹰和其他动物，并将它们制成木乃伊，把它们作为神灵的使者送到另一个世界。公元59年，罗马使团的一名成员前往亚历山大城，由于不小心（且很不礼貌地）杀死了一只猫，结果被愤怒的暴民处以死刑。

从希罗多德的时代开始，欧洲人就带着困惑和钦佩的心情看待埃及的动物神，这种迷恋一直延续到今天。当希腊人征服埃及时，他们把希腊神赫尔墨斯和长着豺头的阿努比斯混为一谈，因为这两个神都是亡灵的向导。这就诞生了赫曼努比斯（Hermanubis）的合成形象，它通常被描绘成一个长着狗头或豺头的人。它会穿一种长方形的羊毛或亚麻罩袍，袍子长及膝盖，一边搭在肩膀上，用别针固定住。像赫尔墨斯一样，它也穿带翅膀的凉鞋，手中经常拿着一根缠绕着蛇的手杖。许多罗马人接受了埃及人对伊希斯的崇拜，后来把赫曼努比斯和他们的神墨丘利（Mercury）混为一谈。

随着基督教在罗马传播，赫曼努比斯/墨丘利被当作了“狗头人”圣克里斯托弗，他是一个巨人。根据传说，他曾经带着幼年基督越过湍急的河流，因此，他自己承担了人类罪恶的全部重量。长期以来，狗头人的形象一直很稳定，他是将灵魂安全地从这个世界运送到另一个世界的人。[6]巴比伦、希腊和其他很多神话中都有这样的传说：河流是分隔生死两个王国的屏障。许多圣徒继承了基督教之前的神灵的属性和故事，还有一些圣徒是动物——在法国，受人尊敬的圣圭涅弗是一条狗，爱尔兰的圣穆尔根则是一条人鱼。但很少有圣徒像克里斯托弗一样看起来如此像异教徒，他甚至没有从属于基督，因为他在责任上与耶稣平等，在权力上与耶稣相当。

东正教堂的圣像画最早起源于埃及的亚历山大。为了避免违反《圣经》中有关禁止具象艺术的规定，圣像中圣徒无表情的面孔被高度风格化，让人想起埃及的兽头神。就像蛇或猫头鹰的眼睛一样，圣像的大眼

圣约翰和圣马可，来自弗拉·安杰利科的壁画《以西结见神秘之轮》中的人物形象，约1450年。在西方艺术中，这些福音传道者通常被描绘成兽头人，图中两位分别有着鹰头和狮子头，这一做法受到了古埃及艺术的启发。

J. J.格朗维尔，“欢乐的鳄鱼宴会”，《童谣歌集》，1842。作者是在讽刺19世纪法国流行的埃及风潮。

约翰·安斯特·菲茨杰拉德，“缇坦尼娅和波顿”，1850。这是为莎士比亚的戏剧《仲夏夜之梦》所画的插图。图中的仙后缇坦尼娅迷恋上了商人波顿，她的丈夫奥伯龙将波顿变成了驴头人。自从15世纪发现《赫尔墨斯文集》以来，欧洲人就被埃及宗教的神秘所吸引，动物头的形象可能是幽默地致敬了埃及神。

J. B.科廖兰，“长人脸的海怪”。画中的生物可能是一种鲸，它不光有人类的面部特征，表情也很严肃，肢体动作也能让人理解。

J.J.格朗维尔，“圣甲虫家族”，约1842年。圣甲虫在古代埃及很受崇拜，圣甲虫推粪球的行为代表着太阳穿过天空。在这幅画中，推粪球的旅程变成了一种朝圣，甲虫的角变成了主教冠，它们的壳变成了教会的长袍。

睛盯着我们，警觉又遥远，似乎无所不知。埃及对天主教艺术的影响没有那么广泛，但有时也很明显。就像埃及的动物神一样，福音传道者圣约翰有时被画成有着人的身体和鹰的头，圣马可拥有狮子的头，圣卢克则有牛的头，在欧洲中世纪和文艺复兴时期的绘画中尤其如此。

在西欧和北美，埃及艺术曾有过周期性的复兴。15世纪后期，当《赫尔墨斯文集》被发现之后，埃及艺术有过一段时间的复兴；在18世纪末拿破仑短暂征服开罗之后，以及在20世纪20年代发现图坦卡蒙墓之后，也都曾有过复兴。与大多数异教神不同的是，埃及的动物神一直受到人们的尊敬，有时甚至会受到亚伯拉罕诸教的狂热信徒的尊敬。

印度

尽管地理上不相邻，但欧洲和近东地区的作家从古代直到文艺复兴时期都把印度和埃及混为一谈。亚历山大大帝到达印度河的时候，以为那是尼罗河。[7]之所以会混淆，至少有部分原因是这两个国家都普遍存在长着兽身和人头的神。事实上，埃及和印度的动物神之间并没有强烈的文化联系，图像学上的相似主要是趋同性所致。

就像古埃及的宗教一样，印度教并不严格地区分动物和人类的差异，这点与亚伯拉罕诸教大不相同。但是，印度教使人和动物服从于一个更极端的等级秩序。在印度，牛受到特别的保护，尽管印度现在并不贫穷，拥有充满活力的中产阶级，但它却是世界上肉类消费量最低的国家之一。与此同时，印度有着复杂的种姓制度，在这个制度中，最低等级的人传统上来说不允许接触其他种姓，甚至不允许直视等级远高于他们的人。在印度，合法的社会阶层流动只有历经几千年、进行多次转世才能实现。印度人对于道德的考量在很大程度上并不仅限于人的形态，所以他们对待动物的方式一般比西方国家好，但对待地位低的人的态度却很差。在传统的印度文化中，几乎没有超越社会阶层的全人类平等或团结的概念，但像长着动物头的人类这样的复合生物却不会被视为对人体的亵渎。

印度教认为物质世界归根结底是一种幻觉，也许这就是为什么印度教的故事往往极为离奇、情节无比复杂，无拘无束的情感非常激昂充沛。因为无论如何，这些故事都不是完全真实的，所以人们对它们的润色完全没有限制，可以充分发挥。通过混合人类和动物等多种形

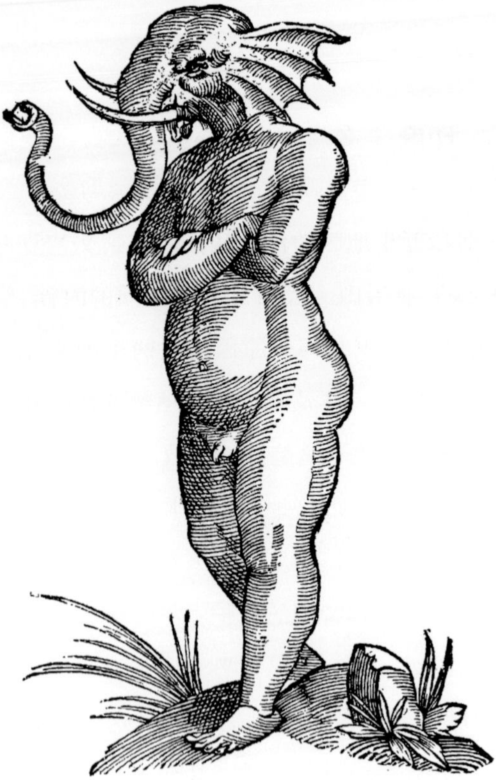

J. B.科廖兰，“长着象头的男孩”。这显然是印度的神灵犍尼萨，在欧洲，他的出现被当作一种自然现象。

态，印度教的神灵建议人们从社会甚至宇宙秩序中解脱出来。

像意大利人彼得罗·德拉·瓦莱这样的欧洲探险家在17世纪初进入印度寺庙时，他们肯定希望看到一些类似罗马或哥特式教堂的宁静肃穆的建筑，或者是符合异教信仰的野蛮而辉煌的宫殿。然而，他们发现的神像竟是一个相当孩子气的胖子形象。他长着一个大象的头，还有一根坏掉的象牙，骑着一只老鼠跳舞。在他们看来，这个形象迷人且幽默，但并不吓人，也不令人敬畏。德拉·瓦莱觉得这个神像颇为有趣，但他也慷慨地承认：“所有这些可怕的神像虽然以这种原始的方式表达出来，但暗地里却有一些更合理的意义。”[8]

这位神灵便是犍尼萨（Ganesh），智慧之神，同时也是代表新的开始的神，他可以说是印度教众神中最受欢迎的一位。关于他的来历有很多故事。其中最流行的一种说法是湿婆神的配偶帕尔瓦蒂渴望有一个儿子，于是她就用自己身上的泥土创造了犍尼萨，然后命令他看守自己的私人房间。当湿婆走近时，犍尼萨阻拦了他，并举起斧头向他砍去。湿婆便砍下了这个年轻人的头，帕尔瓦蒂哭得伤心欲绝。为

现代人绘制的印度教神灵犍尼萨形象，他是家庭之神，新的开始之神。象头神散发着孩童的活力、天真和无尽的可能性，但是不难想象，文艺复兴时期从信奉基督教的欧洲去往印度的游客看到寺庙里的象头神形象时难免感到不安。尽管他的形象庄严，但这位智慧之神、家庭之神和新开端之神仍然保留着许多小男孩的特质，如图所示，他爱吃糖果。一只老鼠是他的化身之一，就在他的脚下。

现代人绘制的传统迦楼罗形象，众鸟之王，同时也是毗湿奴和拉克什米的坐骑。这位古老的动物神至今依然很受欢迎。

了安慰她，湿婆让犍尼萨复活，但是他砍下了一只过路的大象的头安在了犍尼萨的躯体上。

象头神其实是印度教诸神中比较新的一位，尽管他可能来源于更古老的信仰，但犍尼萨本身是在四五世纪时才开始被积极崇拜。一个更古老的神灵是迦楼罗（Garuda），众鸟之王，许多古老且重要的经文都提到过他。他有鹰的头、翅膀和爪子，却有着人的身体。他的脸是白色的，翅膀是红色的，身体则是金色的，他大得足以遮蔽天空。当他第一次破壳而出的时候，伴随着爆炸的火焰，众神都被吓坏了。他打败了众神，偷走了他们的长生不老药，以换取金鸟神之母维纳

哈努曼，所有猴子的首领，与恶魔罗波那的手下作战。宗教中很少有其他形象像哈努曼这样既像个完完全全的人类，又像一个动物，同时还是神。

印度的毗湿奴大神的化身之一瓦拉哈，在新的宇宙开始之际，他打败了阿修罗金眼，正胜利地站在他身上。

塔的自由。《往世书》（*Purana*）中讲道，这只强大的鸟讲述了宇宙的起源、天空的组成以及人死后的命运。早期文献中频繁地提及了迦楼罗，并以华丽的辞藻描述他，这说明印度教固然十分古老，但迦楼罗的存在可能早于印度教，虽然他现在在印度教诸神中算是一个边缘人物，但仍受人爱戴。

同样非常古老的神灵还有神猴哈努曼（Hanuman），他有着猴子的脸和肌肉发达的男性身体。他是神圣史诗《罗摩衍那》（*Ramayana*）中的中心人物，在这部史诗中，他帮助英雄罗摩从恶魔罗波那手中救出了他的配偶悉多。哈努曼的故事是这样开始的：幼年的哈努曼抬头看着太阳，以为那是一个芒果，就跳起来冲上遥远的天空去摘取太阳。此举惹怒了雷神因陀罗，于是他投出霹雳击中了哈努曼的下巴。哈努曼的父亲风神伐由发现儿子死了，就带着他的尸体前往死亡之地

现代人绘制的传统瓦拉哈形象。大公猪瓦拉哈作为大神毗湿奴的化身之一，与阿修罗金眼战斗，金眼想要把世界扔进宇宙之海里。瓦拉哈用自己的长牙撑起了整个世界，单手与金眼战斗。画中看起来似乎是瓦拉哈毫不费力地获胜了，但事实上这场战斗持续了1000年瓦拉哈才获胜，随后就开启了新的一次宇宙轮回。

寻找哈努曼的灵魂。这样一来，大地变得荒凉了，因陀罗害怕所有的生命都可能被毁灭，不禁后悔起来，他决定让哈努曼起死回生。此外，因陀罗还赋予了哈努曼永生和刀枪不入的能力，但年轻的猴神仍然保留着被雷电击中后肿胀的下巴。大约从20世纪开始，哈努曼又再一次大受欢迎，现在他是印度教最受爱戴的神灵犍尼萨的竞争对手。世俗的人常觉得在德里等印度城市自由生活的猴子很讨厌，但哈努曼的信徒经常冒着被拘捕的危险去投喂它们。

毗湿奴（Vishnu）是印度教至高主神之一，他有很多化身，包括英雄罗摩、半人半狮的那罗辛诃、巨鱼摩磋，而最常见的一个化身当属大公猪瓦拉哈（Varaha）。当时，阿修罗金眼想把世界扔进宇宙之海，瓦拉哈将世界顶在自己的长牙上从而挽救了整个世界。有时，瓦拉哈完全以猪的形态出现，但更多时候他是一个长着猪头的人。与他们的外形相反，有着动物特征的犍尼萨、迦楼罗、哈努曼和瓦拉哈并不认为自己欠缺任何人类特质，他们反而认为自己比人类更为完善。原因之一在于，他们经常被认为拥有人类最典型的积极品质，如年轻的冲动、忠诚和成熟的同情心。另一个原因在于，动物象征着一种原始的纯真，而人们觉得自己正在失去或已经失去这种与生俱来的纯真。

中国

西方文化，尤其是中世纪晚期及文艺复兴时期的文化，习惯将生物划分到多个世俗领域中，然后与人类社会进行类比，在其中寻找对应关系。鹰统治鸟类，狮子管辖一切走兽，就像君王管辖臣民一样。人鱼，或者也许是利维坦，统治着大海。在中世纪的欧洲故事中，动物和人类一样有等级制度，像狼和熊这样的大型捕食者是贵族，而狐狸是狡猾的农民。不过尽管有相似之处，各种各样的动物王国仍然不同于人类社会。而在中国神话中，整个宇宙都是以皇帝的朝廷为原型的。

亚瑟·韦利（Arthur Waley）曾提道："人们经常提出这样一种理论——一个民族的神是其世俗统治者的复制品。"对大多数情况而言，这个结论并不准确。但对中国人的普遍信仰而言，这一点相当准

舞龙庆祝中国新年，纽约，2011。为庆祝中国新年，穿着龙和狮子服装的游行队伍进入当地的商店，祝福他人并接受一些小礼物。这个节日在华人以外也广受欢迎。

确——天堂只不过是整个官僚体系转移到了九天。[9]中国人的世界观以一种宇宙秩序为中心，这种秩序超越了人与动物、自然与文明，甚至天堂与地狱的界限。这些领域由单一的等级政府统一管理。

玉皇大帝在天庭里统治着一切，每一个生物都有自己的地位和作用，从掌管地府审判死者的阎罗王，再到统治江河湖海的龙。玉皇大帝的宫廷就像任何世俗宫廷一样，充满了冲突、结盟、阴谋、叛乱，甚至有人企图革命。在16世纪末吴承恩的小说《西游记》中，一只猴子闯入玉皇大帝的天庭，偷吃长生不老的仙桃，又把自己的名字从阎罗王的生死簿上抹去，击退天兵天将，要求统治天庭。一时间，众神在他面前束手无策——除了佛祖，他明白猴子的要求是虚幻的，于是把他关在一座山下，直到他的救赎时刻到来。

在西方文化中，特别是在现代，任何超越动物与人之间界限的行为都被认为是对宇宙秩序的破坏。然而在中国，灵魂转世轮回的概念被广泛接受。这并不意味着人类和其他生物之间有更亲密的关系，因为他们可能被永恒的转变所分离。中国有许多关于生物试图“出人头地”的故事，结果却被打压、受到惩罚，通常还被贬低到更低的级别。有一个故事是这样讲的：观音菩萨的莲花池里的金鱼听了观音菩萨讲经，获得了巨大的法力，于是离开了菩萨的园子，把一个未开放的莲花花蕾变成了铜锤。它变成海怪的模样恐吓人类，后来观音发现它不在了，就用竹篮把它从河里捞了出来。[10]但是，只要不是任意变化去搞破坏，生物们就可以变化身形，变形这种概念本身没有任何越界之处。

中国传统文化中的拟人化并不主要是将个体的人类特征投射到个体的动物身上。相反，它在于将某些动物的习惯和行为视为人类社会中角色和责任的延伸。传统的动物知识，包括幻想的生物，在战国后期（公元前481年—公元前221年）到东汉（25年—220年）期间被编纂成典籍，而当时的统治越来越中央集权化。用汉学家罗埃尔·斯特克斯（Roel Sterckx）的话来说：“这些文本并没有将自然界的内部运作当成与人类事务分离的现实来描述，而是将动物的识别、管理和分类与官僚政府的组织体系和官员紧密联系在一起。”[11]

中国的龙就是一个例子，它掌管着风和雨。这种生物有蛇一样蜿蜒的身体、骆驼的头、公牛的耳朵、鹿的角、野兔的眼睛、蛤的胃和野猪的长牙。它的脊背上长有一排尖刺，类似于一些变色龙和蜥蜴的刺。它的身上覆盖着鲤鱼的鳞片，它的脚爪是鹰的爪子。龙的一只爪子或嘴里衔着一颗巨大的宝珠。这些特征可能代表了不同部落的图腾或符号，这些部落符号被融合在一起，形成了中国人的符号。[12]除了能够变化，龙还能把自己变得比毛毛虫还小，或者大到能遮住天空，[13]这种生物身上聚集了大自然所能创造的一切奇迹。

葛饰北斋，《龙》，1830。日本龙住在海底宫殿里。日本龙比中国龙更接近蛇，它们很少飞行，爪子只有三趾。

一条绣在19世纪龙袍上的中国帝王龙。图像传达了很强的动感和能量感，这条龙是根据非常细致的礼制规定描绘的。金色的皮肤和爪上的五趾是龙作为帝王象征的标志。当龙追逐宝珠时，火焰从它的四肢升起。龙的周围是蝙蝠，象征着好运。

中国凤凰，来自20世纪初的丝绸绣花。中国的凤凰代表皇后，与龙成对出现。凤凰周围环绕着很多装饰图案——柔和的云朵、富丽的植物，尤其是花朵。

J. B.科廖兰，“印度公鸡”。一般认为“印度公鸡”是凤凰或“中国不死鸟”。毫无疑问，这是意大利画家参照东亚的绘画画出来的。

由于缺乏固定的形象，中国龙似乎免于像西方的幻想生物那样受到严格审视。没有科学家长途跋涉到喜马拉雅山的偏远村庄寻找龙，或认真讨论它在进化中的地位。没有人把隐藏的相机放在树林里或河床上，希望拍下龙的身影。毕竟，龙可以轻易变成蝴蝶飞走。甚至没有人担心东亚的龙是否是真的，也没有人关心龙代表着什么。它所衔着的宝珠可以象征太阳、月亮或地球，也可能只是一颗神奇的宝石。

但是，龙的极度奢华并没有使它脱离人类的等级制度。中国人在传统上将动物的颜色、行为、栖息地、标记和其他特征理解为它在宇宙秩序中的某个位置的标志。普通的龙有3个或4个脚趾，可以有多种颜色。相比之下，代表皇帝的龙是黄色或金色的，有5个脚趾。它与凤凰配对，凤凰代表皇后，其富丽堂皇的外表与它的地位相称。凤凰有公鸡的嘴、蛇的脖子、燕子的脸、乌龟的背、鹿的后腿、鱼的尾巴和孔雀的羽毛，而且翅膀不断闪着光。

文艺复兴时期的炼金术

广义地说，炼金术可以被理解为对“转化”的研究。铜和锡是如何变成青铜的？蝌蚪是如何变成青蛙的？种子是如何长成树的？所有这些问题，甚至更深奥的问题，都属于炼金术师的研究范畴。就像今天“涌现理论”（emergence）的追随者一样，炼金术师在寻找隐藏在所有变化的表象之下的普遍模式。在描述这些转变时，他们经常提到用于比喻的动物。他们的色彩斑斓的文字中充满了诸如吞噬太阳的绿

近代早期时期绘制的天空龙。在炼金术中，龙代表存在于金属内部的生命力。图中的龙嘴里叼着月亮，尾巴卷着太阳，周围环绕着星座符号。

狼或尾巴末端有第二个头的龙的形象。对于炼金术师来说，所谓的怪物绝不是异常现象，它属于外表“非自然”的确定类别。如果人和马都存在，为什么半人马就不能存在呢？如果一条蛇可以有一个头，为什么不能有两个或三个头呢？炼金术师兼收并蓄地借鉴了从古埃及到美洲土著人的各种神话，然后对它们进行综合扩展，创造出深奥的符号和寓言。

炼金术是一种广泛的学科，融合了我们现在所知的艺术、科学、魔法、宗教、文学和批评门类。它深刻地影响了所有“文艺复兴人物”，即所谓现代世界的创造者们，如列奥纳多·达·芬奇、弗朗西斯·培根和艾萨克·牛顿。它提供了许多隐喻和概念，莎士比亚和其他伊丽莎白时代的创作者们用它们来理解世界。

对于炼金术师，尤其是文艺复兴时期的炼金术师来说，炼金术的狭义含义仅仅是指将普通金属转化为黄金的方法。与此方法密切相关的是点金石，据说它有许多神秘的特性。同时，炼金术师也在

J.奥古斯都·科纳普，玫瑰十字会用许多炼金术符号表现“三位一体”，2世纪早期。像这样隐含炼金术奥秘的插图并不是为了揭示其含义，而是要引人深思。

寻找可以使人长生不老的万灵药。然而，这些追求并不仅仅是为了找到宝藏或药剂配方，炼金术师们相信，只有精神纯洁的人才能达成目标。

炼金术的信仰基础是对等原则，最权威的相关表述收录在著名的《翠玉录》(*Emerald Tablet*)中，据说作者是伟大的赫尔墨斯，他被认为是“透特”，即埃及的智慧之神。这份手稿是《赫尔墨斯文集》的一部分，《赫尔墨斯文集》是15世纪晚期发现的亚历山大时期的希腊语神秘文本合集。它很快引起了佛罗伦萨当时的当权者美第奇家族的注意，然后迅速被马尔西利奥·费奇诺翻译成拉丁文。现在的学者认为，《赫尔墨斯文集》可以追溯到1世纪到3世纪，但过去的许多学者认为它几乎可以追溯到太初之时。

据《翠玉录》记载，地球上发生的事件与天上发生的事件一一对应，而天上发生的事件又与地下的金属产生的过程完全对应。最重要的是，这意味着人是宇宙的缩影，所有的身体、精神和情感过程在更大的宇宙中都有等价对应。一个人可以通过同时在所有这些层面上努力以达到完美，从而创造一个和谐的平衡。[14]

炼金术师将中世纪晚期对复杂模糊的比喻的爱好发挥到了极致，并将其扩展到传统的宗教领域之外。事实上，几乎所有的东西都变成了象征。动物经常被用来代表各种元素，它们的组合可以产生奇妙的杂交产物。狮子或牛可能代表土元素，鱼或海豚代表水，鹰或凤凰代表空气，火蛇或龙代表火。它们的颜色和组合显示了它们的状态——一种被加热蒸馏的化学物质被描绘成红色或绿色的龙，红色还是绿色取决于它的提纯阶段；有翼的蛇代表挥发性物质，如硫黄，而无翼的蛇代表稳定的物质，如盐；一条被钉在十字架上的有翅膀的蛇可能意味着一种挥发性物质已经变得稳定，如元素汞。

炼金术师的守护神是希腊的克洛诺斯（Cronos）。这个选择令人惊讶，因为根据赫西俄德的说法，克洛诺斯吞噬了自己的孩子。不过他的配偶瑞亚用襁褓裹住一块石头，拯救了一个孩子——幼年的宙斯。克洛诺斯吞下了石头，瑞亚将宙斯带到克里特岛。长大后，宙斯回来了，打败了克洛诺斯和提坦神族，迫使他的父亲吐出他的兄弟姐妹，并统治了天堂。尽管克洛诺斯并不贤明且最终落败，但他作为一个身上具备许多矛盾冲突的人物，对炼金术师很有吸引力。罗马人把

乔瓦尼·巴蒂斯塔·纳扎里，1589。以炼金术的手法，金属和水银是希腊奇美拉兽的变体。奇美拉兽是一种长着蛇头、狮子头和山羊头的怪物。

克洛诺斯和他们的农业之神联系在一起，并相信克洛诺斯在战败后去了罗马，在那里他创造了一个黄金时代。

克洛诺斯代表着彻底的失败，甚至是堕落，但正是由于这个原因，他是迈向完美的起点。他的金属是铅，但注定要变成黄金。他的星座是摩羯座，是冬天的象征，夜晚最黑暗、天气最寒冷之时也正是新年即将开始之时。其他的所有星座都是由真实的动物或人类来代表的，但代表摩羯座的动物却是一种有着鱼尾巴、山羊身体的生物（少数时候是猪的身体）。山羊鱼，就像许多幻想生物一样，可以追溯到美索不达米亚时代。对巴比伦人、加瑟人和亚述人来说，它是恩基（Enki）的象征。恩基也被称为伊亚，是智慧之神、深水之神和魔法之神，他是个巫师，在很多方面和克洛诺斯类似。对炼金术师来说，终极的对立统一是一个重要概念，摩羯座加入了许多对立元素，就像水和土，摩羯座一半是鱼，象征着基督；一半是山羊，象征着魔鬼。

一个流传甚广的希腊-罗马故事说道，希腊诸神曾经为了躲避多头巨龙提丰而逃到埃及，并乔装成动物。阿波罗变成了猎鹰或乌鸦，阿尔忒弥斯变成了猫。长着山羊角的森林之神潘想变成一条鱼，但他太害怕了，无法完成变身，于是变成了摩羯座的动物。但是炼金术师们反对这种文学思维，不赞成对他们的符号作出任何独到的解释。

出于多重原因，炼金术师故意以一种十分晦涩的方式描述他们的材料。尽管文艺复兴时期的欧洲大部分炼金术师都是非常虔诚的基督徒，但他们的崇高抱负常常会使人们怀疑他们性格傲慢，甚至怀疑他们会施行巫术。此外，炼金术师们还担心，如果他们的成果落入坏人之手可能会被滥用。而且他们怀疑语言表达思想的能力，因此通常不直接表达自己，而是通过神秘的隐喻。人们不仅要解读他们的作品和作品中的插图，还必须对这些作品进行想象，直至领悟其中的奥秘。因此，炼金术师经常被指责为自命不凡地发表无稽之谈，事实上，他们中的一些人确实是江湖骗子。

在艺术和文学作品中，炼金术师最基本的技巧是用符号和比喻来表现实际过程，然后混合隐喻，完全不考虑我们所说的“常识”。这通常会催生奇妙的动物。因此，鹈鹕用自己乳房的血液喂养幼鸟可能代表了物质在烧瓶中加热时变红的现象；一个人可能是一片森林，其中，灵魂是一只鹿，精神是一只独角兽。在探索神秘知识的巅峰，也就是所谓的“伟大工作”中，人们相信对立的事物会被统一起来，幻影和现实之间的界限将会消失。

帕拉塞尔苏斯和元素理论

传统炼金术领域的最后一个重要人物应该是瑞士医生泰奥弗拉斯托斯·庞巴斯图斯·冯·霍恩海姆，也就是帕拉塞尔苏斯（Paracelsus），他过着流浪学者兼冒险家的生活。由于在治疗方面的声誉很高，他多次被邀请到欧洲的宫廷，但他往往很快就会与他的支持者发生争执，然后离开。帕拉塞尔苏斯将炼金术的重点从金属转移到了人体，他有时被称为“现代医学之父”。在帕拉塞尔苏斯之前，医生的工作主要包括放血和进行高侵入性、痛苦的手术，这些疗法通常弊大于利。帕拉塞尔苏斯强调保持卫生，人要更多地依靠自身恢复能力痊愈。除了常见的草药，他经常推荐合成药物，他认为合成药物能使身体恢复到适当的平衡状态。

与同时代的许多学者不同，帕拉塞尔苏斯对古代的名医（如盖伦等人）并不尊敬。他没有从旧书或大学里的同龄人那里寻找医学信息，而是经常去村里的广场，从当地的治疗师和助产士那里收集家庭疗法。尽管他对学术传统持大胆的怀疑态度，但他有时也会过于轻信地方传说和民间偏方。

幻想动物本质上是来自另一个世界的使者，因此古代的作者经常把它们放在地球上的偏远地区。至16世纪，欧洲人已经对地球上的大部分地区进行了探索——至少是表面上的探索，因此留给无拘无束的想象力的空间越来越少。几个世纪后，一些科幻小说作家开始把幻想故事的中心放在月球或其他星球上，但天堂在很大程度上仍是为天使和上帝保留的。还有一些人将冒险中的英雄和恶棍缩小，比如19世纪中期的平面艺术家J. J. 格朗维尔（J. J. Grandville），他将昆虫甚至微生物变成朝臣、淑女、士兵、学生、音乐家、骑士、画家、纺织工、商人、书呆子、恶霸、官僚或龙。他经常故意让它们摆出很时髦的姿势，不仅是为了讽刺，更重要的是为了突出这些角色的陌生感，并幽默地承认我们与它们的浪漫世界之间距离并不远。

帕拉塞尔苏斯则在显微镜和望远镜都无法闯入的世界里讲述故事。据他说，被称为“元素精灵”（Elemental）的神奇生物在人类的世界里生活，偶尔与人类的领域产生交集。它们并不遥远，但我们只是偶尔与它们接触，因为它们的物质与我们的物质是截然不同的。帕拉塞尔苏斯用科学大家的自信口吻谈论塞壬或巨人的传说，事实上，他在很多方面确实可以称得上是伟大的科学家。他始终遵循某种逻辑，他的一些明显带有幻想色彩的作品为重大科学发现铺平了道路。他对元素精灵的描述结合了民间传说和较为科学的方向，甚至可能预示了当代物理学家关于平行世界的理论。

帕拉塞尔苏斯的理论显然预见了影响力巨大的客观世界（umwelt）的概念，或者叫感性环境，它是由德国理论生物学家亚科波·冯·于克斯屈尔（Jakob von Uexküll）在20世纪上半叶提出的。于克斯屈尔指出，具有高度分化的感官能力的动物可能处于同一地点，但由于观察事物的方式完全不同，以至于它们实际上处于不同的世界当中。[15]举例来说，人和马对同一个场域的感知是截然不同的，因为动物虽然具有极高的触觉敏感度，但却是色盲。蜜蜂对磁场的感知不同于马或人，因为它对光谱中紫外线端的光线很敏感。狗会通过气味导航而非视觉，而许多蝙蝠，正如我们在过去几十年才了解到的那样，是通过回声定位导航的。如果每一种动物都处于截然不同的客观世界，那么不同物种的动物就有可能虽然生活在一起，却几乎无法互相感知，就像元素精灵和人类。

在晚年时，帕拉塞尔苏斯出版了一本书，名为《关于水精灵、风精灵、土精灵、火精灵以及其他元素精灵的论述》（*Liber de nymphis, sylphis, pygmaeis et salamandris et de caeteris spiritibus*），内容是介绍元素精灵的世界。4种基本元素的精灵对应了4种元素：水精灵对应水，风精灵对应空气，土精灵对应大地，火精灵对应火。这些精灵外形上与人类相似，但比例不同。它们具有理性也会说话，但仍然算是动物，因为它们没有不朽的灵魂。

当然，帕拉塞尔苏斯的理论是建立在更古老的理论之上的，西方世界最早提出此类理论的是恩培多克勒（Empedocles），他认为土地、火、空气、水是构成万物的4种基本元素。土精灵，有时也叫“侏儒”，是土地里的生物，它们可以在土壤和石头中行走，就像人在空气中行走一样，因为这是它们自己的物质，任何物体都不会阻挡它们的视线。据说它们不仅会保护金属，还能知晓过去、现在和未来，人们常在矿山中发现土精灵。火蜥蜴，也就是火精灵，生活在一个与我们的认知完全相反的世界。它们的夏天就是我们的冬天，它们的白天就是我们的夜晚。它们通常很少与人类进行交易，但经常出现在女巫之中，有时会与女巫交配。有时魔鬼会附在它们身上，把它们当作信使。至于风精灵或空气精灵，帕拉塞尔苏斯没有多说什么，只是提到为了弥补它们空灵的物质，它们的身体比人的更粗糙、更强壮。

根据帕拉塞尔苏斯的说法，宁芙（nymph）或者说水精灵与我们最相似。它们在河边观察人们，有时会变成人形与人类建立友谊或做生意，然后消失在水中。所有精灵都可以和人类结婚，但是女性水精灵和男性人类的婚姻是最常见的。通过与人类结合，元素精灵能得到一个不灭的灵魂，用帕拉塞尔苏斯的比喻来说，就像异教徒接受洗礼后得到一个灵魂一样。但是，水精灵的丈夫绝对不能在水边对它发脾气，否则它就会永远消失在海浪中。如果丈夫不忠，他就会很快死去，就像传说中的彼得·冯·施陶芬贝格伯爵一样。伯爵娶了一个水仙子，后来却抛弃了它，接着伯爵很快就死了。

所有这些生物就像人类一样，可以生出各种形式的“怪物”或“奇才”。精灵们偶尔会生出巨人，其中包括圣克里斯托弗和伟大的战士，如齐格弗里德、希尔德布兰德和伯尔尼的迪特里希。土地和山中的生物可以生下矮人，火精灵能生下鬼火。水精灵宁芙会生下塞壬，塞壬可能是长着女人脸的鸟，也可能是美人鱼。[16]元素精灵的世界中包含建筑和风景，也许还有无数其他生物。

炼金术之所以过时，与其说是由于新发现，不如说是由于学科变得专业化，因为“万物的科学”分解成了各种学术研究和专业。对现实世界相互作用的研究，由炼金术开始，发展成了冶金学和化学。世界和其中的一切都可能发生变化，这种观点引出了查尔斯·莱尔的地质学、查尔斯·达尔文的进化论、马克斯·普朗克的量子力学以及阿尔伯特·爱因斯坦的物理学，所有这些理论都以大规模的“转化”为中心。通过卡尔·荣格等心理学家的工作，炼金术成为描述人类心理的一种象征性手段。在视觉艺术方面，它影响了象征主义者如威廉·布莱克，超现实主义者如萨尔瓦多·达利，以及其他许多人。小说是19世纪和20世纪早

J J.格朗维尔，“沃尔沃克的流行病来袭”，1866。在一个看似日益缺乏魅力和浪漫的世界里，格朗维尔有时会在草地上甚至显微镜下的生物中发现神奇冒险。

期的主要文学形式，它基于炼金术的思想，即人是一个缩影，它试图通过探索知觉和心理上的几乎无穷尽的细微差异来理解世界。帕拉塞尔苏斯对小说的影响可能和他对医学的影响一样大。

幻想生物可以以它们的多样性压倒一切。要怎么把它们分组呢？你如何给那些从本质上似乎要逃避一切分类法的生物分类呢？因为它们如此生动地诠释了自然力量——至少在工业时代之前，自然力量统治着人类的日常生活——帕拉塞尔苏斯的分类可能是我们拥有的最直观的分类方法。

坎宁珠宝，意大利，1580。在地理大发现时代，珠宝匠人经常会按照珍珠的特殊形状所暗示的图像进行雕琢。据记载，图中的这件传奇作品是由佛罗伦萨金匠本维努托·切利尼制作的，然后由美第奇家族送给了一位莫卧儿皇帝。它是以19世纪中期英国驻印度总督查尔斯·约翰·坎宁的名字命名的。

8

水中生物

CREATURES OF WATER

河流像是有魔法的东西。是地球上
鲜活、流动、神奇的一部分。
——劳拉·吉尔平,《格兰德河》

在埃及、美索不达米亚、希腊和非洲西北部的创世神话中，水是世界诞生的原始元素。公元前6世纪的米利都的泰勒斯（Thales of Miletus）被认为是世界上第一个哲学家，他宣称万物都是由水组成的。这个想法的灵感可能来自对尼罗河三角洲洪水的观察，洪水退去后留下了新的土地和丰富的生命。水能把尘土变成泥土，泥土能保持形状。《圣经》告诉我们，第一个人是黏土做的。近来，海洋成为精神分析理论中潜意识的主要隐喻——表面看似平静，却隐藏着丰富的活动。

世界上大约80%的生物都生活在水下。海洋生物不仅丰富多彩，而且比陆地上的生物更加多样化。陆地主要是脊椎动物的领地。在各种各样的海洋生物中，有牡蛎、海葵、章鱼、鱿鱼、海星和数不清的其他生物，它们与陆地上的任何生物几乎没有明显的相似之处，甚至彼此之间也没有相似之处。在海浪之下，你很难区分动物和植物，甚至很难区分活物和死物。

海魔，摘自16世纪法国塞纳-瓦兹的一份时事通讯。根据传说，地上的每一种生物在海里都有对应的生物，神话中的萨堤尔也不例外。

J. B.科廖兰，“阿尔德罗万迪的独角兽”。这种动物首先在16世纪出现，据说曾出现在马六甲海峡的海岸边。它的前脚像马，后脚有蹼，可以随意舞动长角。

J. B.科廖兰，“君主模样的海怪”。很可能是这个生物庄严端正的衣饰让人们觉得它是海中之王。

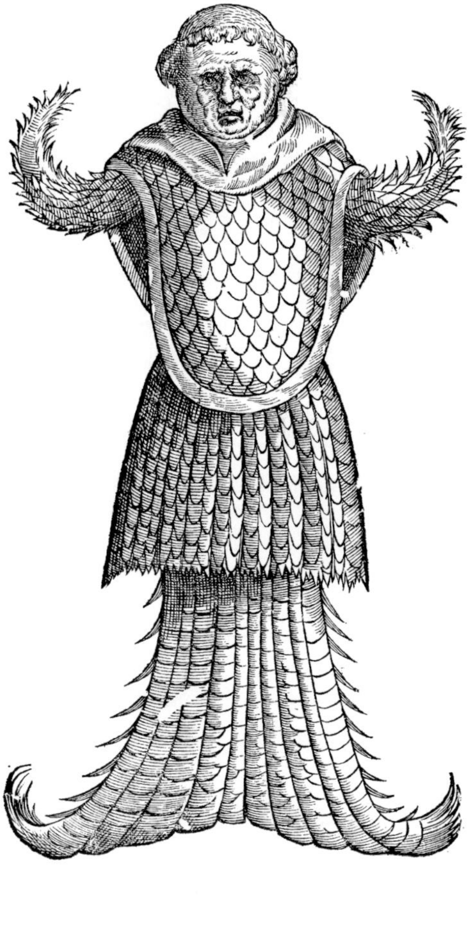

以蛋彩画法在丝绸上绘制的图画，1942年12月31日。船穿过“界线”（即赤道）的时候，大副要跳进海里举行新生的仪式，包括要穿着鲜艳的服饰举办各种活动，玩耍取乐。此时，这些年轻海员是金龙王国的一部分，掌管着子午线。

伊丽莎白·亨特的藏书票，英国，19世纪晚期。因为书就像船一样，可以把我们带到遥远的地方，所以美人鱼一直是藏书票上最受欢迎的图案。这幅画中的女人正十分专注地读书，甚至没有听到美人鱼们——也许是她以前的伙伴——在呼唤她。

水面就像一面镜子，因此传统观念认为，海洋是陆地世界的倒置。根据广泛流传的传统说法，每一种陆地生物在海洋中都有一个与之相对应的名词，这一说法传承至今，比如海里有“海马”和“海狮”。但在神话中，海洋王国的体系往往与我们习惯的相反。虽然人类社会倾向于父权制，但主宰水域的是女性人鱼，而不是男性人鱼。在航海的传说中，人鱼总是绑架、囚禁甚至强奸不幸的水手。

人类文化对于水一直存在着一种深刻的矛盾心理。水是结构和秩序的终极敌人，没有形式，能够慢慢地抹去石头，同时也是清洗罪孽的一种方式。这两个方面可以在许多文化的大洪水传说中看到，比如挪亚幸存下来的那场洪水。在那场洪水中，地球本身被净化，上帝与人类订下新的契约。

这种对水的矛盾心理很可能一直存在于水手和其他靠海洋生活的人身上。他们开创了一个世界，一个大多数人只能在梦中看到的世界，他们看着船从海岸出发然后消失在地平线之外。他们从遥远的地方带回奇怪的故事，与风、浪和天气密切相关。与此同时，他们也有不可靠的名声，这也像大海本身。他们也许会偷东西，或者留下一个怀孕的少女，然后坐船离开，再也不出现。

太初之时

人类识字之前的时期比我们的生物进化过程，或文明的下一个发展阶段都更加神秘。科学家们至少知道如何研究人类思想和身体的进化，但他们完全不知道如何追溯人类文化的进化。我们所知的神话和

皮埃尔·丹尼斯·德·蒙德福特，“大章鱼袭击船只”，《软体动物自然历史》，1802。海底生物的颜色、种类和神秘感赋予它们一种特殊的高贵地位，因此有关海洋生物的报道常常夸大了它们的体形。

民间传说研究是在18和19世纪开始的，令学者们常常困惑的是，在几千年来彼此之间几乎没有接触的文化中，非常相似的故事是如何发展起来的。从古埃及到中世纪的中国，从苏格兰到美洲原住民祖尼部落，“灰姑娘”的故事有近1000个版本。倾向精神分析研究的学者尤其是荣格的追随者认为，这是因为某些原型人物和事件在人的头脑中根深蒂固。以斯提斯·汤普森（Stith Thompson）为首的历史-地理学派的民俗学家们认为，这些相似之处是由于文化的扩散，文化会沿着最终可能被重建的路线而扩散。社会生物学家最近试图通过假设达尔文式的故事和主题来将这些方法结合起来，但无论这种方法的潜力如何，其中的发现都是不确定的。[1]

怪物，尤其是引发风暴甚至地球震动的海上水怪，在人类文化中几乎普遍存在。古埃及人相信太阳是太阳神“拉”的船，太阳神每天乘着它在天空中航行，然后每晚进行一次危险的海底旅行。当它从地下经过时，巨蛇阿匹普会试图吞下它。维京人相信有一种类似于阿匹普的蛇，即尘世巨蟒，或叫耶梦加德，它盘绕着地球。到了时间的尽头，耶梦加德就会从海上升起，与雷神托尔战斗。雷神用他的锤子砸碎巨蟒的头部，但会被它的毒液杀死。对澳大利亚土著居民来说，彩虹是人类可以窥见的巨蟒，这种巨蟒通常盘绕在地下的溪流和水池中，但有时会现身引发风暴。对澳大利亚的格谷居人来说，彩虹蛇是雌性，是所有神中最伟大的。它在以前的“梦幻时代”中创造了地球，并不断用雨水来浇灌它。在非洲东北部的达荷美族中，彩虹蛇盘绕着整个世界。我们无法判断这些神祇是否都源自一个单一的原始神话，后来这个神话分裂了，还是它们本来就是分别自主发展起来的。

无论它们是何种起源，蛇，由于它们极为简单的体形和它们有节奏的运动方式，似乎在遥远的过去把我们和我们的起源联系了起来。

尼斯湖水怪以及在不同湖泊中发现的类似生物通常被描绘成蛇颈龙，那是一种水生爬行动物，与恐龙同时代，大约在6500万年前就已经灭绝。水怪们甚至偶尔会引起媒体的猜测，人们认为蛇颈龙可能存活至今，但这一想法被动物学家坚决否定。美国路易斯安那州私立宗教学校使用的神创论教科书引用尼斯湖水怪作为证据，以证明进化论是一个骗局。[2]关于这种动物的传闻显示了中世纪水手、现代古生物学家和当代游客在视觉想象力上的连续性，他们都试图根据一些诱人的线索来想象可怕的生物。

提亚马特

与古埃及相比，美索不达米亚的神通常具有人形。伊什塔尔（Ishtar，也就是苏美尔人的伊南娜）则是一个例外，它有时被描绘成一个长着翅膀和鹰爪的女人。相比之下，各种恶魔和半神则是融合了几种动物的特征。它们被记录在诗歌和雕塑中，但更多的是在成千上万带浮雕的圆柱形印章中，这种印章在蜡上滚动一圈，就能产生神话场景的浮雕图案。

和古埃及一样，美索不达米亚创造了各种幻想动物，时间可以追溯到文明之初甚至更早。大约在公元前两千纪中期，这些形象的数量和重要性都急剧增加，这也和古埃及的情况一致。在美索不达米亚，这一时代包括中巴比伦时期（公元前1651年—公元前1157年）、米雌雄同体的女神提亚马特，根据公元前7世纪早期亚述神庙中的浮雕绘制。

坦尼时期（公元前1500年—公元前1350年）和中亚述时期（公元前1350年—公元前1000年），几乎都是动荡和不稳定的时代。在随后的艺术中，奇异的混合动物越来越被妖魔化。[3]

在被称为《埃努玛-埃利什》（*Enuma Elish*）的巴比伦创世史诗中，有大量关于幻想动物起源的神话叙述。《埃努玛-埃利什》的具体创作时间没有定论，唯一确定的是，它是在公元前两千纪的某个时候写下来的。恶魔女神提亚马特（Tiamat）是咸水之神，而她的配偶阿卜苏（Apsu）是淡水之神，他们的结合是生命之源。在生下众神后，提亚马特觉得他们的噪声很恼人，就决定毁灭他们。得知这个计划后，众神埋伏起来杀死了阿卜苏。为了击败众神，提亚马特生下11个怪物，包括蝎子人、牛人、鱼人、狮妖、角蛇和龙。此外，她还创造了怪物金固（Kingu），金固成为她的新配偶。提亚马特最终在战斗中被她的孙子马杜克（Marduk）击败，马杜克是光明之神，随后成为至高神。马杜克用狼牙棒像劈开鱼干一样劈开了祖母的头骨。她的一半变成了天空，另一半变成了大地。马杜克将提亚马特的乳房变成山，底格里斯河和幼发拉底河从她的眼睛里流出。他还杀了金固，用他的血制造出人类。

巴比伦人对时间的理解不是线性的，所以这个故事并不简单地属于一个被抹杀的过去。马杜克和提亚马特之间的冲突是永恒的秩序与混乱之间的冲突，这一冲突会在巴比伦新年的庆祝活动中不断重演。地球和人类分别是由提亚马特和金固的躯体构成的，这种起源暗示着我们每个人的体内都蕴藏着混乱的潜能，也许还有毁灭自己的潜能。[4]尽管马杜克通常被描述为一个正常人，但在《埃努玛-埃利什》中，马杜克本身也是个怪物，他有4只眼睛和4只巨大的耳朵，嘴里能吐出火焰。[5]至于提亚马特，她代表了原始的混乱，创世神话没有对她进行描述，但她通常都是一个雌雄同体的野兽，有狮子的头和前爪，鹰的翅膀和脚，还有一对角。两者都来自宇宙原初之时，大部分传说提到在那个时期，生物的物理形态比现在更具有流动性。美索不达米亚最终给我们留下了许多大受欢迎的神奇生物，如半人马、人鱼和狮鹫。但也许美索不达米亚神话最伟大的遗产就是提亚马特，她是最原始的混乱，也是秩序和生命的起源。

一切怪兽之母

在更遥远的时代，提亚马特很可能是一个正面的形象。从女权主义的角度来看，她被马杜克击败代表了父权制的确立。无论如何，马杜克和提亚马特之间的冲突提供的形象在后世的神话和传说中不断被复述。一个与提亚马特相似的人物是莉莉丝，她出现在苏美尔泥板上，甚至比《埃努玛-埃利什》还要古老得多。《圣经》中有两种关于创世的记载。一种是亚当和他的妻子是同时按照上帝的形象被创造的；另一种则是亚当先被创造出来，第一个女人是耶和华为了给亚当提供一个合适的伴侣，用他的肋骨创造出来的。后一种叙事暗示了性别的逆转，在这个故事中，是男人生下了孩子，因为耶和华从亚当的腹中取出了女人。

大多数评论家都会略过这两个叙述之间的矛盾，《圣经》中的许多其他叙述也一样被他们跳过。但有些人试图通过区分亚当的第一任妻子莉莉丝和第二任妻子夏娃来调和其中的矛盾。根据希伯来传说，莉莉丝拒绝向亚当屈服，她逃到了沙漠中，像提亚马特一样，在那里生下了无数的怪物和恶魔。在《以赛亚书》中，她被称为“尖叫的猫头鹰”，有时被描绘成具有鸟类的特征。根据欧洲中世纪晚期的传说，夏娃在伊甸园中与蛇交配，丑怪的生物或人类都是她的后代。

在希腊神话中，赫希俄德的《神谱》(*Theogony*)里有写到，盖娅即大地，同时也是一切神与怪物最初的母亲。她从原始的混沌中出现，创造了山和海洋，同时她还孕育了自己的伴侣天神乌拉诺斯。他们就像提亚马特和金固一样，生下了最初的男女神祇，也就是提坦神族，此外还有独眼巨人以及其他各种怪物：

> 接着他们又生出了另外3个孩子，3个孩子自不必说都强壮有力，他们分别是刻托斯、布里阿瑞俄斯和古阿斯。这几个孩子专横傲慢，从一开始就被父亲厌恶。他们的肩部长出100条手臂——这躯壳形状怪异——他们强壮的身躯上长着50个脑袋。他们强大的躯体中蕴含着无穷的力量。因为凡是天地所生的都是最可怕的孩子，他们的父亲从一开始就厌恶他们。他们一出生，他就把他们藏在地下的洞穴里，不让他们进入光明。[6]

应盖娅的要求，她的儿子克洛诺斯伏击了父亲乌拉诺斯，并用金镰刀阉割了父亲。乌拉诺斯消失在天上，他的精子落入大海，从中诞生了阿弗洛狄忒。她每走一步，草就在她脚边生长。这个故事在古代有很多同类，这些故事似乎直观地印证了科学家的观点，即海洋是生命的起源。

后来，当以宙斯为首的新一代神祇向提坦神族发动战争时，盖娅生下了她最后一个儿子提丰：

> 他的肩膀里伸出100个可怕的蛇头，漆黑的舌头闪耀不已，怪诞的脑袋上长出眼睛，在眉毛下冒出火焰，他所有恐怖的脑袋里都发出各种难以形容的声音。有时它们发出的声音只有众神才能理解，有时又像是公牛的咆哮，它们的力量无法抑制，它们的声音无比骄傲，有时像狮子的吼声一般没有节制，有时又像是一

群猎犬的声音，听起来令人惊讶。有时它们又发出嗞嗞声，在山峦之中无尽地回响。[7]

战争爆发时，整个宇宙都颤抖不已，但宙斯打败了提丰和盖娅，然后将提丰关在埃特纳火山的地底。每当提丰想要挣脱时，这座火山都会喷发。和马杜克一样，宙斯是击败怪物、建立宇宙秩序的神。

赫希俄德的《神谱》中提到了另一个生物，可能这个生物更接近提亚马特的原型，她就是艾奇德娜。她是"海中老人"福耳库斯和海中生物刻托之女，刻托（Ceto）是如今鲸类动物（cetacean）的词源。艾奇德娜的腰部以上是美丽的水仙女，下半身则是巨蛇。她与提丰结合生下了恐怖的后代，其中包括许德拉，一条巨大的水蛇，据说有7个以上的头；刻耳珀洛斯，有50个头的大狗（后来的作家说它只有3个头），专门看守地下世界；此外还有奇美拉兽，它有3个头——一个狮子头、一个山羊头、一个蛇头。[8]

另一个可以追溯到提亚马特形象的是《启示录》中的巴比伦的娼妇，"她统治着富饶的水域"。叙述者描述自己所见的幻象，看到她骑着七头十角的天启野兽，身穿紫色和朱红色的衣服，用金子、宝石、珍珠装饰着，手捧盛满污秽的金酒杯。她的额前写着"大巴比伦，世上的淫妇和一切可憎之物的母"。在接下来的异象中，一位天使出现并大声宣布：

巴比伦大城倾倒了！倾倒了！成了鬼魔的住处和各样污秽之灵的巢穴，并各样污秽可憎之雀鸟的巢穴。因为列国都被她邪淫大怒的酒倾倒了。地上的君王与她行淫；地上的客商因她奢华太过就发了财。

这个巴比伦的娼妇是否就像提亚马特一样与天堂的主人战斗，生下了《启示录》中所有奇怪的魔鬼和恶灵？至少，似乎就是她把它们召集到自己身边的。

巴比伦创世神话中的基本故事结构在后世不断被重复，直至中世纪及更晚期。在古英语史诗《贝奥武夫》（*Beowulf*）中，怪物格伦德尔被比喻为阿卜苏或金固，他的母亲被比喻为提亚马特，而杀死他们的英雄贝奥武夫就像杀死野兽从而维持荒野秩序的马杜克。从古至今，这个故事的象征意义都没有很大改变，但在中世纪晚期，人类开始更多地同情原始的母亲和她畸形的后代。（参见第6章对梅柳辛的讨论。）

赛德娜

最后一位，也是最神秘的，我们即将看到的怪物之母是因纽特人的海洋女神赛德娜（Sedna）。在大量因纽特人的口述文学中，她的故事有许多变体，但基本结构是一致的。赛德娜是一个可爱的年轻女子，由她的父亲安古塔抚养长大。一个英俊的年轻人引诱赛德娜乘他的皮划艇离开家，还承诺给她上好的皮草和充足的食物。但实际上，这个青年居然是一只管鼻藿（一种与海燕有亲缘关系的北极海鸟），它的家是海边一个荒凉多风的海角。赛德娜的父亲来救她，她跳进父亲的皮艇，两人匆匆离开。她的丈夫和其他海鸟变成了人形，开着

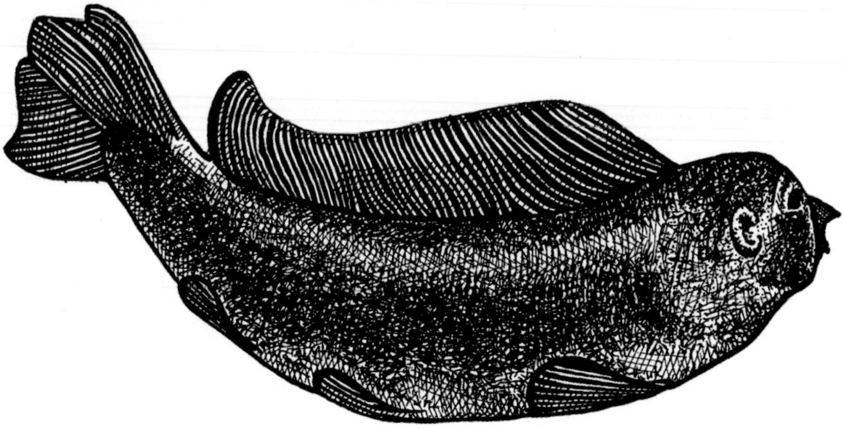

长着女人脸的海洋生物，很可能是赛德娜，来自加拿大多塞特角，爱斯基摩人的皂石雕刻。塞德娜在民间传说中与欧洲美人鱼有关系，但似乎更接近海底世界，她没有旧世界美人鱼的那种羞怯。

自己的皮艇去追赶塞德娜。丈夫要求她和自己一起回去，赛德娜拒绝了。他便展开双臂，双臂再次变成翅膀。但在管鼻藿飞起来之前，安古塔用长矛杀死了它。管鼻藿的同伴继续追逐塞德娜，风变得更猛烈了。最终安古塔为了减轻船的重量，把塞德娜扔进了海里。她用手抓住皮艇的两侧，安古塔切掉了她的手指。她的手指变成了海象、海豹和鲸鱼，还有无数生物从她的血液中诞生。塞德娜沉入大海，成为深海的统治者。她仍然对自己的遭遇感到愤怒，她给那些尊敬她的人好天气，保佑他们狩猎成功，但在风暴中表达她的愤怒。[9]

塞德娜通常被描绘成人鱼形象，但和我们熟知的美人鱼截然不同。美人鱼通常被描绘成腰部以上是女性的模样，符合人们对女性美的刻板印象。她们通常有蓝色的眼睛和金色的长发，下半身则是标准的鱼类身体，只是尾巴分开暗示着双脚。对于表演花样游泳的女子来说，仅仅通过双腿并拢来模仿美人鱼并不难。相比之下，塞德娜的身体和脸上的每一个部分都充满了海洋的神秘感：她的手臂像弯曲的鳍，她的身体像海豹一样弯曲。她的脸似乎饱经风霜，有时显得相当苍老，她的目光中没有任何轻浮的东西，因为她的人性只存在于遥远的记忆。

塞德娜的生育能力并不体现在她有很多后代上，虽然在某些故事版本中，她和一条狗生了很多孩子，这些孩子后来成为世界上的各族人民。准确来说，她的生育能力体现在她的血液和身体能够产生无数怪物。和提亚马特一样，她是来自海洋的原始的母亲，也带来了毁灭性的暴力。或许赛德娜和提亚马特的形象都可以追溯到更早的某个原始女神，又或者她们的传说都是独立进化而来的。根据一些学者的说法，塞德娜的传说尽管在因纽特人中很受欢迎，但在历史上起源较晚，是随着捕鲸业的发展而传播开来的。[10]在这种情况下，人们可能会在西方的民间传说和宗教记录中寻找故事的相似之处，但可以类比的故事数量庞大且难以捉摸，有点像海洋生物本身。

怪物之母的原型并不仅仅表现出“生育能力”，它是一种原始的创造力，不仅能产生新生命，而且能产生新形式、新概念和新可能性。在智力水平更高的背景下，与提亚马特或梅柳辛相当的人可能是富有远见的人，他们或许不擅长管理人人熟知的日常事务，但可以设想出全新的议程。我们看过的神话故事表明，人类在很早以前就畏惧着此类想象。巴比伦神话中的阿卜苏和希腊神话中的乌拉诺斯都害怕自己的孩子，因为他们看起来如此奇怪、如此强大，他们都害怕被自己的后代所取代。

居斯塔夫·多雷，“耶和华杀死利维坦”，1855。“到那日，耶和华必用他刚硬有力的大刀刑罚鳄鱼，就是那快行的蛇，刑罚鳄鱼就是那曲行的蛇，并杀海中的大鱼。”

英雄与利维坦

马杜克不仅预示了宙斯这个角色，甚至预示了耶和华/上帝：上帝将天地分开，就像马杜克将战败的提亚马特的身体一分为二一样。上帝也管理原始的混沌，把水和陆地分开，然后把它们分成江河和海洋，把黑暗和光明分开，就像马杜克在《埃努玛-埃利什》中所做的一样。[11]《旧约》中有许多段落似乎都暗指耶和华与代表混乱的原始海怪之间的战斗，类似马杜克与提亚马特的战斗。例如，《诗篇》提到耶和华，“你打碎了利维坦的头，把他留给野兽吃”。在《约伯记》中，利维坦是一个可怕的怪物，但却是上帝力量和智慧的见证。但这些段落背后的故事（如果真的有故事的话）已经遗失了。

《圣经》中的上帝/神并不仅仅是神学意义上的“上帝”。虽然拥有令人敬畏的力量，他似乎并不是无所不知或无所不能的。他受愤怒和嫉妒等情绪的支配，并可能会被撒旦怂恿去杀害无辜的约伯家人。他也会后悔——他在创造了人类之后确实后悔过。他甚至可以在人类面前感到羞愧，他也会和人类讨价还价，就像他在摧毁所多玛和蛾摩拉之前与亚伯拉罕的讨论。他不允许以色列人在他之前崇拜任何神，但在天庭中，似乎经常有其他神的存在。耶和华的脆弱之处让我们比较容易爱上他，他的脆弱有时似乎和他的力量一样伟大。尽管耶和华如此威严，但每当他的子民开始背离他时，他就会受到极大的伤害。考古学家发现，耶和华曾经有一个名叫亚舍拉的配偶，没有她，他似乎很孤独。

这种孤独有助于解释耶和华与利维坦之间复杂而明确的矛盾关系，他们的关系在征服、称颂、同伴之间摇摆不定。在《约伯记》的结尾，耶和华的声音从旋风中传来，对约伯说到利维坦：

人指望捉拿它是徒然的。一见它，岂不丧胆吗？
没有那么凶猛的人敢惹它。这样，谁能在我面前站立得住呢？
谁先给我什么，使我偿还呢？天下万物都是我的。
论到利维坦的肢体和无与伦比的力量，我不能缄默不言。
谁能剥它的外衣？谁能进到它的上下牙骨之间呢？
谁能开它的腮颊？它牙齿四围是可畏的。
它坚固的鳞甲，紧紧合闭，封得严密。
这鳞甲一一相连，甚至气不得透入其间，
互相联络，胶结，不能分离。
它打喷嚏就发出光来。它眼睛好像早晨的光线。
从它口中发出烧着的火把，与飞迸的火星。
从它鼻孔冒出烟来，如烧开的锅和点着的芦苇。
它的气点着煤炭，有火焰从它口中发出。
它颈项中存着劲力。在它面前的都恐吓蹦跳。
它的肉块互相联络，紧贴其身，不能摇动。
它的心结实如石头，如下磨石那样结实。
它一起来，勇士都惊恐，心里慌乱，便都昏迷。
人若用刀，用枪，用标枪，用尖枪扎它，都是无用。
它以铁为干草，以铜为烂木。
箭不能恐吓它使它逃避。弹石在它看来为碎秸。
棍棒就像禾秸。它嗤笑短枪飕的响声。

阿尔伯特·平卡姆·莱德,《约拿与鲸鱼》, 1885。这位艺术家住在美国马萨诸塞州的海滨城市新贝德福德，捕鲸是当时的一个主要产业，但已然日渐衰退。他对捕鲸和海洋的深入了解使他能够在现代世界的背景下重新诠释约拿的故事，画的主题是死亡与复活。

它肚腹下如尖瓦片，它如钉耙经过淤泥。

它使深渊开滚如锅，使洋海如锅中的膏油。

它行的路随后发光，令人想深渊如同白发。

在地上没有像它造的那样，无所惧怕。

凡高大的，它无不藐视。它在骄傲的水族上作王。

这些描述让人想起在《诗篇》和其他地方赞美耶和华的诗句。利维坦似乎不仅是耶和华力量的例证，而且几乎是他的替身。正如上帝

居斯塔夫·多雷，“罗杰救下安洁莉卡”，《疯狂的奥兰多》插图，卢多维科·阿利奥斯托，1877。《疯狂的奥兰多》是一部模仿中世纪浪漫小说的作品，首次出版于1532年，它夸大了骑士史诗的所有惯例，包括特别的浪漫纠葛、奢侈的魔法和神奇的生物。多雷沉迷中世纪艺术的复兴，将作品中的种种夸张不带一丝嘲讽地表现了出来。

只有一个，利维坦也只有一个。《旧约》中出现过几只海怪的名字，包括吞噬约拿的那条大鱼，但传统上都把它们比作利维坦，海洋之主甚至被认为是伊甸园的蛇。利维坦似乎代表了光明与黑暗、善与恶分离之前原始的现实。它和提亚马特一样，是原始混乱的化身。

利维坦在《圣经》中只是偶尔被提及，但犹太传说中却有详细的记载。其中一种流行的传说可能与马杜克和提亚马特之间的战斗相呼应，讲述了在世界之初，上帝创造了两个利维坦，一雄一雌。它们长得无比巨大且力大无穷，以至于耶和华担心，如果让它们繁殖下去，世界就会毁灭了。于是他杀死了雌性的利维坦，但是为了使剩下的那个利维坦不会孤独，耶和华在每天结束的时候和它玩耍。等来到时间的尽头时，他会杀死剩下的那个利维坦，正义的人会在一个用它的皮做成的巨大帐篷里吃它的肉。[12]

在西方文化中，武士与龙搏斗的故事数不胜数，但在东方几乎没有。古代征服巨蛇的英雄有巴力、毗湿奴、赫拉克勒斯、阿波罗、伊阿宋、卡德摩斯、齐格鲁德、齐格弗里德和珀尔修斯。在基督教世界中，此类英雄包括圣迈克尔、圣帕特里克、贝奥武夫、圣马大和圣玛格丽特，但最受欢迎的是圣乔治，他是俄罗斯和英国的守护神。所有英雄和圣人击败龙的故事都呼应了耶和华和利维坦之间的冲突，甚至也呼应了更遥远的马杜克和提亚马特之间的冲突。

水手文化跨越了国家和种族的界限。据世界各地的水手报告，许多海洋生物都或多或少地肖似利维坦，并且陆续被认定为是它的同类。其中就有爱尔兰人圣布伦丹（St Brendan）遇到的一个怪物。有人认为在雷夫·埃里克森和克里斯托弗·哥伦布之前，圣布伦丹就驾着一艘用皮做成的小船来到了美洲。根据9世纪文献的记载，布伦丹和同行的僧侣们登上了一个小岛，举行了弥撒，点燃了火来烹饪食物。小岛忽然开始移动，僧侣们惊慌失措，但布伦丹平静地解释说，这片陆地实际上是一条名叫塞康利斯（Jasconius）的巨鱼。[13]

在16世纪，瑞典主教奥劳斯·马格努斯（Olaus Magnus）和法国外科医生安布罗伊斯·帕雷（Ambroise Paré）记录了许多关于水生怪

奥劳斯·马格努斯，“黑暗之海中的巨蛇”，1555。这个怪物可能象征着海啸或飓风。

物的描述，以及在我们今天看来很奇特的地图插图。到目前为止，最著名的是大海蛇。据奥劳斯描述，它有200多英尺长、20英尺厚，全身长满鳞片，除了燃烧的眼睛，全身都是黑色的。它会在晴朗的夜晚从挪威海岸出现，吞食小牛、羊羔和猪。有时，这条海蛇会把头高高地抬出海面，张开大嘴吃人，这是王国即将发生剧变的迹象。帕雷还描绘了“僧侣鱼”和“主教鱼”之类的生物，除了覆盖着鳞片的皮肤，它们就像穿着教会服装的人类。前现代欧洲的海洋地图上随处可见这些怪物，大部分都是水手们目击到的。[14]其中大多数都有鱼的尾巴，上半身的特征则来自各种陆地动物。例如，有人说有些海洋生物有马的头、狼的耳朵、猪的鼻子、狮子的鬃毛或熊的爪子。在对它们的描述中，很难区分隐喻和幻想，也难以区分夸张和虚构。

但后来，海怪目击事件在很多方面都变得越发令人费解。矛盾的是，随着人们对海怪目击报告越来越怀疑，海怪出现的频率也越来越

阿波罗的画像，法国，15世纪。希腊-罗马的神灵阿波罗被描绘成一个理想化的中世纪国王。左边的3个女人融合了美惠三女神、皮提亚和多多纳的女祭司的特征。特别要注意神脚下的怪物，它似乎是刻耳柏洛斯的一个变体，但有许多爬行动物的特征。

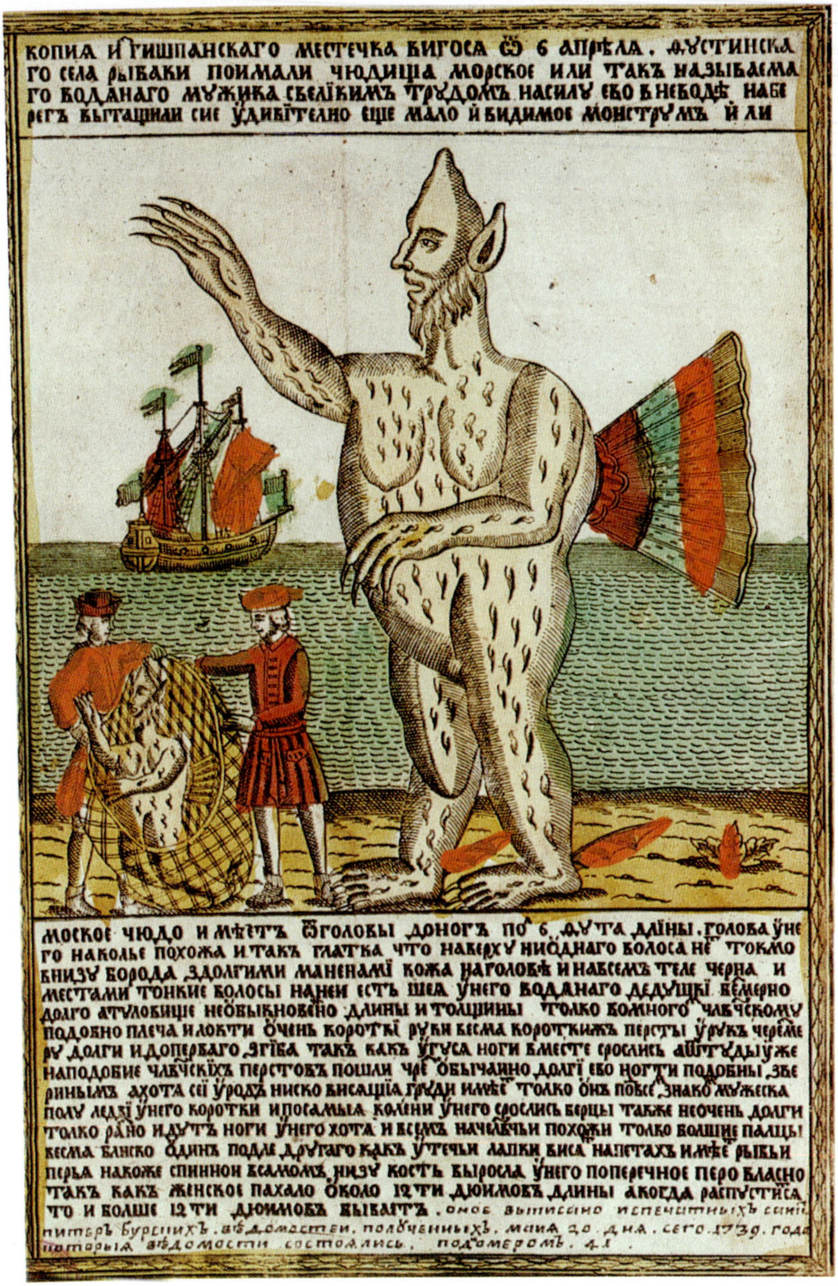

"1973年西班牙捕获海怪的新闻"，18世纪中期俄罗斯的流行印刷品。据报道，这是现代早期从海里捕获的众多人鱼之一。它可能看起来很古怪，但图片的描述却非常详细精确。

海蛇，汉斯·艾格德主教，《旧格陵兰新观》，1734。这幅画被各报纸书籍广泛引用，或许这是18、19世纪最有名的一幅水怪画像。

高，在19世纪达到了最高点。当时，有数百人看到了巨大的海蛇，其中不乏诚实可靠的目击者，他们的报告往往非常精确详细，很符合当时的科学文化发展水平。他们通常会提到一种身体很长的怪物，它行动起来蜿蜒起伏、速度极快，身上长满鳞片，眼神凶狠。以下是1818年8月7日《伦敦盾报》上刊登的伍德沃德船长和他的“坚强号”船员们提供的证词，事情发生在他们在英国和美国之间航行时：

> 我在一支枪里装上了炮弹和滑膛枪子弹，随即朝着怪物的脑袋射击，我和船员们清楚地听到子弹击中它身体的声音，但子弹像是击中了石头一样弹回来。海蛇以一种异乎寻常的方式摆动头尾，张着大口向船游来。它几乎要碰到船了，如果当时我不把船转向抢风行驶（即顺风行驶），它肯定会扑到船上。它潜入水中，

但不一会儿我们看见它又出现了，它的头在船的一边，尾巴在船的另一边，好像要把我们举起来，把船掀翻似的。然而我们并不觉得震惊。一连5个小时，它都跟着我们，在船前后游动……我估计它的长度至少是这艘纵帆船的两倍，也就是说有130英尺长。它的脑袋足有12至14英尺宽，身体直径也差不多这么宽。它身上的颜色很难看，耳部的洞离头部末端大约有12英尺。总之，整体看起来十分丑陋。当它卷起身体时，尾巴就用力摆动，这有助于它以巨大的力量向前冲。它可以向着四面八方移动，动作极其灵巧，速度飞快。[15]

那些声称见过海蛇的人所提供的无数证言都是证明海蛇存在的有力证据，但这些证言在细节上并不十分一致。到了20世纪，这些证言就越来越少了。此外，从来没有人拍到过这些怪物的可靠照片，它们的尸体或骨架也未被发现过。[16]

但总体来说，质疑大海蛇的存在和相信它的存在几乎是一样的困难。许多人的幻想灵感可能来自鲸鱼、海草、鱼群或水面上浮游的灯光。大海的孤独，无聊的长途航行，旧书或酒精所激发的渴望，都可能使幻想扭曲。在有些情况下，目击海怪可能是故意编造的谎言，因为人们知道没有人能反驳来自公海的报告。另外，也可能是有人看到了某些生物，就像过去几百年中的许多其他生物一样，有的已经灭绝，有的十分罕见，然后用一些相对不那么夸张的修辞进行了修饰。直到今天，人们对海底的探索仍然很少，我们也无法预测海底究竟隐藏着什么神奇的存在。

美人鱼及其姐妹

直到中世纪晚期，深海一直由利维坦和它的同类统治着，但后来这种野兽被美人鱼取代了。作为一个长着鱼尾而非腿的女人，美人鱼的血统和海怪一样古老。大衮（Dagon），非利士人的生育之神，被描绘成有着人的脸和上半身，外加鱼尾下半身的模样，就像美索不达米亚的智慧之神伊亚或恩基一样。叙利亚女神阿塔加提斯（Atargatis）以及许多当地的溪流和河流神灵也是如此模样。但是，直到大约15世纪，美人鱼才出现在水手们的传说中，她有着十分明显的海洋文明特征。随着中世纪末期贸易的不断扩大，航海成为一种更受欢迎的职

“黑岩摩根”，利物浦附近发现的美人鱼，来自18世纪的一本小册子。根据传统，美人鱼被描绘成右手拿着梳子的模样，象征着女性的虚荣。她的左手经常拿着一面镜子，但这次她拿着一朵花，也许是为了让水手们想起陆地上的生活，以吸引他们前来。

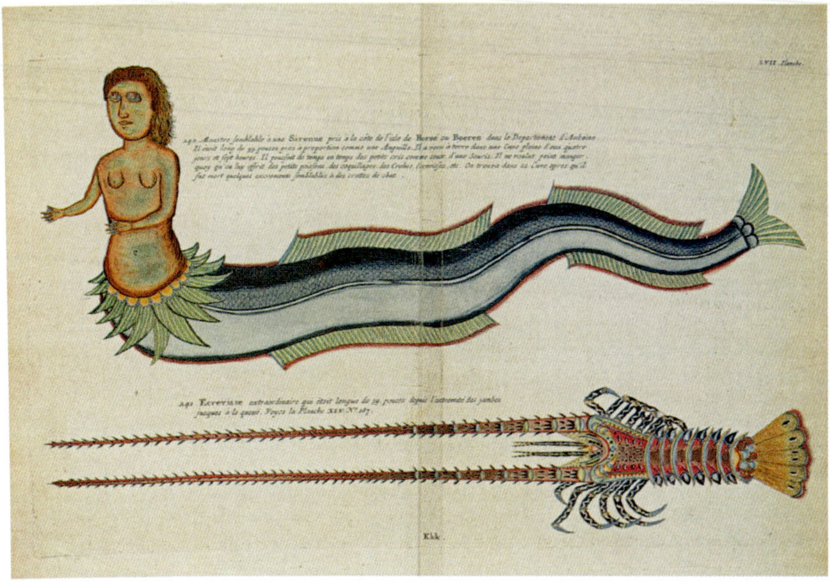

安汶岛的美人鱼，路易斯·雷纳德，1754。据报道，这种生物曾于18世纪早期在婆罗洲海岸被捕获，它被关在一个装满水的大桶里，发出像老鼠一样的哀鸣。它拒绝一切食物，4天后就死了。

业。除了几乎完全排斥女性，航海还具有独特的“世界性”特征，它吸引了来自全球各个角落的冒险家。

那为什么是女性人鱼，而不是男性人鱼呢？因为人鱼来自男人的幻想，很复杂的幻想。由于旅途中没有女性陪伴，船上的男人们常常以一种近乎色情的方式描绘美人鱼，与阿塔加提斯或塞德娜等相关人物的形象形成了鲜明对比。她会从海浪中露出赤裸的乳房和迷人的微笑。她代表着大海的诱惑，这些水手至少已经部分屈服于大海的诱惑。美人鱼唤起了一种永远无法实现的欲望。水手的生活艰难、危险、不稳定，收入也很低。然而在看到船只驶离海岸时，许多年轻人

图中的动物就是“斐济人鱼”，首先由P. T.巴纳姆于1822年在伦敦展出。广告上说这是一只美人鱼，但实际上只是在猴子的身体上加了条鱼尾巴，最初是为神道教的仪式准备的。

还是无法抗拒地被深深吸引。为了寻找冒险，他们报名成为水手，但完全不知道未来会发生什么，然后在一次又一次的航行中过着不稳定的生活。美人鱼体现了他们对大海又爱又恨的关系。

船员们虽然都是男性，但他们觉得自己被女性的力量包围着。船只、天气和大海本身都被认为是“女性的”，部分原因是它们的不可预测性、神秘且难以理解。海洋是所有人类法律和渴望都不起作用的地方，但它也是陆地生活的镜像，只是截然相反。人们不能称美人鱼为“女族长”，因为美人鱼很少被视为母亲。她们本身更像孩子，但不是父母所生，而是大自然生的，她们有一种危险的天真。

美人鱼以孩童般的好奇观望水手，她们自己也被人观望着。但这些海里的女人十分强大，如果她们受到冒犯就会一时兴起摧毁船只。在13世纪，巴塞罗缪·盎里库斯（Bartholomaeus Anglicus）写道：“那甜美的歌声让船员们纷纷睡去，她见他们睡着后就来到船上，抢走一切能带走的东西，并把一个人带到了一块陆地上。起先她让他与自己一同躺下，如果他不从，她便杀了那人，吃了他的肉。”[17]

全球的海洋文化吸收了来自世界各地的元素，许多地区的水精灵都与美人鱼的形象相关，例如斯拉夫的水仙女露莎卡（rusalka）和日本的人鱼（ningyo）。这种地域文化与航海文化融合的最佳例证或许是尼日利亚奥古塔湖的女神奥格布德（Ogbuide），她与出生、死亡和轮回密切相关。在伊博人的宗教中，灵魂每一次轮回时都必须穿过一片水域，而奥格布德会引导它的旅程。她通常有一条神圣的蟒蛇做伴，这条蛇是她的信使，有时也是复仇者。大约在19世纪末，奥格布德与非洲的其他湖泊和溪流之神形象融合，又加上了欧洲民间传说中美人鱼的成分，成了玛米·瓦塔（MamiWata），她的形象被装饰在西非许多酒馆和各种场所里。[18]像欧洲美人鱼一样，她有女人的上半身和鱼的尾巴，有时甚至也手持镜子和梳子。

美人鱼的意义很快就超越了船舶和港口。她不仅是海浪的主宰，也是新兴商业文化的女神。她的微笑充满诱惑力，各大商家都把她印在自己的货物上。美人鱼的图片装饰着船只、酒吧、招待所、纪念品和各种各样的产品。星巴克咖啡的标志是一条长着两条尾巴的美人鱼，也就是传说中的“梅柳辛”。还有一条会唱歌的活泼美人鱼为“海之鸡”金枪鱼罐头做广告。

在欧洲，从中世纪晚期到维多利亚时期，曾有过几条美人鱼被捕获并被展示的新闻。新兴的科学文化甚至为各种各样的美人鱼纪念品提供了市场，它们在欧洲和北美各地的珍奇陈列柜和巡回展览中展出。在19世纪中期，P. T. 巴纳姆（如今他的名字基本上成为虚假广告的代名词）展示了著名的“斐济人鱼”，它实际上是将一条鱼的尾巴缝在一只死猴子躯干上的道具，最初是由一个日本渔民为神道教的仪式制作的。

约翰·济慈的诗《咏美人鱼酒店》（*Lines on the Mermaid Tavern*）可能是唯一一首进入文学界的广告诗。就像美人鱼本身一样，它位于神话和商业之间：

已经升天的诗人的幽魂，
你们领略了怎样的仙境？
喜人的田野？苔绿的洞穴？
比美人鱼酒店更加超绝？
你们可曾啜饮过酒浆
胜过店主的加那利佳酿？
天堂里出产的新鲜果品
比这些精美的鹿肉馅饼
难道更可口？啊，美食！
烹调得仿佛罗宾汉壮士
会带着他的女伴玛丽安
用角杯和陶罐来痛饮加餐。

我曾经听人说过，有一回
店主的招牌不翼而飞，
没人知道它飞到了哪里，
直到占星家古老的羽笔
记下了故事在羊皮纸上——
说见到你们身披神光，
在簇崭新的老招牌下方
啜饮着天赐的玉液仙浆，

心满意足地举杯祝赞
黄道带上开美人鱼酒店。

已经升天的诗人的幽魂，
你们领略了怎样的仙境？
喜人的田野？苔绿的洞穴？
比美人鱼酒店更加超绝？[19]

总之，美人鱼是一个真正的现代神话，可以说是过去几个世纪的主要神话形象。她是一个伴随着科学革命和商业扩张而崛起的形象，事实上，她经常从这些现实中得到滋养。

尽管玛丽·道格拉斯和克洛德·列维-斯特劳斯等人类学家早在20世纪50年代就提出了令人信服的论点，认为所谓的“原始人”并没有那么愚昧迷信，这点与维多利亚时代的人的认知完全不同，但现代人却不肯轻易放弃他们的优越感。至少在过去的几十年里，印第安人等土著民族与森林里的动物和植物交谈的例子仍被视为“原始”的佐证。但如果是这样的话，我们如何解释今天许多主人与他们的动物伙伴、室内植物，甚至与汽车交谈的事实呢？

尽管美人鱼被商业化了，但她却是一个真实的民间传说人物。在大航海时代，在哥伦布、约翰·史密斯和亨德里克·哈德森的船上，有数百甚至数千起美人鱼目击事件。而且这些目击报告不是被当作奇迹报道的，而是一些更加随意的报道。可见水手们已经完完全全接受了美人鱼的存在。

威廉·布莱克，《天国阶梯》，1800。天使们就像火焰，光束如同原木，星星就像炉膛里的火星。

9

火与空气中的生物

CREATURES OF FIRE AND AIR

此刻降临的黑暗中，
红火填满每一寸空间：
屋顶显得温暖，
书脊闪烁不已。
军队从高楼和塔尖上经过
城市在火光中闪耀——
直至我凝望那深邃的眼睛，
军队陨落，光彩消失。
——罗伯特·路易斯·斯蒂文森，《火中的军队》

壁炉或篝火旁一直是讲故事的传统场所，它不仅提供了温暖，而且还能激发想象力。爱尔兰传统的说书人（shanachies）会从余烬和火焰投在农舍墙壁上的变幻莫测的影子中找到故事的灵感。火焰跳跃不定、形状多变，就像动物和人一样不可预测。

英国浪漫主义诗人和视觉艺术家威廉·布莱克（William Blake）常常凝视壁炉里的余烬寻找灵感。他看着火焰突然上升、忽隐忽现、最后熄灭，树枝碎裂、圆木逐渐化为灰烬。在黄、红、黑、蓝、灰不断变化的色调中，他看到了上演史诗戏剧的人物，以及发生在广袤森林或城市中的英雄故事。他还会为这些戏剧画插图，并在男女角色周围画上细细的火焰线，以表明他们的灵感来源。

作为一名神秘学的学者，布莱克很可能受到了炼金术师和医生帕拉塞尔苏斯的影响，帕拉塞尔苏斯把火精灵称为“火蜥蜴”（salamandri）。在关于精神世界的专著中，帕拉塞尔苏斯解释道，火精灵就像火焰本身一样又高又细，经常奔跑跳跃着从彼此身上穿过。它们很少出现在人类面前，如果它们出现，往往就是灾难来临的预兆。它们有古怪的后代——鬼火，鬼火可以在水面上滑行，有许多形状。[1]

空气精灵，按照帕拉塞尔苏斯的描述，具有风和云一般的灵动且难以捉摸的特性。他通常称它们为“风精灵”（sylphs），但有时也称它们为“森林人”，他认为它们基本上是由空气组成的。他对空气精灵的幻想可能是受到了经常出现在中世纪手稿空白处的“绿人传说”的启发。他相信精灵就像森林里的野人一样高大强壮，但只吃植物。[2]如今，这个词给人的印象与帕拉塞尔苏斯的幻想截然相反。sylphs有时会用来指苗条的女孩，也用来指欧洲民间传说中的仙女和

威廉·布莱克，“比阿特丽丝指引但丁”，1827，来自但丁《天堂篇》的插图。一只狮鹫拉着比阿特丽丝凯旋的车驾，同行的还有一些寓意深刻的形象。那些起伏盘旋的蓝色和红色表现了火焰，人物周围环绕着云和烟雾。

人们在云层中“看到”的人物。尽管如此，帕拉塞尔苏斯的“空气与火的元素”在某种意义上仍然是“幻想的”，因为它具有特殊的本体论地位，占据着某种介于存在与非存在、物质存在与虚无之间的中间地带。

最终，当我们从博学的炼金术师的著作转向我们日常生活的语言时，我们发现“空气中的生物”通常指的是鸟类，有时也指昆虫，如蝴蝶和蜜蜂。“火中的生物”，如果非要用这个词的话，意味着超自然的生物。

太阳

在19世纪早期到中期，英国民俗学家麦克斯·穆勒（Max Müller）提出了一个宏大的理论：所有的神话最初都来自对遥远时代天体事件的观察，这个时代被称为“神话诗歌”（mythopoeic）时代，在人类被划分为不同民族之前。神的名字最初都是指天空中的天象和物体，例如云、星星和风暴。随着语言变得更加直接而不那么诗意，语法把简单的观察变成了精心设计的神话：

> “英年早逝的英雄”主题，诸如巴尔德、齐格鲁德或阿喀琉斯，在很多故事里被反复提及，它不断被各个地方本地化、个人化。最初它应该是指代太阳，当一天结束或天空黑下来或晴朗的季节结束时，它的一切青春活力都熄灭了，它被冬季的荆棘刺死了。[3]

换言之，对天象变化的原始描述曾经是非常简单的，但后来的语法演变迫使人们根据时间、地点、动机等来组织事件，从而扭曲了原始的叙述，产生了神话。穆勒认为，语言发展带来的混乱也催生了戈尔贡和奇美拉等幻想生物的故事。

现在看来，这种理论不仅不合时宜，而且非常具有维多利亚时代风格。这套理论中有一种极端聪明的大胆，即用少数事件来代表所有其他事件，反映出了一个似乎注定永世长存的帝国的自信。穆勒的理论也体现了维多利亚时代的精神，这个大胆的概念得到了词源学的精辟之处作为支撑，这也是维多利亚时代的人对遥远时代和异域民族的蔑视和怀旧情绪的混合。最后，穆勒改编了赫西俄德等作家的故事，将他们的极端暴力和放纵的性行为情节简化为日常寓言，例如黎明的到来，以迎合维多利亚时代的情感。穆勒及其追随者们用天气和天文学现象大胆解读全球各地的神话，现在看来此举更多是富有诗意的，但并不科学。今天，穆勒关于神话诗歌时代的宏伟构想与其说是一种理论，不如说是另一种神话。它很像亚伯拉罕宗教中的伊甸园，他的有关神话起源的假设描述了一种堕落。

但穆勒仍作为比较神话学的奠基人被铭记，至今仍有人阅读他翻译的梵文著作。虽然热情和傲慢使他过分夸大了太阳和其他天体在神话中的重要性，但他对太阳和其他天体的认知还是值得称赞的。虽然并非所有神话和传说中的事物都能追溯到天象，但有些确实可以。

我们可以把太阳画成一个简单的黄球，也可以在上面画一张笑脸，但我们对它的体验远不止于此。在晴朗的夏日，当太阳处于最高点时，我们不能直视它，特别是在热带地区，因为那会灼伤我们的眼睛。我们间接地看到太阳，通常是通过河流、池塘和湖泊的反射。当阳光反射到云层上时，会产生一系列令人眼花缭乱的颜色，当空气特别潮湿时，就会出现彩虹。冬天的太阳看起来是白色的，秋天是橙色的，在日食时看起来则是黑色的。埃及人认为太阳是在天空中航行的太阳神“拉”的船。希腊人和罗马人把它看作阿波罗的战车。但是，晚霞和彩虹的绚丽首先让人想到的是鸟儿色彩斑斓的羽毛。

许多色彩斑斓的鸟都用来表示太阳，尤其是在北半球：古埃及的凤凰、美索不达米亚的安祖、中亚的狮鹫、俄罗斯的火鸟、波斯的呼玛、犹太的弥尔察姆、土耳其的科科斯、阿拉伯的大鹏、近东的西摩格、中国的凤凰、日本的凤凰——这些还只是少数。此外，还有数百年来无数旅行者描述过的“天堂鸟”，它们主要栖息在亚洲的森林里。“天堂鸟”大都身形庞大、力大无穷且充满智慧，它们的毛色灿烂。它们身上显示出的相似之处让民俗学家既着迷又深感挫败。

这些鸟的故事很可能是独立产生的，当它们被复述的时候，偶尔会从别的鸟身上借鉴主题。我们无法精准追溯这些神话中的鸟在民间的演变过程，但从直觉上来说，旧世界的鸟似乎可以分为两大类：凤凰和狮鹫。两者都是太阳的化身，只是代表了太阳的不同状态。凤凰以其飘逸的羽毛、灿烂的颜色和充满力量的飞行姿态代表着黎明和傍晚的太阳；狮鹫以其巨大的力量、原始的质朴和庄严的静止代表着正午的太阳。

凤凰

在古希腊版本中，凤凰（phoenix）是贝努鸟（Bennu），它与古希腊的太阳神“拉”有着密切联系，拉的大神殿位于赫里奥波里斯。在象形文字中，贝努鸟通常被描绘成一只苍鹭，有时它栖息在金字塔的顶端，象征着它是永恒生命的载体。在埃及《亡灵书》的一个版本中，贝努鸟被描述为“记录现在和将来之事的书的神灵”。[4]《亡灵书》是一本关于灵魂去往阴间的旅行指南，大约可以追溯到公元前两千纪的中期。

早在赫西俄德的时代，希腊文学中就有一些提及凤凰的内容，但最早详细描述了凤凰并确立它在西方文化中重要性地位的文献，是公元前5世纪的历史学家希罗多德的著作。他描述凤凰长着金色和红色的羽毛，外形很像鹰。他说这种鸟生活在阿拉伯，能活500年。希罗多德关于凤凰的描述听起来相当混乱，就连他本人也表示很不可信。据他描述，凤凰每隔500年才会出现，也就是老凤凰去世的时候。老凤凰的孩子会做一个巨大的没药球，把老凤凰装在里面带到埃及，存放进太阳神庙里。[5]

那么新的凤凰会从这个球中孵化出来吗？几乎所有希罗多德的读者都是这样想的，但他实际上并没有这么说。如果有一只年轻凤凰把死去的父亲装进球里，那么它是否还应该有一个母亲？又或者说凤凰永远不会繁殖，因为它永远不会死亡？当这只年轻的凤凰到了500岁的时候，它又会怎么样呢？这只凤凰是不是也有个孩子，会带着它去赫里奥波里斯？为什么500年里凤凰只出现一次，而不肯多出现几次呢？

这位著名历史学家的困惑很可能帮助人类建立了凤凰的神话，因为这迫使后来的作家填补空白、简化故事。希罗多德描述的没药球让人联想到毛虫的茧，蝴蝶破茧而出——这可能是最古老也是最普遍的复活的象征。后世对这个故事的复述更清楚地揭示了其中隐含的重生主题。对于希罗多德的继承者来说，只有一只凤凰，它是父亲、孩子和母亲的结合。在它漫长的生命结束时，凤凰创造的不是蛋，而是一个柴堆，它在柴堆上献祭自己，再从灰烬中重生。

凤凰被罗马和希腊晚期的古代作家越来越频繁地提及，于是它逐渐变得更加程式化且充满象征意义。作为复活的象征，凤凰的变体进入了犹太文化、基督教和伊斯兰文化。弥尔察姆（Milcham），也就是犹太的凤凰，是唯一听从上帝的命令不吃生命之树果实的动物，因此它得到了永生作为奖赏。西摩格（simurg），也就是阿拉伯的凤凰，能活2000年，它平静地坐在知识之树下面。科科斯（kerkes）是土耳其的凤凰，能活1000年，随后它会在火中自焚，借此恢复青春，它一次又一次地这样做，直到时间的尽头。每一次科科斯重生时，阿巴贝树上就长出新枝叶，阿巴贝是《古兰经》中的智慧树。火鸟，也就是俄罗斯的凤凰，它守护着永生的金苹果。凤凰，或者说中国的不死鸟，从太阳中诞生，它无须进食，只靠太阳光线就可滋养自己。日本凤凰只出现在新时代的开始之际。对炼金术师来说，凤凰代表硫黄元素，是火药的主要成分，与太阳相对应。西方的凤凰是基督的象征，因为基督也死而复生。13世纪晚期的一个动物寓言曾这样描述圣保罗："他像真正的凤凰一样进入茧中，使茧中充满了他殉难的气息。"[6]

华莱士·史蒂文斯（Wallace Stevens）在诗作《纯粹存在》中写道，一只鸟在一棵棕榈树上歌唱，这棵棕榈树生长在一个非常遥远的地方，几乎超出了思想的范畴。诗人总结道：

> 风缓缓刮过树梢。
> 火焰缠绕的鸟羽飘浮而下。[7]

这只鸟有着色彩鲜亮的羽毛，显然是凤凰，但它全然是精神化的，因此不被提及名字。

狮鹫

由于凤凰和狮鹫的形态变化万千，人们不能从解剖学上区分二者。但是如果给我们一张神话中的鸟的图片，我们通常很容易凭直觉判断出画的是哪一种。通常，凤凰在飞行时会展开翅膀，身体呈优雅的曲线，长长的尾羽华丽地拖在身后。相比之下，狮鹫通常一动不动地站着，最多就是迈着庄严的步伐行走。即使它偶尔飞起来，其姿态也主要是强调力量而非优雅。

从本质上说，狮鹫是狮子和鹰的组合，二者本身都是可以代表太阳的动物。狮子之所以和太阳联系在一起，是因为它力量强大，毛色近乎金黄，而且它的鬃毛像阳光一样在脸周围延伸。鹰也是如此，它体形庞大、眼神锐利，飞行时的姿态充满力量。太阳似乎统治着天体，因此狮子被称为“百兽之王”，而鹰被称为“百鸟之王”。最常见的狮鹫形象被描绘成有着鹰的翅膀、头和前腿，狮子的躯干和后腿，但也有无数的变体。有时它的脸上会发出光线，像阳光一般的光晕。

狮鹫是所有幻想动物中最古老的一种，在埃及和近东地区有许多类似生物的痕迹。也许最古老的类似生物是苏美尔人的伊姆杜吉德（Imdugud），在亚述-巴比伦文化中被称为安祖（Anzu）。这是一种长着尾羽和巨大翅膀的狮子，它们扇动翅膀时会产生旋涡。它从众神那里偷走了命运牌，但最终被尼努塔尔神杀死。像后来的狮鹫一样，它更多地出现在视觉表达而不是叙事之中，它装饰了许多古老的建筑。

我们熟悉的狮鹫形象大多来自古典时期的希腊。希罗多德曾说过，在遥远的北方有一只狮鹫守护着金子，眉心长着一只眼睛的阿里

葛饰北斋，《凤凰》，1844。凤凰是多种生物的混合体，有鸟的特征，也有蛇、长颈鹿、鹿、乌龟和鱼的特征。它很少出现，每次出现总象征着新时代开始。

凯特·尼尔森，为《格林童话》中的《杜松树》所作的插图，1913。男孩的姐姐按照仪式要求放置了男孩的骨头，他的骨头便重生为杜松树上的一团火，火焰是鸟的形状，像极了凤凰。

12世纪动物寓言集中的狮鹫的彩图。书中写道狮鹫生活在极北山脉（在遥远的北方，可能是苏格兰和爱尔兰），特别强调它们很凶猛，声称它们能撕碎人和马。

马斯平人经常试图从它们那里偷金子。[8]传说提到它们栖息在戈壁沙漠，那里确实蕴藏着黄金和恐龙骨骼，这些可能是神话的灵感来源。狮身人面兽起源于埃及，也是一种代表太阳的动物，希腊的狮身人面兽类似狮鹫，有鹰的翅膀、狮子的身体和女人的脸。

中世纪时，亚历山大大帝的冒险传奇故事非常流行，提到了这位希腊征服者如何捕获了两只巨大的白鸟，并用轭将鸟拴在牛皮做的篮子上。接着亚历山大爬进篮子里，被它们拉着飞到了天堂。这时一位天使出现，警告他说：“亚历山大啊，你还没有占领整个地球，现在你还想探索天空吗？尽快回到地球，否则你会成为这些鸟的食

黄铜水罐，纽伦堡，约1400年。这只狮鹫看起来格外安详、高雅、沉稳，非常符合它作为纹章动物的身份。

物。”这些鸟在故事中没有明确的身份，但当时的插画家把它们描绘成狮鹫。[9]

狮鹫在西方纹章中是皇室和贵族的普遍象征，纹章可能是我们能看到的狮鹫形象最多的地方。骏鹰（hippogriff）是意大利文艺复兴时期肖像的一种变体形象，与传统的狮鹫很像，只是它的后腿像马，而不像狮子。据说它是狮鹫和母马结合的产物，象征着基督——既是人又是神。在英国的纹章中，狮鹫通常采用鹰头狮尾的形式，鹰头、狮身、骆驼尾，有的有翅膀，有的没有。在但丁的《天堂篇》中，一只狮鹫出现在炼狱山顶的游行队伍中，拉着天主教胜利的战车。

从19世纪后期至今，纹章的衰落让狮鹫有了一种新的活力，因为它已经逐渐从象征主义的领域转移到幻想的领域。在早期的文学作品

《家事大师》，狮鹫，德国，15世纪末。作为一种与国王有关的动物，狮鹫通常被描绘成步伐庄重安稳的模样。

狮鹫，汉斯·伯格梅尔，16世纪早期。在纹章中，狮鹫比任何幻想生物都更常见，且高度程式化。

中，狮鹫很少说话（与许多传说中的动物相反），因为它似乎远在人类之外。它所象征的存在是如此的强大，除了神秘的预言，它的任何言语都不免令人失望。当狮鹫被剥夺了一部分崇高的含义之后，它回到了现实。在刘易斯·卡罗尔的《爱丽丝梦游仙境》中，狮鹫一开始显得很粗鲁，但后来俨然是个和蔼可亲的生物，还会与素甲鱼愉快地跳舞。[10]

大鹏

许多到中亚的旅行者都听说过一种叫大鹏（roc）的鸟，在民间传说中它可能与狮鹫有关。它会从空中猛扑下来，用爪子抓住大象，然后带着它飞走。摩洛哥人伊本·白图泰（Ibn Battuta）可能比之前的任何探险家都要走得远，他曾在14世纪中期穿越非洲和亚洲。他写道，有一次，海里突然出现了一座地图上没有的山，强风似乎把他的船径直吹向那座山，他的水手们都准备好了迎接死亡。但第二天早

约翰·邓肯,《赫普图告别奥布城》,1909。约翰·邓肯是一位深得前拉斐尔派传统的苏格兰画家。这幅画可能是纯粹的幻想,并没有讲述任何故事。赫普图的坐骑是狮鹫,但不符合任何纹章的模式图。

晨，风浪平静下来，这座山竟然升上了天空，他们看到了一只大鹏鸟。见此情形，船上的人开始互相进行最后的告别，但是风改变了方向，把他们的船吹走了，大鹏没有注意到他们。[11]

《一千零一夜》中有几次提到大鹏鸟，大鹏鸟们用大象喂养幼鸟。水手辛巴达在中国南海航行时，遇到了一座有着闪闪发光的白色圆顶的岛屿。他的船员打破这座岛的外壳，里面是一只大鹏鸟幼鸟，他们将其杀死并宰杀为食。他们尽可能多地吃掉猎物，然后回到自己的船上，但雌大鹏鸟和它的伴侣各自抓着一块巨石跟在水手们的后面。一只大鹏把石头扔进水里，掀起巨浪，另一只大鹏的石头砸中了船舵，所有人都掉进海里。辛巴达抓住了一根木头设法活了下来，随后他漂到另一个岛开始了下一段冒险。[12]

在《阿拉丁》的故事中，主角赢得了美丽的公主巴卓尔巴朵儿的芳心并与她结婚。一个强大的神仙帮助阿拉丁为公主建造了一座宏伟的宫殿，阿拉丁只需摩擦一盏神灯就能召唤来神仙，也就是阿拉伯的精灵。有一天，公主向阿拉丁要一只大鹏的蛋，让他挂在王宫大厅圆顶的天花板中央。阿拉丁认为这只是一件小事，就擦了擦神灯，向精灵索要大鹏鸟的蛋：

> 精灵发出一声骇人的呼喊，整个房间都被震动了，阿拉丁摇摇晃晃，险些从楼梯上摔下来。“什么，你这个可怜虫！”精灵叫道，那声音即使是最自信的人听了也会吓得瑟瑟发抖。“我和我的同伴们为您做了一切，难道还不够吗？可是您却忘恩负义地要我把我的主人带来，把他吊死在这圆顶的正中央？”

威廉·哈维，“大鹏鸟叼走大象”，为爱德华·威廉·莱恩翻译的《一千零一夜》所作的插图，1834。这幅图中描绘的大鹏有着长且飘逸的羽毛，可能是受了中国凤凰的影响。

爱德华·朱利叶斯·德莫尔德为《一千零一夜》所作的插图，1924。此图中的大鹏鸟结合了鹰和猫头鹰的特征。根据写于13世纪晚期的《加兹温百科全书》，大鹏鸟可以“像风筝带走一只老鼠一样轻松”地带走一头大象。

亚瑟·拉克姆，阿拉丁故事的插图，选自《亚瑟·拉克姆童话集》，1933。在故事里，可怕的神仙不仅被赋予了鸟的翅膀，而且还做出了鸟的姿势，可能是因为它与大鹏鸟有所联系。

但精灵没有杀掉阿拉丁，因为它知道这个要求最初并非阿拉丁或他妻子的本意，而是来自一个邪恶的魔法师。精灵离开了，再也没有回来。[13]后来阿拉丁杀死了伪装成圣女的魔法师，他和巴卓尔巴朵儿公主继续幸福地生活，但再也没有神奇事件发生了。这使得大鹏成为这本神秘故事书中最后的，可能也是最大的谜团。

雷鸟

雷鸟（thunderbird）和大鹏有很多相似之处，这表明许多民间传说中的巨鸟或许都可以追溯到远古时代的同一个神话。巨型神鸟和雷鸟之间甚至可能存在一种遥远的民间联系——雷鸟出现在大平原的诸多美洲土著部落的神话中。1675年，雅克·马奎特（Jacques Marquette）在美国伊利诺伊州密西西比河岸附近的一块岩石上发现了一幅巨画，画的是雷鸟的一种变体。当地人是这样描述的：

> 和小牛一样大，头上长着鹿一样的角。红色的眼睛，眼神可怕。胡须好似老虎，脸却像人类。身体长满鳞片，尾巴很长，能环绕整个身体，从头上绕过去，盘在腿间。[14]

传说雷鸟能抓起鲸鱼，这和阿拉伯传说中大鹏能抓起大象很相似。它扇动翅膀就能引起风暴，眨眨眼睛就能放出闪电，它的脚爪上抓着蛇，蛇落下时，就成了闪电的分叉。

雷鸟有着鹿角以及长鳞片的曲盘的身体，这和中国龙有些许相

美国伊利诺伊州比萨河附近的一幅史前岩画，这是一只长着鹿角的巨鸟。这种鸟的原型与美洲土著向探险家雅克·马奎特描述的雷鸟非常相似。

19世纪木刻版画的鹰人，祖尼人的战神。很多美国原始部落都有自己的鹰人形象，它可能是怪兽，也可能是神灵。

雷鸟，卡伦·卡拉韦根据阿尔伯特湾夸扣特尔人的仪式上所用的布帘图案绘制的雷鸟。每个部落对雷鸟的描述都大不相同，但它一定是暴风雨的化身。

似，而且它们都和风暴有着紧密联系。但是在旧世界神话中，与雷鸟等同的生物应该是宙斯的巨鹰，它或许就是雷神的早期形象。这只鹰有时会出现在罗马的硬币上，携带着雷霆闪电。和北美的近亲一样，它也和风暴关系紧密。

鬼

日本是很容易受到地震、台风、海啸等自然灾害袭击的国家之一，但从木刻版画到俳句，许多艺术载体所反映出的日本人的自然观都是充满山水诗意的。造成这种矛盾的主要原因是天灾往往被归因于超自然力量的干预，而非世界的自然现象。日本民间传说中的恶魔、食人魔、小鬼和其他精灵的数量非常丰富，用一位研究神话的学者的话来

河锅晓斋，怪物，19世纪70年代或80年代。河锅晓斋被称为日本的博斯。他在政治上充满反叛精神，用虚构的艺术来讽刺日本社会的日益死板、官僚。

葛饰北斋，皿屋敷，1830。这个幽灵是个名为阿菊的女仆，故事是这样的：她因为拒绝了老爷的无礼之举而被扔进了井里。在19世纪，日本文化普遍显现出对怨灵、精灵、恶灵的恐惧，阿菊绝对是最早出现的一位。

河锅晓斋，《鬼怪》的细节，1881。晓斋充满幻想的绘画风格持续不断地影响着后世的图像小说和漫画作品。此处，画面中间的红色生物似乎用它唯一的一只大眼睛盯着我们。

说，它们在“范围、多样性和怪异”方面是“无与伦比的”。[15]

其中最可怕的精怪就是鬼（oni）。日本的鬼大都是人形，但往往头上长角，还有着獠牙和血盆大口。它们的皮肤有各种颜色，最常见的是黑色、红色、蓝色和黄色。有些鬼在额头正中生着第三只眼睛。它们腰上围着虎皮做的缠腰布，身上肌肉虬结、十分粗糙。鬼通常生活在很不适合人类居住的偏远山区，但是据说它们会进入城市绑架人类，尤其是年轻女孩，它们会折磨这些女孩并最终吃掉。鬼的角色在数百年间不断演变。在现代，日本人的生活变得安全富足，鬼有时就成了孤独的社会异类的象征并受到同情。但学者们认为，鬼是最具破坏力的元素的化身，比如雷电。[16]

每当鬼怪出现、消失或变身时，总是伴随着意外。有一个主角为武士渡边纲的著名故事。在这个民间故事中，渡边纲在京都附近的一座桥上遇到了一位年轻女子，她自称迷路了，请求渡边带她回家。渡边同意了，当他帮助她骑上自己的马时，女子突然显出原形——她是一个名叫茨木的女鬼。茨木抓住渡边的发髻，拉起他一起升到空中，打算把这位武士绑架到一座遥远的山上。渡边抓住自己的刀，猛地砍断了茨木的一条胳膊。她尖叫着飞走，丢下了那条胳膊和渡边纲。后来，渡边的姨母来到他家，要求查看被切断的鬼手。他同意了，让姨母看了装鬼手的盒子。老妇人立刻变成了茨木，但是她现在只剩下了一条胳膊。她不愿意再和渡边纠缠，只是抓起被切断的手臂飞走了。[17]

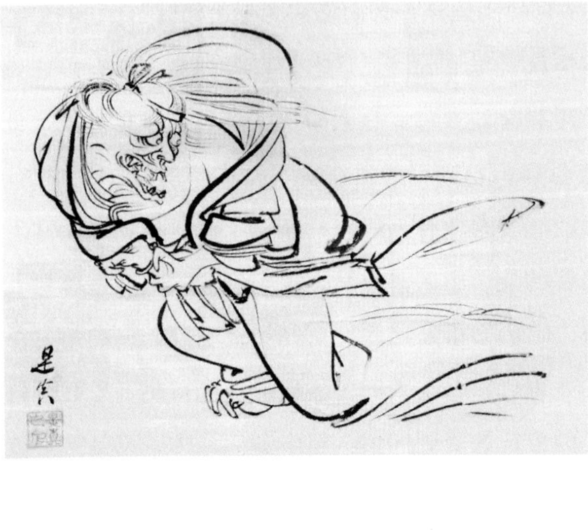

柴田是真，《恶鬼茨木》，1890。渡边纲砍掉了女鬼茨木的手臂，于是茨木变成渡边纲的姨母，让他展示一下那件战利品。画家的笔墨捕捉到了茨木抓起自己的手臂仓皇而逃的神态。

火蜥蜴

火很丰富，这就是为什么希腊人有好几个火神：工匠之神赫菲斯托斯，给人类带来火焰的普罗米修斯，女灶神赫斯提亚，太阳神赫利俄斯和阿波罗，此外还有无数的火魔。根据希腊的传说，宙斯在打败了巨蛇提丰之后，把这个怪物放在了埃特纳火山下面，山顶喷出的火就是它的气息。西方文化中的喷火龙形象可能部分受到了火山的启发。毫无疑问，也受到了许多爬行动物的分叉的红色舌头的影响，它们的舌头像火焰一样在嘴里忽隐忽现。

有些关于龙的传说也受到了欧洲火蜥蜴（salamandra）的影响。火蜥蜴有着黑色的身体，皮肤上布满形似火焰的不规则黄色条纹。它在枯木中冬眠，因此经常在火炉中惊醒。火蜥蜴眼睛后面的腺体会释放一种乳白色液体，这种液体有时能提供一定保护，使它能穿过火焰到达安全的地方。这些特质使得欧洲火蜥蜴非常接近于龙。尽管东西方的龙在许多方面有所不同，但它们都与火焰有着密切的联系。一些西方的龙，比如杀死英雄贝奥武夫的龙，会喷火，而中国的龙会喷云（云可能以闪电的形式包含着火），火焰环绕着它们的脚爪。

和文艺复兴时代的很多作者一样，爱德华·托普塞尔（Edward Topsell）用一种相对现代的分类法描述了中世纪传说中的生物。他是这样写的：

> 有些龙有翅膀没有脚，有些龙有脚却没有翅膀，还有一些龙既没有脚也没有翅膀，它们与普通的蛇的区别只在于它们头上长

火蜥蜴，1687。列奥纳多·达·芬奇在自己的笔记中写道，火蜥蜴“没有消化器官，它不吃任何食物，只吃火焰，它在火焰中不断长出新鳞片”。

着冠子，脸颊下面长着胡须。[18]

他非常详细地描写了大部分的龙，但不同寻常的是，他对火龙兽（fire drake）的结构只字不提。这是盎格鲁-撒克逊民间传说中的一种生物，据说它住在山上的洞穴里，用蝙蝠的翅膀飞行。托普塞尔只注意到火龙兽从远处看像一颗流星，它呼出的气是一道火焰。[19]换句话说，它就像是一颗彗星——也许托普塞尔与占星家和炼金术师都相信，行星和其他天体是有生命的。

在飞机和太空旅行出现之前，人们只能仰望天空去认识天上的领域，而飞鸟只会以大概轮廓的样子出现。它们的相对大小很难判断，距离就更难判断了。云层反射的光线和潮湿空气折射出现的图案很容易让人联想到凤凰的尾羽或龙的鳞片。但人们真的相信这些生物的存在吗？我认为，人类以一种超越信仰和怀疑的方式直接体验到了这些奇妙动物的存在。简单地说，他们很少会问自己看到的是不是“真实的”。

有火蜥蜴图案的纹章，弗朗索瓦一世的象征，法国。纹章上还有他的格言“养育与毁灭”，意指火焰既能净化事物又能破坏事物。

桑德罗·波提切利，《维纳斯的诞生》，约1485年。这幅画描绘了赫西俄德的故事：阿芙洛狄忒/维纳斯是被阉割的乌拉诺斯的精子落入大海后诞生的。这个暴力的故事被文艺复兴时期的新柏拉图主义精神化了。当西风泽费罗斯把女神吹到岸边时，一个仙女急忙为她披上衣袍；当她行走时候，脚边立即生出花朵。

10

土地中的生物

CREATURES OF EARTH

我发现把地球想象成一种生物会很有道理……
目前为止我还没想到任何具体的动物，但是
土地一定是某种巨型生物，如大象或鲸鱼。最近，
得知全球变暖后，我觉得地球应该是一头骆驼。
——詹姆斯·洛夫洛克，《盖娅的复仇》

赫西俄德的创世神话，如第8章所详细描述的那样，与现代理论有些奇妙的相似之处，它展示了地球在不断变化，变化的过程中出现了山脉、地震和大陆。这比《圣经》中上帝在一天内创造了世界的描述更接近现代科学。直到18世纪末期，经过了苏格兰地质学家詹姆斯·赫顿的深入研究，现代世界才清楚地认识到地球的动态性质。受赫西俄德著作启发，20世纪的科学家詹姆斯·洛夫洛克（James Lovelock）提出了他所谓的“盖娅假说”（Gaia hypothesis），即地球像一个生命体一样可以调节温度，所有的生命都是由它所创造的动态平衡的一部分。[1]

何为土地？

英文的“人类”（human）一词来自古法语，它的源头是拉丁语humanus，这个词的意思是“土地”，和“人类”有紧密联系。另外它也和“卑微”（humble）一词有关。“卑微”和它最初的意思相去不远——我们人类属于大地，因此与不朽的神相比，是容易腐烂的。还有一个表示人类的词是“凡人”（mortals），这个词现在看来有点不合时宜。《圣经》中关于创世的记载和许多其他神话，包括黑脚人、约鲁巴人、迪雅克人、埃及人、中国人和波利尼西亚人的神话都告诉我们，人类和动物最初是由泥土或黏土制成的。[2]富含有机物质的黑土是原初物质（prima materia）的材料，根据炼金术师的说法，宇宙是由这种原初物质创造的，也许它就是今天物理学家假设的“冷暗物质”的隐喻基础。

我们总是试图清除身上的污垢（dirt），我们的脸上和手上总会积累污垢。它是腐烂生物的产物，可能含有腐烂植物、肉甚至粪便的微弱恶臭。dirt这个词可以指恶意的八卦，而形容词dirty通常指腐败的。然而从远古时代起，人们就认识到泥土（dirt）或土地（earth）是生命的来源。用帕拉塞尔苏斯的话来说：

> 当春天和夏天接踵而至，所有的色彩都发芽了，没有人会怀疑它们在地球上的存在……正如最高贵和最精致的颜色产生于这黑色、肮脏的土地一样，各种各样的生物也从最初只是无形且污秽的原始物质中产生出来。[3]

森林或田野的表层土壤中充满了生命，即使在冬天也是如此。其中包括穴居哺乳动物，如土拨鼠、狐狸、鼹鼠等，还有各种各样的啮齿动物。数量更多的则是蠕虫、蛇和蜈蚣。还有昆虫，尤其是甲虫和蚂蚁，以及蜘蛛和其他蛛形纲动物。许多生物在土壤中留下卵或幼虫，它们往往很难与腐烂的物质区分开来。对于以前的观察者来说，这种生命似乎是由有机物的衰变产生的，从更广泛的意义上说，的确如此。

“下界”的生物是指那些与地球表面之下的王国有关的生物。这些生物不仅包括“令人毛骨悚然的爬行动物”，还包括蝙蝠和其他穴居生物。所有夜行性的、黑色的或以腐肉为食的动物都可能出现阴暗面——乌鸦、蝙蝠、猫头鹰——它们与黑暗有关，因此与死亡和腐烂的尸体有关。各种奇怪的生物在尸体里钻洞，啃食尸体，这为在地狱中丢失灵魂的恶魔提供了示范。然而，土壤滋养着庄稼，充满了有机物质，看上去几乎就是充满活力的。

蜘蛛女

宗教历史学家米尔恰·伊利亚德（Mircea Eliade）提出了一个他认为在世界各地都能找到的神话模型，内容是：英雄在动物灵魂的指引下进入地下世界进行一场萨满式的旅行，寻找治愈力量、秘密智慧，甚至是起死回生。他从西方传统神话中的吉尔伽美什、奥德修斯、俄耳浦斯、埃涅阿斯、基督和但丁等人物身上看到了此类角色的变体。[4]但另外一个更好的例子应该是文化英雄提约（Tiyo），霍皮人和美国西南部的其他几个印第安人部落都流传着提约的故事。

为了给干旱的土地带来雨水，提约顺着科罗拉多河的一条小溪来到了蜘蛛女（Spider Woman）在地下的家，蜘蛛女以人类的模样向他打招呼并和他做了朋友。然后，蜘蛛女变成了一只小蜘蛛在他耳边轻声呼唤，说要和他一起探索灵界。在蛇之国，提约娶了蛇女特库阿玛纳。后来带回了大量魔法，包括一个能带来降雨的仪式。他将魔法教给自己的同胞，并建立了蛇族和羚羊族。提约和特库阿玛纳的孩子会撕咬其他氏族成员的后代，用毒液杀死他们。当其他部落的人离开后，提约、特库阿玛纳和孩子们回到了下界。提约想与自己的同胞团聚，同胞们恳求他去打败死神马萨乌，因为马萨乌总是变成怪兽在土地上肆虐。提约战胜了马萨乌，二人讲和，随后马萨乌变成了一个年轻人。此后，特库阿玛纳和提约有了更多的孩子，那些孩子是无毒的。直至今天，他的部族中的蛇祭司依然用舞蹈来纪念这对夫妇。[5]

蜘蛛女仍然是霍皮人和纳瓦霍人在危急时刻首先求助的神。传说她会教部落的妇女们织布，她的织布机是用天空之物制成的，线中有阳光、闪电、水晶和白色贝壳。据说她的家是一块被称为蜘蛛岩的砂岩巨石，位于现在的美国亚利桑那州切利峡谷国家公园的纳瓦霍保留地。她既神圣又富有同情心、平易近人，大致可以与基督教中的圣母玛利亚或佛教中的观音相提并论。

我们该如何想象蜘蛛女的形象呢？在西方传说中，人们认为物种是相互排斥的，所以蜘蛛女的双重身份意味着她有一个混合模样，就像半人马的腰部以上是人，下半身是马。在希腊-罗马神话中，阿拉克涅因为编织功夫比女神密涅瓦还要好而被变成了蜘蛛，她常常被描绘成长着人脸和手臂的蜘蛛。然而，印第安神话中的蜘蛛女并不是“混血儿”。相反，她完完全全是人类，同时也完完全全是蜘蛛。印第安人把她简单地描述成女人或蜘蛛，并假设她表现为两种身份中的某一种形式。

何谓“人类”？何谓“动物”？何谓“植物”？当代生物学家的技术定义在这里没有什么意义，因为它们无法解释这种区别在几千年来的文化重要性。最明显的区别是，除了少数例外，植物都与地球直接相连，有点像婴儿通过脐带与母亲相连。

早在亚里士多德的时代，西方文化中的大多数人都认为动物有某种早期意识，而植物没有。尽管如此，通过延时摄影观察植物，往往会发现它们的运动和动物或人类的运动一样具有目的性。它们试探性地探索新的领地、与竞争者搏斗、绕过障碍物以获得阳光，这些明显经过考虑的行动可与任何哺乳动物的行动相媲美。用大卫·爱登堡（David Attenborough）的话来说：

> 植物以各种不同的方式招募动物作为种子的载体——它们贿赂、欺骗、自我牺牲，或者索性直接胁迫。如果你从世界上任何一处茂密的灌木丛中走过，就会发现自己也被植物利用了。你的裤子、裙子、袜子、运动衫，都有可能携带了种子……[6]

菟丝子是一种与牵牛花有亲缘关系的杂草，它能迅速来到番茄或其他可能寄生害虫的植物附近，通过萌发新芽来先发制人地扼杀其他植物。植物似乎不同于动物，因为它们对刺激的反应要慢得多，但最近的研究对这个差异提出了质疑。当昆虫在叶子上产卵时，叶子和茎会立即释放出毒素，甚至改变它们的化学成分。难怪很多养着室内植物的人会和它们说话！[7]植物似乎在大地和动物之间起着中介作用，因而也在生与死之间起着中介作用。许多传说提到，有人住在从坟墓里长出来的花、藤或树上。古希腊和古罗马的毕达哥拉斯学派不吃豆类，他们相信豆类中含有人的灵魂，这可能是因为豆类的外观很像胚胎。

植物和动物之间的亲缘关系对原住民来说似乎相对明显，但对西方人来说就不那么明显了，尤其是对于现代西方人。我认为这一问题不需要用抽象的哲学来解释，而要用当代生活中日益迅速和精心安排的生活节奏来解释。过去人们的生活节奏截然不同，他们习惯于在植

弗雷德里克·莱顿，《珀尔修斯和安德洛墨达》，1891，受前拉斐尔派影响，莱顿将珀尔修斯和他的飞马珀伽索斯进行了非写实化的处理，用来代表太阳，又用翅膀挡住光线的龙代表大地。安德洛墨达失去了意识，而男主角似乎真的要让她起死回生。

物的生命中观察到渐进的变化。绝大多数以务农为生的人都是这样，他们观察细微的变化从而确定何时应该收获、何时应该播种。

世界各地的抽象设计图案或是以直线和圆等规则的几何形式为基础，或是以植株、叶、根、茎的曲线为基础。这些图案出现在偏僻角落和闲置空间里，我们的眼睛在这些地方寻找消遣——科林斯式圆柱的柱头、希腊花瓶的边缘、剑柄、印第安人的毯子、中国的瓷器以及中世纪手稿的空白处。它们也出现在世界各地的房屋、宫殿和礼拜场所的浮雕上。

这些图案的特点是几乎完全抽象，它们蜿蜒的线条往往会组成一些怪诞形象。它们的特色是有规律的枝叶图案，动物和人类形象出现在其中。蛇、龙和鸟的身体交织在复杂的网络中。人和动物的头像浆果一样从茎上长出来。马、猴子和海豚像花朵一样从树枝上萌芽。[8]在不受宗教和社会习俗严格约束的地方，动物和植物的区别就会不那么明显。

在伊斯兰世界里，现实主义艺术受到宗教的禁令约束。他们不得造像，于是花卉图案设计发展达到了鼎盛。弯弯曲曲的葡萄藤和圆润的果实在近东的沙漠里显得格外奢华。蜿蜒的线条构成了植物和动物的形象，同时又足够抽象，以避免冒犯宗教情感。有几个东方传说最初可能是受到了花卉设计的启发——藤蔓和树木上长出活的头，就像水果一样，通常是人头，有时也是动物的头。对植物形式的迷恋迅速向西传到中世纪的欧洲，向东传到印度和中国。[9]

那些模糊了动物和植物的界限的民间生物，往往是所有幻想生物中最离奇的，也是最想让人分类的生物。有一个重要传说的灵感来自藤壶，这是一种小型海洋生物，它会附着在固体表面，如船的木板、鲨鱼的侧面或软体动物的壳上。除了向外的那一面，它的四周都长出了保护性的外壳，并通过一种通常被称为“足”的器官将营养物质推入口中。生物学家现在将藤壶归为甲壳类动物，与螃蟹和龙虾有亲缘关系，但从外观上看，它与其他任何生物都没有明显的相似之处。

中世纪时期，掉进水里的树干和树枝上寄生的藤壶启迪众人们发明出了“藤壶鹅”这种东西。木头上的藤壶被认为是藤壶鹅的芽，它生长、成熟并逐渐长成鹅的形状。鹅们只用喙挂在树枝上，成熟后就掉到地上，找到水之后就会游走。简单来说，它们就像桃子或者樱桃，只不过这次长在树上的是大白鹅而已。这个故事让天主教徒将鹅归类为鱼，于是吃鹅肉便可以不受“星期五不吃肉”这条规定的限制。伊丽莎白一世时期的伟大园艺师约翰·杰勒德在1597年的《大花园》一书中对藤壶鹅进行了详细的描述。[10]

如果连鹅都能长在树上，那还有什么不可以呢？约翰·曼德维尔爵士，或者说是某个以此为笔名的作者在14世纪写了一份报告，说当鞑靼人告诉他羊羔长在树上时，他立刻相信了他们的说法，丝毫没觉得大惊小怪，因为他想到了藤壶鹅。有了这种动物，他就可以跟那些声称有奇迹的异教徒们说，他的祖国也有同样伟大的奇迹。[11]

会说话的树

从文明之初，树木就是人类的伙伴，也是人类的对手。随着树木

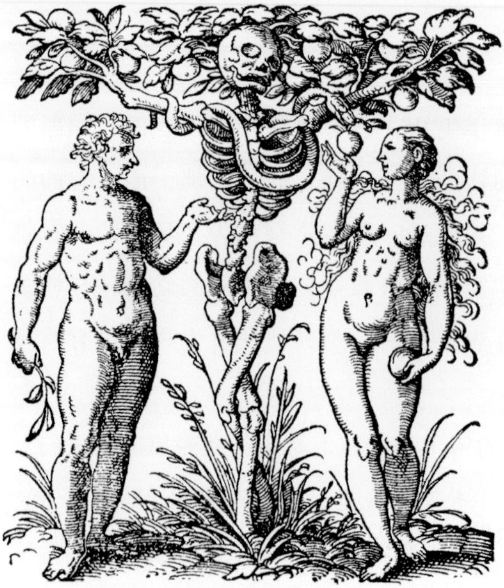

约斯特·安曼,《智慧之树》。树呈现人形，枝干的部分是骷髅，叶子和果实代表肉，蛇则是灵魂。

覆盖的面积越来越大，人们开始砍伐树木，并在树林中建立起定居点，起初是临时的，后来逐渐成为永久性的。人们越来越多地使用木材作为燃料或制造各种工具。我们通常认为森林处于原始状态。这可能是因为在大多数地区，只要土地不被人利用，森林就会持续地恢复。

然而，从某种意义上说，森林并不比沙漠、苔原或草原更原始。北半球温带地区的森林可能很古老，但它们并不是永远存在的。事实上，它们的故事与人类的故事紧密相连。大约在12000年前，随着最后一个冰河时代结束，森林和人类都开始积极扩展活动范围。树木覆盖了以前被苔原或被冰覆盖的大片地区。结果打猎变得更加困难，因为在树林里猎物不容易被看到。人类逐渐开始发展农业和驯养动物。

在植物的世界里，人们总是与树木最接近。和人一样，树也是直

米开朗琪罗·博纳罗蒂，《创造夏娃》，来自西斯廷教堂，1510—1511。请注意，夏娃的身体曲线与亚当倚着的那棵树的曲线完全一致。她就像一棵树一样，从亚当身边长了出来。

立的，虽然有些树的寿命比人长得多，但很多树的寿命通常与人相当——60到100岁。就像人一样，树似乎在它们的区域（森林）里占据主导地位。它们向上的生长行为表明了一种对超越的渴望，许多人认为这是人类最本质和最独有的特征。无论是从实际还是从象征意义上说，火和树木都有着紧密的联系，火通常代表灵魂。在史前时代，一种常见的生火方法是把木头放在一起摩擦。火焰似乎一直蕴含在木材之中，就像灵魂藏在身体里一样。但是，如同人类的欲望，火可能很快会失去控制，吞噬滋养它的树木。

从古代埃及和美索不达米亚的文明时期起，就有很多将树和人的特征结合起来的插图形象，它们常常还长着动物的角。有时，树干上会长出人类的躯干，或者只是长了一张人脸、一条手臂和手。反过来说，树枝和叶子也可能会长成人体形状。这样的形象通常与司掌生育的男神和女神联系在一起，他们一直广受崇拜。[12]

在《圣经》的第一个故事《创世记》中，上帝用亚当的肋骨造出了夏娃，但欧洲中世纪和文艺复兴时期的画家经常描绘亚当躺在地上，上帝比画一个手势，夏娃就从他的身体里冒了出来，像一棵树从泥土里长出来一样。帕拉塞尔苏斯写道："女人就像土地……她是从地里长出来的树，孩子是树上结出的果实。"[13]

许多宗教传说中都有关于"世界之树"的概念，这种大树横贯整个宇宙。在挪威神话中，这棵树就是尤克特拉希尔（Yggdrasil），松鼠拉塔托斯克在树枝间蹦蹦跳跳，在众神、矮人、巨人和其他神灵之间传播流言。在伊斯兰世界里，有许多关于一棵树上挂着太阳和月亮的传说。很多传奇故事讲到，亚历山大大帝在印度边界找到了这棵树。首先，太阳用希腊语对他说话，把他尊为伟大的征服者。然后，月亮用印地语对他说话，预言他即将在巴比伦死亡。[14]这两个天体表情都非常严肃，它们似乎知道，即使是最伟大的君主也必须屈从于命运。

波斯和阿拉伯文学中也有几处提到瓦克瓦克树（Waq Waq Tree），它位于一个偏远的岛屿上，它的枝条上生长着有生命的头，就像水果一般。有些故事说瓦克瓦克树上长着女人的头，还有些故事说它长着大象和公羊的头。[15]在《一千零一夜》中，瓦克瓦克树生长在中国的7个海上岛屿之一的瓦克岛上。瓦克岛位于世界的尽头，岛上有精灵、水灵和魔鬼的部落。树上的人头有男有女，叫着"瓦克！瓦克！"它

J. 奥古斯都 · 克纳普,《世界之树尤克特拉希尔》, 20世纪初。在挪威神话中，宇宙的所有组成都由这棵巨大的白蜡树连接在一起。

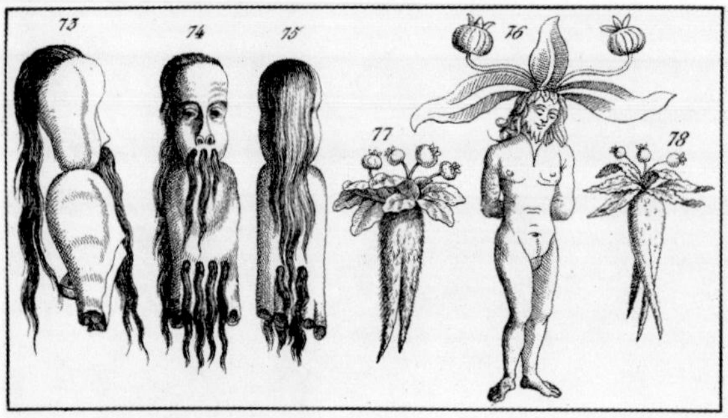

曼德拉草的图画，德国，18世纪。这种人形植物在土里的时候挺安静的，一旦被拔出来就会发出骇人的尖叫。

们在太阳升起或落下的时候赞美上帝。[16]

曼德拉草（mandragora）的传说可以追溯到古罗马时代，在中世纪中期广为流传，据说曼德拉草有着人一样的灵魂。一些故事提到，它只生长在绞刑架下，因为它是由被处决的罪犯的精液、汗水和血液孕育的。它经常被画成一个小男人或小女人的模样，长着一些类似于根的附属物。据说曼德拉草很有药用价值，而且具有魔力，但如果把它从地里拔出来，它会发出可怕的叫声，可以麻痹甚至杀死一个人。相传为了获得这种草，药剂师必须在一个无月之夜来到它生长的绞刑架旁，用蜂蜡塞住自己的耳朵，然后把曼德拉草绑在一条狗的尾巴上，接着吹响小号召唤狗。狗跑开的时候就会把曼德拉草拔起来，此时狗当然会死，但人可以安全地收获植物。在自中世纪以来的插图中，曼德拉草都被画成一个长满皱纹的根，那些皱纹构成了脸和身体，就像一个小男人或小女人。[17]

在文艺复兴时期，最受欢迎的形象是希腊神话中的水仙女达芙妮（Daphne），艺术家们喜欢描绘她变成月桂树的过程。根据奥维德的说法，达芙妮为了逃避阿波罗神的求爱而向她的父亲河神祈祷，随后被变成了一棵月桂树。[18]她伸出双手、枝叶生长的样子看起来十分熟悉且极具标志性，与其说是变形，不如说是人与树的奇妙组合。

17世纪末，苏格兰阿伯福伊尔的牧师罗伯特·柯克（Robert Kirk）说，在地下的某个王国里，植物是有知觉的生物，它们各自有着不同的名字，还能与仙子交流。他写到自己去参加仙子们的舞会："那里的生物看起来更像树而非人类，但它们跳起舞来也一样轻快。另外一些生物的身材矮矮胖胖的，面容粗糙，饱经风霜，它们的脚步虽然比同伴们的坚定，却也同样优雅庄重。"[19]柯克的描述很可能直接或间接地成为J.R.R.托尔金的《指环王》中牧树人（Ent）的灵感来源之一。在托尔金的书中，牧树人是在很久以前由神创造出来的，它们是树木的牧羊人，保护树木免受矮人的伤害。它们强壮而优雅，完美地融合了树木和人类的特征。它们的皮肤像树皮，胡须像一簇簇柔软的假发。然而，它们与人类的联系却要通过缓慢而强烈的凝视才能表达出来，从远古时代开始积累的经验使它们变得有耐心、谨慎而且明智。[20]

玛利亚·西比拉·梅里安，1718。毛毛虫蜕变成蛹，最后变成蝴蝶，这可能是传说和文学中大多数变形主题的典范。对于毕生致力于研究这些昆虫的梅里安和许多同时代的人来说，它们和奥维德的所有作品一样令人惊奇。

11

变形怪

SHAPE-SHIFTERS

很容易把人的脸描绘得像狮子……
但更简单的是，把狮子脸画得像人。
——查尔斯·勒·布伦

基本上在世界各地的民间传说中都能找到变形怪的故事，它们都是基于自然界的事件而创作的。特别是昆虫和两栖动物，在从幼虫到成虫的变化过程中，它们的外表会发生巨大的变化。蝌蚪看起来很像鱼，一点也不像它的最终形态青蛙。蛇不停地蜕皮，昆虫蜕掉外骨骼，大多数植物都是从种子中生长出来的，而鸟类和许多爬行动物则是从卵中孵化出来的。最引人注目的变化是毛毛虫变成蝴蝶，这是形态变化故事的主要模式。

“变形”（metamorphosis）这个词来自希腊语，可以用来指生物的任何转变。它的字面意思是“超越形式”，这个概念以一种超越物质的身份为前提。这个词更古老的意思是指外观上的“神奇”变化，比如女巫变成猫头鹰在夜间飞来飞去。许多民族都有巫师举行变形的仪式，他们进入神游状态，模仿鸟类或其他生物的特征。这种做法可能是世界各地许多变形故事的起源。今天，这个词最常用于指生物学上决定性的结构变化，即有机体从一个发展阶段过渡到下一个发展阶段。这个定义可以追溯到17世纪后期，当时的博物学家和艺术家已经开始对生物进行更加系统和深思熟虑的观察。

研究神话的学者有时会区分“变形”和“转世”（metempsychosis），转世即死亡后灵魂的迁移。如果是转世，这种变化通常是不可逆的。而在神话中，变形往往只是暂时的伪装，例如宙斯变成公牛去诱拐少女欧罗巴。尽管如此，这两个概念的符号表现方式几乎相同。在许多文化中，例如在霍皮人、希腊人和日本人的观念里，蝴蝶都是灵魂的象征，蝴蝶破茧而出是一个能被普遍理解的隐喻，象征灵魂在死亡时离开身体。轮回的信仰存在于印度教、佛教等传统宗教中，也存在于新世纪的信仰中。

另一重自身

非洲大草原上非常权威的秘密结社的成员声称，他们有能力将自己转化成猫头鹰和蛇等动物，但转化的方式和确切原理不会透露给外人。在喀麦隆的乌里人中，这种转化是通过将人的生命力转移到动物身上来实现的。巫师和动物在肉体上是不同的，但他们的行动由同一个意志控制。

乌里人会优先选择和酋长们关系密切的动物进行转化，也就是花豹。这种动物的体形和力量都不如许多其他动物，很多条件都逊于狮子和猎狗，速度也不如猎豹，但它能够融入环境、隐藏身形——换句话说，花豹通过隐身的技巧成功地繁衍了下来。有时，乌里的猎人声称自己伪装成豹子的样子在另一个部落的领土上秘密捕猎。只有在豹子威胁到他们的村落时，乌里人才会杀死它，在这种情况下，他们认为豹子被邪恶巫师的灵魂附身了。[1]

除变形怪以外，动物替身的故事在土著居民中也很常见，尤其是在非洲和拉丁美洲。墨西哥帕恰斯州的泽塔尔玛雅人相信人类并不只有一两个灵魂，而是有4个，有时甚至多达十几个。其中一个灵魂呈人形，它同时存在于一座神山中。其他的灵魂会以任何数量、任何形式出现，从闪电到天主教牧师皆有可能，但最常见的形态是动物，它们可以同时存在。大部分泽塔尔玛雅人声称不知道哪些动物是自己的灵魂，但也有例外。一位老人拥有美洲虎形态的灵魂，他深感自豪，

现代伊比比奥人的面具，面具顶部是一个花豹。豹子以安静且行动敏捷而著称。在这个面具上，它与下方夸张滑稽的面部特征形成了鲜明的对比，后者似乎完全是为了吸引眼球。

并且每年都会与它见面。他会给美洲虎投喂火鸡、和它玩耍，并警告它当心猎人。

泽塔尔人将人体的每个部分都与动物（有时甚至是昆虫）相应的部分联系起来。如果动物受到任何打击或伤害，人类的相应部位也会受伤。有一个故事讲到，某人外出办事时遇到了一些朋友，于是和他们一起喝酒，他喝得太醉了，直到第二天才回家。他的妻子非常生气，拒绝给他做饭。当这个男人出去砍柴时，他看到一只巨大的美洲狮坐在一块岩石上，他认出那是他的妻子。每当他去可以喝酒的地方，美洲狮就会出现在他面前，他逐渐相信这是妻子在吓唬他，让他别再喝酒。一天，一个牧场主射杀了一只美洲狮，结果妻子就和这只美洲狮一起死掉了。在妻子的背部可以看到一个大洞，就像子弹打的一样，和美洲狮被击中的部位一致。[2]

在西方故事中，动物替身非常罕见，但也不是完全没有，而变形怪往往在西方故事中占主导地位。老普林尼曾写道，一个叫阿里斯托厄斯的人在睡觉时可以看到自己的灵魂以乌鸦的形态从嘴里飞出来。[3]从最基本的形式上来说，动物替身的概念应该是直接来源于一种普遍的体验——对另一个物种个体有着亲密的个人认同。可能大多数——甚至可以说所有——传说中的变形怪都来源于人类和动物之间的真实关系所激发的动物替身幻想。随着“自我”的主导概念变得狭窄，人们不再认为自己会同时存在于不同的身体中，变形怪取代了动物替身，成为神话和传说中更常见的主题。

兽人

许多关于变形怪的传说可以追溯到目前报道的兽人（therianthropy，即人变成动物）案例。在案例中，人会相信自己已经变成了狼或其他生物，并做出相应的行为。现在这通常被认为是一种精神疾病，但情况并非总是如此。在许多文明中，战士可能会把自己变成危险的动物，如狼、熊、豹子或美洲虎，以便更勇猛地战斗。为了获得诸如治疗和其他方面的深奥知识，巫师可能会在精神上变成另一种动物。如今在海地伏都教和相关宗教中，信徒会进入恍惚状态，在这种状态下，他们会被灵体附身，有时是动物的灵魂。还有一种日常很少被提及（但确实广泛存在）的国际亚文化——“福瑞控”（furry fans，即喜欢毛茸茸的大动物的人），这个圈子的爱好者认为自己实际上是狼和熊等动物，只是被困在人的形态中，他们通过服装、文身、行为模拟等方式伪装成动物。

豊原周延,《月下清姬》, 1895。少女看到她的情人乘船离开抛弃了她，愤怒和悲伤之余，她变成了一条蛇。变成蛇之后，她就能下水跟着他，完成复仇。

但即使是在古代世界，兽人也常被认为是既可怕又滑稽的，或者至少是有些古怪。这点在古希腊寓言《猫女》中有所体现，据说这篇寓言是智者伊索写的。有几个版本流传至今，以下是19世纪的民俗学家约瑟夫·雅各布斯（Joseph Jacobs）复述的故事，这是个比较高雅的版本：

> 有一次，众神在争论生物是否有可能改变自己的本性。朱庇特说："有可能。"维纳斯说："不可能。"所以，为了验证这个问题，朱庇特把一只猫变成了一个少女，并赐给她一个年轻人，猫女做了年轻人的妻子。婚礼如期举行，这对年轻的夫妇坐下来吃喜宴。"看，"朱庇特对维纳斯说，"她的举止多么得体。谁能看出昨天她只是一只猫呢？她的本性一定变了吧？""稍等。"维纳斯回答，她说着把一只老鼠放进房间。新娘一看，立刻从座位上跳起来，想抓住那只老鼠。[4]

希腊和罗马的变形故事

在希腊-罗马神话中，变形很常见。这个主题对作家们有着特殊的吸引力，也许是因为在一个相对理性主义的文化中，变形是一种幻想的主题。例如在《奥德赛》中，女巫喀耳刻把奥德修斯的同伴们变成了猪。在5世纪，受毕达哥拉斯学派的影响，变形从神话变成了哲学，毕达哥拉斯学派相信灵魂的轮回。苏格拉底在柏拉图的对话录《斐多篇》中指出，贪婪的人来世可能变成狼，愚蠢的人可能变成驴，好公民可能变成蜜蜂。[5]

罗马诗人奥维德（Ovid）在公元8年前后著成的《变形记》（*Metamorphoses*）中讲述了典型的变形故事，戏剧化地表达了他对宇宙不断变化的看法。奥维德的变形故事发生在一个高度结构化的世界里，在那里，神、男人、女人、植物和动物之间有着清晰的区别。这里的转变是突然而明确的，它们标志着宇宙秩序的暂时中止，随后很快就恢复正常。

和许多理智成熟的罗马人、希腊人一样，对奥维德来说，变形几乎总是对某种极端情况的反应，可能是为了应对爱、悲伤、愤怒、恐惧、痛苦或勇敢等。极端情况被认为是对宇宙平衡的挑战，而变形，是有可能控制事态发展的手段。少女阿拉克涅高超的编织技术超越了人类极限，她为此感到骄傲，所以女神密涅瓦把她变成了一只蜘蛛。[6]这里的变形是一种重新调整不协调的现实物质和精神维度的方法。

这种变化有时可能是一种浪漫的神化，就像在奥维德的故事中，阿耳刻悠妮和她溺亡的爱人塞伊克斯以鸟的形式重逢。[7]然而更常见的是，变形是对一个人的身体完整性的蓄意侵犯。在奥维德的许多故事中，人类因挑战神或巫师而受到惩罚，于是被变成动物。猎人阿克泰翁撞见了正在洗澡的黛安娜女神，于是被变成了一只牡鹿。[8]执行这种转变的神有点像公司的经理，他们提拔、降职和调任员工，好让世界能够有效地继续运行下去。

多索·多西，《喀耳刻和她的情人》。女巫喀耳刻的形象可能是以卢克蕾西娅·波吉亚为原型画的。由于拥有传奇般的美貌和家族的权势，卢克蕾西娅发现自己无论是否愿意，都被卷入了宫廷阴谋，在那里，人们往往会失去“人性”。

狐妖

在中国和日本，狐狸变人的故事极为常见。狐狸精常常会抱着恶意或开玩笑的心态吸引男人，但有时也会真心地爱上他们。7世纪晚期有一个中国故事，讲到一位士兵娶了一个很可爱的名为詹氏的女子，后来詹氏向他坦白自己其实是一只狐狸，但出于对他的爱，她答应保持人形。然而，其他动物能认出狐狸少女。有一天在市场上，一些狗闻到了狐狸的气味，开始追赶詹氏。她立即变回一只雌狐，但很快就被抓住并被撕成了碎片。[9]

在东亚的故事中，狐狸有办法让人变得富有——给他们金、银、丝绸、威望，等等。但对于狐狸精来说，这些小玩意儿真的没什么用。狐狸精往往把人们认为理所当然的东西看得很重，比如在地上挖一个简单的洞就可以安居乐业。在16世纪中叶的中国，有一个故事讲到有个男人的妻子和一只狐狸成了朋友，两人达成了一个协议——狐狸会为她偷来任何她想要的东西，作为回报，她会说服丈夫在他们的房子后面堆两个干草堆给狐狸住。这对夫妇变得非常富有，后来他们

安藤广重，《狐妖图》，1840。狐妖就是变成了人类模样的狐狸，但是它们如果照镜子，依然会映出狐狸的模样。

河锅晓斋，《狐狸》，1864。狐妖在“舞狮”，这是在模仿日本节日中的庆祝仪式。

的孙子决定拆除干草堆建造新房子。狐狸生气地对他说：“我让你的家族世世代代享受荣华富贵，如果你背信弃义把我赶走，我就让你重新变得赤贫，你信不信？”年轻人很害怕，所以就没有拆除草堆，而是开始每年堆更多的干草。后来干草堆积成山，他的家庭也成了该地区最富有的家庭。[10]

在东亚的民间传说中，狐狸可以以狐狸的模样出现，也能以人类的模样出现，但它们的灵魂并不会随着外表的变化而发生很大的变化。这是因为狐狸的社会秩序本就与人类的非常相似。像人类一样，狐狸也以家庭为单位生活，它们非常聪明狡猾。在东亚，它们长期与人类生活在一起，在废弃的建筑物或房屋下面经常能发现狐狸。

在日本，据说普通狐狸活到100岁时就会变成狐妖，并获得变成人类的能力。有时能变成老人或孩子，但最常见的是变成年轻貌美的女子。如果男人看到一个女孩独自在森林里行动，就应该想到对方很可能是一只狐妖。如果是的话，对他来说最明智的做法就是赶快离开，因为他不清楚对方的意图——尽管有些狐妖确实是忠实可爱的伴侣。狐妖是稻荷神（Inari）的使者，稻荷神通常被描绘成一只狐狸的样子，可能是雄性也可能是雌性。作为神道教的谷物女神，稻荷神在日本各地有许多神社，通常都靠近耕地，人们会向她供奉食物，尤其是在收获季节临近的时候。

尽管狐妖非常聪明还有法力，但人们通常不太敬畏它们。它们被人吸引，就像人类被它们吸引一样。它们也像人类一样脆弱，不仅是身体上的脆弱，同时是心理上的。它们能够懂得爱、怜悯、愤怒、胜利、怨恨和羞辱。在日本的民间故事中，狐妖不断与人谈判、发生冲突、建立关系，双方通常势均力敌——这是人类武器和技术与狐妖魔法的较量，而聪明才智往往是决定性因素。

12世纪有个日本故事是这样讲的：有个男人在京都遇到一个美丽的女人，他当即就想跟那女人亲热。女人不情愿地拒绝了，还说如果他们亲热，男人就会死。男人一再坚持，她就同意了，并说自己会代替男人去死，但是他必须抄写《妙法莲华经》供奉她。在缠绵一夜之后，黎明时分，她起身拿起男人的扇子说："我说的事情是认真的，你要记住……我会替你死去。如果你想要证据，可以去宫里看看武德殿周围。"男人照她的话去了，他发现一只狐狸死在那里，脸上盖着他的扇子。男人悲痛欲绝，抄写了7份《妙法莲华经》献给了那只狐狸。后来他梦见狐狸来到极乐世界，跻身于众神之间。[11]

犹太教－基督教世界的变形怪

变形怪的故事在古代世界广为流传，但值得注意的是《旧约》/《摩西五经》中很少有相关内容。伊甸园中的蛇在诱惑了夏娃之后经历了某种变形，它从此被迫用腹部爬行。摩西为了向法老展示耶和华的力量，把自己的杖变成一条蛇，此时也是发生了变形。基督教最神秘的是圣餐，在圣餐中，面包和酒成为耶稣的身体和血，这一非凡的事件证明了上帝的力量。

在福音书中，耶稣的肉体死而复生，但除了肉体，这段故事没有提到灵魂。通过圣奥古斯丁等神学家的工作，这种观念从希腊-罗马文化进入基督教。变形的意象在基督教中变得非常重要，尤其是在描述转变的过程中。就像蝴蝶破茧而出，一个人把他或她的生命奉献给基督的过程被称为“重生”（born again）。

奥古斯丁和其他天主教神父都坚持认为动物没有灵魂，更不用说植物了。在基督教时代的大部分时间里，变形的故事大多局限于民间文学。在但丁的《神曲》中，大多数死者都保持着他们生前的形态，不过也有例外。举个例子，自杀的人被变成了树，当树枝被折断时，树就开始流血并说话。因为他们在活着的时候蔑视自己的肉体，于是死后被剥夺了人形。

狼人

在文艺复兴时期，人们普遍认为女巫和男巫会变形，他们可以在夜间变身成猫或渡鸦之类的生物。尤其在16世纪下半叶至17世纪初，法国和东欧掀起了一股关于狼人（werewolf）的疯狂热潮。狼人是指在夜间变成狼的人。在北欧、希腊-罗马和许多其他文明中都有关于狼人的故事，但在基督教背景下，狼与恶魔的联系尤其明确。狼人和类似生物的故事流传极广，这表明它们都非常古老。它们与人类在数千年的文化进化中积累的各种半明半暗的恐惧和欲望产生共鸣。“变狼狂”（lycanthropy）是一种人在精神上变成狼的现象，在古代的战士中很常见，这使他们能够拥有更多勇气，在战斗中能更加勇猛。许多希腊和罗马作家的作品中都提到了这一点，包括荷马、希罗多德、鲍桑尼亚和普林尼。

奥维德讲到罗马人的至尊神朱庇特为人类的邪恶行为感到困扰，于是他变成凡人拜访阿卡迪亚国王吕卡翁的宫殿。结果主人给他吃了一顿人肉，朱庇特变回了自己的模样，用一道闪电击中了宫殿。吕卡翁惊恐地跑到田野里。当他想说话时，嘴里发出了一声嚎叫而不能说话——朱庇特把他变成了狼，好让这个嗜血的人去吃羊而不是吃人。[12]

在尼禄皇帝统治时期，在罗马作家佩特罗尼乌斯（Petronius）所著的《萨提利孔》（*Satyricon*）中，一个名叫尼塞洛的自由民讲了一个很著名的狼人故事。此人在一个士兵的陪同下在一个月圆之夜去拜访一位寡妇。当他们来到一个墓地时，那个士兵同伴停了下来，说他想方便一下。尼塞洛休息了一会儿，环顾四周，看见那个士兵已经脱了所有衣服，并在衣服周围尿了一圈。然后士兵突然变成了一只狼，嚎叫着跑开了。尼塞洛吓坏了，赶紧去了寡妇家。到了之后，寡妇告诉他一只狼闯进了她的谷仓杀死了一只羊，但她的一个奴隶拿长矛刺伤了狼的脖子。当尼塞洛回到自己家时，看见士兵躺在床上，医生正在治疗他脖子上的伤口，他意识到这个士兵就是杀死羊的那只狼。[13]

当时，罗马的知识分子中很少有人相信狼人的存在。佩特罗尼乌斯将恐怖与幽默结合在一起，他当然知道狼人和武力相关，这个故事描述了士兵的形象是如何退化的。即使在超自然力量的帮助下，狼人也只是杀死了一只羊，然后被一个甚至不是职业战士的人重伤。现代早期对狼人的审判中也有类似的故事，这在波罗的海国家和法国尤为常见。狼通常会通过伤口或其他身体特征"被认出"，无论是狼形还是人形，它们都保留了这些特征。在1588年法国奥弗涅村的一次审判中，一只凶猛的狼被指控袭击了一个猎人。根据司法记录，这名男子设法砍下了攻击者的爪子，随后狼跑回了森林。猎人把爪子放进口袋里，但当他后来把爪子拿出来给朋友看时，发现爪子已经变成了一个女人的手，他认出那手上戴着他妻子的结婚戒指。回到家，他发现妻子的一只手被砍掉了，她正试图用蜡烛烧灼伤口。猎人把她带到地方治安官那里，最后她被绑在火刑柱上烧死了。[14]

那个时代的人们通常认为，狼人和其他变形怪即使在人形状态下也保留了一些兽性的特征。因此，一个嫌疑犯将受到法庭的严密检查，不该长毛的地方长了毛之类的特征会被视为是变形怪的证据。如果一个人的眉毛连在一起，就说明他背地里会变成狼，而背上的突起

“一个女巫变成狼攻击旅行者”，来自约翰·盖勒·冯·凯瑟伯格的作品《蚂蚁》。虽然变成狼了，但狼人的表情依然露出一丝人性。

老卢卡斯·克拉纳赫,《狼人》,1512。在现代早期，狼人通常是一个长得非常像狼的人，但在这里他是一个长着蓬乱的头发、姿势像狼的男人。食人的暗示使他留下的血腥痕迹更加恐怖。

J. J. 格朗维尔，“具有意想不到的性格特征的面相学标本”，约1850年。艺术家使用了面相学家发明的技术，但讽刺了他们在科学上的自负。画上有一条友好的毒蛇、一只残忍的羔羊和一只多愁善感的狼。

可能是隐藏的尾巴，大鼻子可能是狼的鼻子。

这些审判的遗产留给了面相学，也就是从一个人的身体特征推断人的性格的学问，这种做法起源于古代，在16世纪到19世纪末最为流行。面相学家认为，人类的性格类型与不同种类的动物相对应，因此只要辨认出相应的动物就能确定一个人的内在本性。柏拉图半身像的鼻孔张开，说明他像一只狗，他的前额很高，说明他有头脑，他还特别像雄鹿，体现了理性战胜欲望的倾向；脸长得像兔子的人被判定为浪荡子；长着鹰钩鼻的人都野心勃勃；头骨强壮、看似足以支撑公牛角的人个个都易怒。为了对这些类型加以说明，詹巴蒂斯塔·德拉·波塔和查尔斯·勒·布伦等艺术家把人的头和动物的头重叠在一起，或与动物的头紧密并列，创造出了猪人、狼人、老鼠人等复合形象。[15]这些艺术家们发展出了将人与动物的特征融合的方法，这种方法被法国的J. J. 格朗维尔和美国的加里·拉尔森等人沿用，但其实这种方法一点也不科学。

现代的变形怪

文艺复兴时期的很多高雅文化都成了炼金术的基础。冶金学在很早的时候就为变形的想法提供了灵感，因为加热和撞击不仅能深刻改变金属矿石的形状，还能改变其质地和颜色。炼金术师的许多实验都试图用泥土和废物创造生物，如昆虫，甚至是人的生命。他们经常引用奥维德的《变形记》，并将其中的变形故事解读为对物理过程的寓言。

炼金术师让人们熟悉了物质形态并非一成不变的，这个观念为达尔文-华莱士的进化论铺平了道路。1859年，达尔文的《物种起源》出版，在此后的一个多世纪里，流行文化将进化描述成一种变形，生物在朝着更复杂的形态进化的过程中会经历一系列独立阶段。鱼脱离大海变成爬行动物、哺乳动物、猿类，最终变成人。19世纪晚期，生物学家恩斯特·海克尔（Ernst Haeckel）提出了一种理论，认为人类胚胎在从受精卵发育成新生儿的过程中所经历的阶段与“进化阶段”类似，但这一理论现在已遭到质疑。这种认为生命是一个固定流程的想法很可能促成了“人死后可以变成天使”的观点的流行。

对于哲学家，如勒内·笛卡尔和约翰·洛克等人来说，道德只关系到个人与上帝和与其他人的联系，其中不包括动物或环境。后来生物学上的发现，尤其是达尔文-华莱士的进化论，使得人们越来越难以把这种人类例外主义视为理所当然。但是，如果进化被解释为是进步的，而且是分等级的，那么就可以通过声称某些民族更“先进”来维护种族优越的主张。在19世纪至20世纪初的欧洲，黑人和爱尔兰

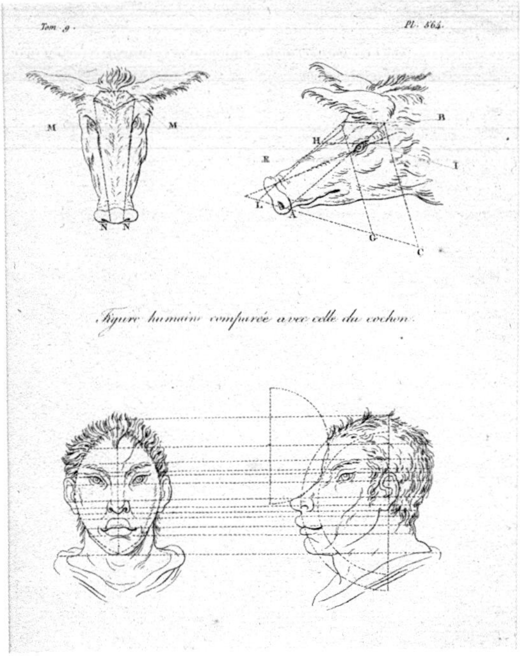

查尔斯·勒·布伦，人脸与猪脸的对比，17世纪晚期。勒·布伦被路易十四认为是“法国有史以来最伟大的画家”，他认为人类的内在特征是通过与动物的相似性而表现出来的。

人等深受歧视的民族常被描绘成猴子，体毛过多或是具有其他不寻常生理特征的人会被认为是“退化”到了更原始的进化阶段。[16]随着动物和人类之间的界限变得越来越模糊，“非人性化”成为19世纪至20世纪欧洲文学的一个重要主题。在弗朗茨·卡夫卡的小说《变形记》中，一个男人某天早上醒来发现自己变成了一只蟑螂。他逐渐接受了自己的身份，最终整天躺在房间里看着天花板也觉得十分满足，但他的家人厌倦了照顾他，最终他死于无人照料。[17]小说的一个主题是，麻木的例行公事和形式化的关系可能会让人对人类的地位产生怀疑。

在现代流行文化中，变形怪通常被兽人所取代。在流行文化中，狼人不再是变成另一个物种的人，而是一个长着狼脸且多毛的男人，比如1941年的电影《狼人》的主角。漫画中的英雄蜘蛛侠也是著名的兽人形象，他是一个被放射性蜘蛛咬伤的少年，能够飞檐走壁、抓着蛛丝飞荡。大众文学和电影中充斥着猿人、猫女和蝙蝠人。在现代电影、电视剧和小说中，最普遍的怪物恐怕就是吸血鬼了，他们通常以普通人的形象出现，张嘴露出尖牙时才会暴露身份。如果某个吸血鬼吸了一个人的血，受害者也会变成吸血鬼。就像基督教曾经把变形怪精神化（spiritualized）一样，现代世界的世俗文化也赋予了变形怪精神意义。不仅是吸血鬼，蜘蛛侠和蝙蝠侠也在不断地与他们和正常人类社会的差别和格格不入作斗争。

21世纪以来

进入21世纪以来，不仅是个人的身份越来越难以确定，人类这个身份也越发难以确定。只要经济允许，人们可以通过整容手术从根本上改变自己的外貌，甚至是性别。从一个物种向另一个物种移植器官和遗传物质也变得越来越普遍。[18]人类的遗传物质有时会被植入猪体内，这样它们就会发育出可以安全地移植给人类的器官。也就是说，这些猪的一部分变成了人类，而器官接受者有一部分变成了猪。研究人员有时会将单个的植物和动物看作基因物质的容器，它们只是在无限的可能性中被重组的产物。在互联网上，人们可以尝试新的人格，数字身体甚至可以在虚拟现实中与他人互动。只要人们选择合适的身体特征，就可以成为神奇的动物，一个真正的动物，或只是一个不同的人。虚拟自我可以装饰房子、购买岛屿、在太空旅行，或者做任何它想做的事情。[19]

变形怪的概念预设了一种身份，这种身份不依赖于物理形态。一个人必须在保持自我的同时变成鲸或蚂蚁等不同形态。换句话说，他必须具有某种恒定的本质。变形的概念涉及恒久不变与变化之间的平衡。如今科学家们认为，几乎没有什么东西是完全静止的。生物会进化，大陆也会漂移，空间和时间的结构也会被引力扭曲。甚至连物理定律的稳定性现在也成了问题。这种流动比奥维德所假设的要深刻得多，比如奥维德就认为星星似乎不受变化的影响。如果真如许多哲学家所主张的，对人和动物而言，灵魂都是一种幻觉，那么更传统意义上的变形，即轮回，就不会发生。然而，尽管既无法证实也无法反驳，灵魂轮回的信仰仍然在世界各地的当代文化中广泛存在。从蚂蚁到鲸鱼，动物似乎都具有不可思议的“人类”特征，转世是解释这一现象的一种方式。

马克斯·恩斯特,《西里伯斯》，1921。这台机器结合了大象、公牛和蛇等庞大有力的动物的特征。一个无头的人体模型在介绍它，他可能是第一次世界大战的受害者。这幅画或许是希腊神话的现代版本，在神话中，宙斯以公牛的形式引诱少女欧罗巴。

12

机械动物

MECHANICAL ANIMALS

小东西，我希望你很快乐。我现在照顾着你的儿子。
我知道他是你的儿子，因为他的动作神情都像极了你。非常抱歉
我救不了你，不能等你更年长再让你暂停。
感谢你，你是世界上最好的宠物蛋。
墓志铭：小东西，48岁，死于电池枯竭。
——《宠物蛋墓园》

“儿童书籍”从来就不是儿童的专利。它们是成年人秘密乐园，是成年人喜欢的东西，只不过似乎太不体面，太疯狂或太真情流露，不能公开承认。儿童书籍的营销对象和读者既是成人也是儿童。不过，儿童文学的分类为作者和成年读者提供了一个幌子，让他们可以在同事朋友面前保持体面。他们可以说：“我虽然带着这本书，但我又不是真的要读它。”

儿童书籍的成年读者就像写色情学术论文的学者，他们只是为了有一个借口去从事被禁止的活动。但在某一方面，这些读者的动机完全相反。儿童读物给成年人提供了一个机会，让他们在一个沉迷于性的社会中，偷偷享受一个基本完全没有性的世界，而不会被指责为压抑或拘谨。这些书大都缺乏情色内容，这并不仅仅是为了保护还在成长中的思想。

但此处我关心的那种秘密享乐不是性或者性的缺失，而是对幻想生物的享受。自儿童读物被写出来后，幻想生物就在这些书中繁荣起来。这种传统可以追溯到古老的苏美尔-阿卡德动物谚语，这可以说是最早的儿童文学作品。儿童读物持续发展，经过了《伊索寓言》和中世纪的动物寓言，在18世纪末至19世纪的英国达到了顶峰，当时儿童书籍的数量激增。

哈利·波特

20世纪90年代，J.K.罗琳所著的现象级热门童书《哈利·波特》系列让很多青少年沉迷于休闲阅读，这种热潮一直持续至今。[1]书中讲述了一个正在接受训练的年轻天才巫师哈利的故事，他在霍格沃茨魔法学校和凡人（也就是“麻瓜”）的世界之间来回奔波。在魔法世界里，他打败了强大的反派。霍格沃茨基本上没有工业革命之后的技术，不仅没有电脑、打字机、照相机、电视或收音机，甚至连钢笔都显得有点太现代了，人们用羽毛笔和墨水瓶写字。信件不是用飞机或卡车递送，而是用猫头鹰作为邮递员。除了魔法咒语，那里似乎没有任何药物，而对麻瓜世界的唯一让步就是使用自来水和抽水马桶。

当然，计算机是给麻瓜们用的，但霍格沃茨多少还是有点计算机文化，因为魔法咒语承担了数字创造的功能和氛围。哈利使用的第一把扫帚叫“光轮2000”，听起来像是一种时髦的新办公设备的名字。魔法报纸上的图片包含会说话的图像，很像计算机图形，而魔法书籍发送的信息类似于电子邮件。

民间传说、文学和宗教似乎常常能预言技术的创新：传说中的飞毯或飞艇已成为今天的飞机和火箭。早在几百年甚至几千年前，民间传说就想象出了类似于自动提款机和自动门这样的设备，当时这些东西并不像如今一样在日常生活中随处可见。比如说在中世纪文学作品《天方夜谭》中，阿里巴巴发现了一个装满宝藏的洞穴，并得知只要念咒语“芝麻开门”就能打开入口。他把这个秘密告诉了自己的弟弟卡西姆，卡西姆进了洞，却忘了如何重新开门。卡西姆尝试了“大麦开门”之类的咒语，但没有奏效，他被困在了洞穴里。如今习惯用各种密码打开网站的读者会觉得卡西姆的困境非常眼熟。对我们来说，这是技术的问题，而对阿里巴巴和卡西姆来说，这就是魔法，但无论怎样称呼，体验都是一样的。[2]

使魔或者魔仆，也就是巫师们的超自然助手相当于电脑，随时准备回答任何问题，执行主人的命令。带有深奥符号的计算机程序与魔法咒语有着惊人的相似之处。区分技术和魔法是非常困难的。当电脑、互联网与日常生活的其他部分高度关联时，它们就是“技术”。然而，对于那些与电脑和互联网一起长大的人来说，它们就是日常生活的重要组成部分，它们几乎不能独立存在。在这一点上，它们不再是“技术”，而是“魔法”，或者至少是类似于魔法的东西。曾经被安全地锁在书皮之间的魔法已经进入外部世界，开始在我们的街道上行走。在霍格沃茨，科技等于魔法。

就像人与动物之间的界限一样，生物与物体（如机器）之间的界限在最近几十年里似乎变得更加模糊。没有人能说出“意识”（consciousness）到底是什么。科幻小说作家们一直想知道计算机是否会有意识，或者它们最终是否会发展出“意识”。我们所有人的脑海中可能都曾经出现过这个问题。J. K. 罗琳已经意识到，科技可以创造出一种类似于民间和童话故事中“万物有灵”的世界的氛围。就我们如何体验世界而言，计算机革命让我们回到了更接近前工业时代的世界，而不是18、19世纪那种充满等级秩序的宇宙。

随着技术发展，动画电影和电子游戏中出现的虚拟动物越来越多，基因科学技术使得在实验室中创造出与神话传说相似的生物成为可能。一种萤火虫基因被植入烟草植物中，使其在黑暗中发光。科学家甚至通过模具培养细胞，培育出了一只背上长有人类耳朵的老鼠，这种动物看起来就像是从希罗尼穆斯·博斯的画中走出来的。[3]与此同时，机器人被创造出来为孤独的人提供陪伴或为盲人引路。这些进电影版《哈利·波特》中家养小精灵多比的头像。多比有着又大又圆的眼睛，足以引人同情，还有蝙蝠似的大耳朵。

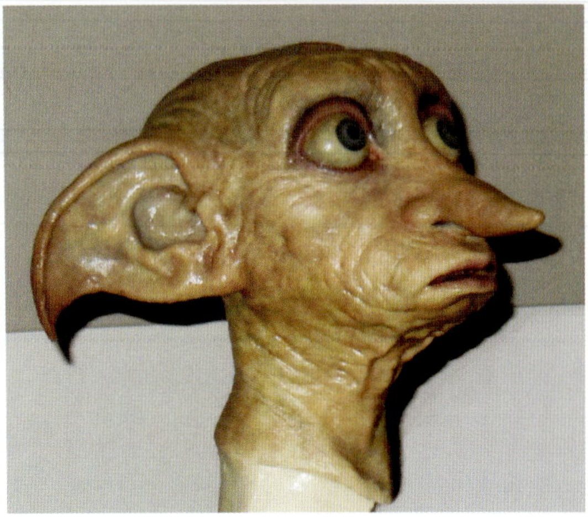

步对传统上的生物分类方法以及关于人类身份的界定提出了挑战。它们还可能会模糊幻想和现实之间的已经被普遍接受的区别。诚然，生物技术和人工智能可能会回应我们对于奇迹的渴望，但它们仍不能很好地满足我们的渴望。它们能激发我们的好奇心、满足实际需求，有时还能激发我们的情感，却不能激发我们的想象力。

虽然机械生物在我们的日常生活中越来越多，但真实的生物仍在我们的梦中出没。随着越来越多的真实动物濒临灭绝，像老虎这样的动物又一次获得了它们在古代所拥有过的许多超自然特质。它们出现在比喻修辞之中，作为文身出现在人体上，被广告商利用。即使它们灭绝了，老虎、雪豹、蓝鲸和山地大猩猩仍将在人类的幻想中继续进化，也许还会与独角兽和飞马并列。

尽管哈利·波特的世界中几乎没有科技，但它却毫不掩饰地甚至是自豪地利用了科技。《哈利·波特》衍生出了一系列和原著一样受欢迎的电影，在这些电影中，龙、半人马、巨大的蜘蛛和其他生物都是通过电影的“魔法”来呈现的——计算机、机械设备、精心制作的服装、灯光技巧，等等。综上所述，我们可以说霍格沃茨禁止科技不是因为它对魔法有害，而是因为它太像魔法了。在一系列故事中，把两者放在一起可能会造成巨大的混乱。

罗琳系列小说中的动物，几乎无一例外的，都没有苏斯博士笔下的那种前所未有的创新，而是主要借鉴了希腊-罗马神话或中世纪民间传说，就像C. S.刘易斯的《纳尼亚传奇》里的动物一样。哈利的导师阿不思·邓布利多有一只名叫福克斯的宠物凤凰，得名于盖伊·福克斯，他曾试图炸毁伦敦议会大厦，英国人在每年的11月5日都会烧掉他的肖像。凤凰福克斯有深红色的羽毛、金色的尾巴、强有力的喙和爪子。它曾多次与主人并肩作战，甚至为了胜利牺牲了自己，不过随后获得了重生。邓布利多死后，福克斯唱了一首优美的挽歌，然后消失了，永远活在野外。

福克斯的对手之一是蛇怪。就像中世纪的传说一样，蛇怪是由邪恶的魔法师创造出来的，他们将公鸡下的蛋拿去给蟾蜍孵化，就生出了蛇怪。它是一种巨大的蜥蜴，有着绿色的皮肤和巨大的黄色眼睛，用目光就可以使人甚至使幽灵石化。它的牙齿含有致命的毒液，被咬伤只能用凤凰的眼泪治愈。邪恶的萨拉查·斯莱特林让一条蛇怪守卫他的密室，蛇怪在那里袭击了哈利·波特。福克斯弄瞎了蛇怪的眼睛，让哈利免受蛇怪的目光所害。

罗琳小说中的另一个动物是巨蜘蛛阿拉戈克，当它还是个蛋的时候就被人从遥远的地方偷运到英国。后来它长得和大象一样大，还学会了人类的语言。有抱负的巫师鲁伯·海格和阿拉戈克交上了朋友，于是它克制住了自己对人肉的喜好，但它所统治的蜘蛛家族中的其他蜘蛛却能吞食人类。在霍格沃茨的一场大战中，阿拉戈克和他的家族支持哈利对抗邪恶的伏地魔。以上只是《哈利·波特》系列中大量幻想生物中的一小部分，其他的幻想生物还包括蝎尾狮（长着狮子身体、人头、鲨鱼牙齿的波斯怪物）、独角兽、人鱼、半人马、鹰头马身的有翼兽以及各种各样的龙。

电子动物

J. K.罗琳敏锐地意识到，当今时代的年轻人（有时被称为“数字原住民”）是在栩栩如生的电子虚拟动物的包围下长大的，这些动物出现在屏幕和电子游戏中。最能让人联想到霍格沃茨中的奇幻生物的可能是“数码宠物”，它们被设计得很是古怪，个个都与众不同。它们的特点是能够接受爱、需要被照顾，可以逐渐“长大”，而且就像真正的动物一样，它们并不总是服从主人。

长期以来，人类技术在很大程度上是通过模仿动物而不断创新的。史前工具似乎是仿照鸟类的喙制作的，捕虫技术最初很可能受到了蜘蛛撒网的启发，而水坝可能是受海狸的启发。爬犁最初或许模仿了猪的活动，因为它们会在泥土中挖掘根茎作为食物。一些现代发明也有明显的动物原型，例如闹钟，它取代了吠叫的狗或啼叫的公鸡。甚至有些新技术的名称也来自动物，比如蒸汽火车，最初被称为“铁马”。

几个世纪以来，这种对动物的模仿非但没有过时，反而变得更加精妙纯熟。凡尔根“蟋蟀”腕表是一款广受欢迎的产品，德怀特·艾森豪威尔和其他美国总统皆有佩戴。它拥有模仿昆虫叫声的报警机制，尽管昆虫体形很小，但它们的叫声却能在旷野中回响。通过观察苍蝇和壁虎在垂直表面行走的能力，人们发明并完善了魔术贴。如今的航空工程师正在研究蜻蜓等昆虫在原地盘旋或向任何方向精确移动的能力。[4]机械设备从动物那里获得了无数设计灵感，它们看上去仿佛就像被古代动物的灵魂附身了。

如果不需要太准确的话，把所有技术都称为“幻想动物”是个颇诱人的想法。通过模仿动物的特征，它们不可避免地与动物有很多关联，也许这就是为什么那么多司机会和他们的汽车说话。工业革命的巨型机器甚至可以唤起祖先对巨型动物的记忆，这也许就是它们会引起广泛的恐惧和敬畏的原因。这种看待大型机器的兽形视角在20世纪初的意大利未来学家的作品中最为明显，这些艺术家利用新兴产业的力量和速度作为他们制订法西斯政治议程的灵感。他们几乎把大型机器当作兽形神来崇拜，把工厂或战争中发生的非人化现象看作是对自我的神秘毁灭。这一点在立体派的艺术作品中也很明显，艺术家将有机形式与机械形式融合在一起，在许多超现实主义者，如马克斯·恩斯特和萨尔瓦多·达利的作品中也是如此。事实上，这一时期的许多欧洲艺术都是如此。

随着重工业的逐渐衰落，机器的尺寸普遍缩小，失去了绝大部分的神秘感。它们开始看起来不像神，而更像人。机械的动作变得不那么剧烈了，触觉也变得更加敏感了。谷歌公司发明了一种装有传感器的汽车，它可以在没有司机的情况下在曼哈顿的拥挤交通中穿行。电脑病毒现在就像真正的病毒一样繁殖进化，而且也和病毒一样难以根除。如今，越来越多的设备不仅模仿动物或人类的行为，还模仿我们的自主性和情感。一个非常简单的例子是自动提款机，在完成交易后它会告诉用户，“很高兴为您服务”。其他设备与人的关系更微妙，更像是动物，尤其类似于宠物。据我所知，还没有任何电子/数码宠物模仿福克斯或哈利·波特的宠物猫头鹰海德薇。然而更值得注意的是，除了电脑游戏中存在，似乎没有任何数码狗头人、数码半人马、数码蛇怪或其他数码的古代世界生物。数码宠物的创造者们似乎更喜欢采用人们熟悉的动物，比如狗和猫，或者“从零开始”创造出他们自己的虚拟宠物。

在某种程度上而言，数码/机械造物可以被认为是“幻想动物”，它们不仅仅是为了执行实际任务，更重要的是，它们给人类提供了陪伴。换而言之，它们必须作为某种自主且有生命的东西与人类建立联系。它们似乎有情感，甚至可能有道德准则，这使得它们能够与人建立互惠关系。最早被设计用来模仿人类情感的机器人名叫“天命”（Kismet，即土耳其语的“命运”），它是20世纪90年代末麻省理工学院发明的。天命是一个配有视觉、听觉和动觉传感器的机械头颅，它的唯一目的是令人信服地模仿生物的情感反应。它的面部特征是根据其表现力而单独设置的，与任何物种的面部特征都不太一样。天命有一双又大又圆的眼睛，就像青蛙的眼睛，但有一种人类的强烈感觉。它的大嘴巴让人联想到黑猩猩，而它的耳朵则像蝙蝠。通过移动这些特征，机器人“表达”出多种情感。它用眼睛跟踪人们，以表示关注，并对突然的变化作出反应，恐惧的时候它会变得紧张。它还能模

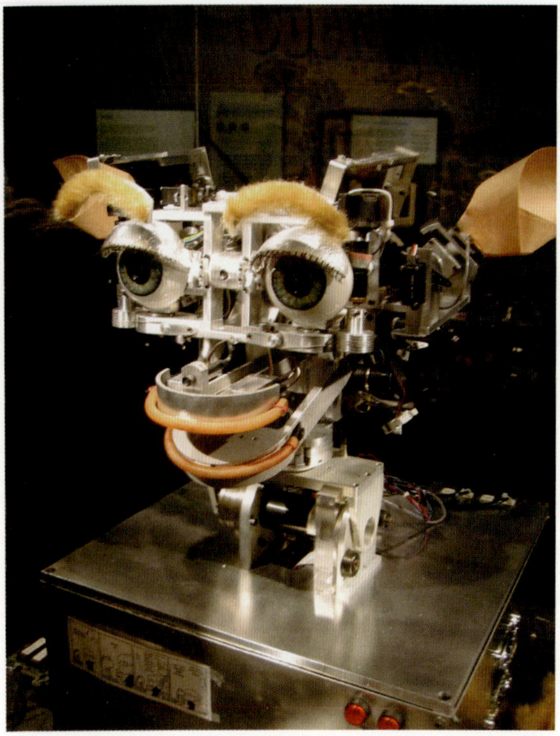

天命，20世纪初由麻省理工学院制造的一个机器人，能回应人类的感情。这个机器人最值得注意的一点是它的创造者没有试图掩盖它的机械特征，更不打算使它看起来像人类。

仿愤怒、厌恶、无聊、快乐或惊讶。天命还可以对人类的语气作出反应，它甚至会以同样的方式回应——只有基本的语法，但语调有很大的变化。[5]

宠物蛋

宠物蛋（Tamagotchi）是一种蛋形手持数码设备，它的颜色鲜艳，中间有一个小屏幕，花大约20美元就能买到。主人（通常是孩子）启动设备并设置内部时钟，几秒钟后，宠物蛋就会“孵化”，一个电子宠物便出现在屏幕上。主人会被告知电子宠物的性别，并被邀请为它命名，通常可以用5—8个字符。随后主人就要负责把电子宠物养大，通过数码的方式喂养它、锻炼它，和它玩耍，甚至清理它的排泄物。当电子宠物显得沮丧时，主人就要赞美它。没有任何两只电子宠物是一样的，这些电子宠物会发展出独立的“个性”。如果电子宠物被忽视了，它会变得暴躁。如果过度放纵，它会变胖。人的一天大约相当于电子宠物的一年，它会经历婴儿期、儿童期、青春期、成熟期和老年期。技术更先进的电子宠物可以实现无线交流，雄性和雌性可以“交配”并产下后代。宠物蛋是日本万代公司研发制造的。自1996年问世以来，其销量已接近1亿只。

像大部分数码动物和机械动物一样，宠物蛋和任何一种生物都不相似。因为它是从蛋里孵出来的，也许它是一只鸟。和天命一样，宠物蛋几乎只有头，它长着天真的大眼睛和大嘴巴。许多电子宠物都有大而突出的耳朵，有点像老鼠。宠物蛋被分成几种，有恐龙类型、鸡类型、猴子类型、章鱼类型，但其实它们跟这些动物并不相似。也许电子宠物的终极形态（如果有的话）是像甲虫这样的昆虫。在欧洲和北美，甲虫大多被视为害虫，但在日本却是受人喜爱的宠物。

一位母亲曾经告诉我：“如果你给孩子买了个宠物蛋，准备好，他会号啕大哭。”因为就连电子宠物也是会死的。有些是因为主人不给它们喂食而死，有些则死于意外，比如被扔在人行道上。有些电子宠物会在大约100岁后老死。主人可以简单地按下“重置”按钮获得另一个电子宠物，但新的电子宠物又是截然不同的体验，许多主人出于对原来那个宠物的尊重都不愿意这样做。电子宠物一旦死亡，就可以被放在网上的“电子宠物墓地”里长眠。其中一家虚拟墓地的入口处有一个牌子，上面写着：“这里躺着骄傲且受人尊敬的电子宠物。请尽量减少噪声，尊重它们长眠。如果你是一个不幸的主人，失去了你心爱的电子宠物，请到我们的殡仪员那里去，他们会满足你的所有需求。”

每一个已故的电子宠物都有一个虚拟墓碑，上面写着它的年龄、主人、名字、类型和死因，还有讣告或铭文。“乔”是一只恐龙类型的电子宠物，在8岁时因“意外跌落”而死亡。主人写道：“我可怜的乔。我的第一个电子宠物。它过得很好，被照顾得很好。不幸的是，尽管它生活在牛仔裤口袋里，但它的生命却不得不如此突然地结束。我们都会非常想念它。”Pee Wee是一只外星电子宠物，5岁时就“饿死了”。它的讣告上写道：“你很可爱，你也知道自己可爱，但你真的有必要死吗？你这个傻子。永远爱你。”一只猴子电子宠物在9岁时“着火了——它掉在地上，发出奇怪的哔哔声”。有一只恐龙在11岁时因为“被意外重置”而死亡，这让它的主人伤心欲绝：“我亲爱的小比利（哭哭），它是如此美丽。我和它之间没有任何不快。不管去哪里、不管做任何事它都和我在一起。但是‘毁灭的那天’还是降临了，啊，我的小比利，没了你我该怎么办？（哭哭）。”一条数码恐龙通过简单的铭文“吉米万岁”喷出了永恒的火焰。[6]

大多数的哀悼都十分真挚，你不可能不被它们打动。然而，哀悼一个机器产生的图像似乎很奇怪。不是吗？在人们的内心深处，他们依然怀疑电子宠物是否真的活着。毕竟它们很像是活着的，我们怎么能证明它们不是呢？但是另一方面，即使是拥有宠物蛋的孩子，似乎也在某种程度上意识到宠物蛋给人的感受与家里的狗狗是不同的。如果我们真的认为电子宠物是活着的，我们就该把虐待它们的人关进监狱，或者至少罚款。我们甚至可以指控不小心按下“重置”按钮的人过失杀害。也许孩子们真诚哀悼的是他们人生的一个阶段，或者是他们自身的一个方面。或许这是一种失去的童真?

如果我们停下来更深入地思考一下，关于电子宠物墓地最奇怪的一点可能是：大多数时候，它看起来居然一点都不奇怪。电子宠物反映了一种扁平化的体验，其中的许多对立性开始消失：自我与他人、现实与幻想、知识与情感。人与人之间或人与动物之间的关系是几乎无休止的探索。一只动物，无论是作为宠物还是农业饲养的动物，它身上陌生又熟悉的混合特质会引起人不断思考，就像伦勃朗的肖像或米勒的农场场景一样。但对于电子宠物来说，这种关系就只有你所看到的，没有任何层次丰富的意义。[7]主人很少记录或谈论他们的电子宠物在自己缺席的时候会经历怎样的奇妙冒险。

考虑到20和21世纪的许多人际关系中无穷无尽的复杂性和矛盾心理，这种简单似乎令人耳目一新。人们经常在与宠物的关系中寻求解脱，尤其是狗，因为人们普遍认为它们不会欺骗自己，不会含混不清，而电子宠物在这方面则是更进一步。

其他数字宠物和机械宠物

对于那些想要数码宠物的人来说，宠物蛋只是众多选择之一。和宠物蛋同时出现的还有在1998年风靡一时的菲尔比（Furby）。菲尔比是一种电子玩偶，全身毛茸茸的，有一双眼睛，结合了猫头鹰和老鼠的特征。菲尔比被设计成起初只会说一些咿咿呀呀的词，制造商称之为“菲尔语”，它们的主人必须经常和它们说话，这些玩具就能逐渐开始“学习”英语。现在许多菲尔比都配备了视觉传感器和语音识别系统。

也有生活在虚拟世界中的数码宠物，它们会邀请主人购买短途旅行服务和配件。“尼奥宠物”（一款网页游戏）允许玩家购买狮鹫和其他神话生物——类似《哈利·波特》故事中的那些怪物。这些宠物生活在一个名为尼奥皮亚的星球上，在那里它们可以做各种事情，比如打击海盗或访问史前时代。该社区有经济结构，甚至有股票市场，经济系统基于货币“尼奥点数”结算。总部位于英国的“莫希怪兽”销售的玩具都是一些相对拟人化的幻想生物，它们有两条胳膊、两条腿，还有相对来说比较大的头和大大的眼睛。每个莫希怪兽都附有领养证书和一串密码，主人可以在网上玩莫希怪兽的游戏。每个莫希怪兽都会笑，至少会说几句话。制作这些玩具的公司也出售大量与它们的怪兽相关的产品，如珠宝、盒子和杂志等。

主人们通常会选择那些从务实角度来说基于真实动物而创造出的数码宠物或机械宠物。帕罗是专门为老年人和精神疾病患者设计的机器人，它会对爱抚表现出快乐，从而使主人平静下来，帮助他们避免迷失方向。数码宠物有朝一日会取代真实宠物吗？它们通常比真正的动物便宜，而且也更容易照顾。汽车取代了马匹作为交通工具，电子门禁系统取代了看门狗，早晨叫醒我们的是闹钟而不是公鸡。现在可以想象，如果用培养（合成）肉来滋养我们的身体，用电子宠物来滋养我们的情感（不过需要真金白银地付钱），真正的动物会变成非常过时的东西。

在关于动物或计算机是否有知觉的争论中，人们常常把意识等同于知觉或智能。实际上，意识是相对容易模拟的，因为数字信息可以以一种表明明确意图的方式敏锐地聚焦。而潜意识则更难以伪造。数码宠物似乎恰恰缺乏思想和情感的潜意识维度。也许有人会想得更多，认为虽然只有艺术家和梦想家才会较为重视潜意识，但它是生命的本质。然而也可以这样说，隐藏在电脑深处的文件加上很少使用或过时的程序，形成了类似于原始潜意识的东西。就像我们被埋没的记忆有时会导致记忆错误或识别错误一样，程序错误和垃圾文件有时也会妨碍计算机运行。

计算机不再大量用于计算，而更多用于模拟，即使是编写计算机程序的人也无法事先知道它们在给定的一组情况下将如何响应。[8]人与电脑的互动正迅速变得像人与动物之间的互动一样不可预测。因此，我们不应该认为给计算机编程就一定能控制它们。人类的统治主要是一种错觉，它造成了大量的内疚和骄傲，也夸大了人类的统一性和自主性，让我们误以为变化在很大程度上是人类有意识选择的结果，同时否定了其他主体的所有自主性。

有些人坚持认为，我们确实处于主导地位，因为我们处于众所周知的“食物链”的“顶端”。在避免被熊和鳄鱼等大型捕食者吃掉方面，我们确实做得很好，这是因为我们在很多地区让大型捕食动物濒临灭绝。然而，在躲避诸如细菌和病毒等更小的捕食者时，我们就没那么厉害了。我们在一定程度上成功地避开了微生物，但这只是暂

J. J. 格朗维尔，“狗遛人”。人们通常认为自己管理着狗，但是狗可能不这么认为。

时的，因为它们很快就会适应我们的药物和抗生素，我们永远处于守势。而且，不管我们把棺材封得多严，也不管我们在血管里注射了什么化学物质，它们最终总会吃掉我们。此外在大部分情况下，人们并不认为在食物链中处于“较高”位置就意味着物种更加优越。蛇能吃猴子，但人们普遍认为猴子比爬行动物更聪明。

英语中的“驯养”（domesticate）、“统治”（dominion）和“支配”（dominance）3个词都来自拉丁语dominus，意为“主人”或“领主”。但研究人员不认为驯养狗等动物是人类单方面决定的结果。相反，他们认为这是一种双方都没有意识到的共生关系。[9]我们与动物的关系在不断演变，但在很大程度上，这并不是有意识选择的结果。没有人曾经决定过在19世纪欧洲和美国的中产阶级中，养宠物会变得十分普遍，也没有人认为畜牧业应该在20世纪后期实现工业化，而且也远远不清楚这种发展将如何为“人类利益”服务。对于人与动物之间的关系，无论是幻想的还是非幻想的，谁也无法确切地预测在未来几个世纪将如何演变，唯一能确定的是它们会一直变化。

人类的优势其实主要取决于观察视角。日本仙台市的乌鸦已经学会了如何利用汽车来敲碎核桃。它们会等到交通灯变红，然后从树上俯冲下来，在汽车轮胎前放一个核桃，然后回到树枝上等待。当灯变绿时，汽车从坚果上开过去，乌鸦就可以享用果仁了。这些乌鸦很可能认为汽车和卡车的存在就是为了碾碎核桃。从这个角度来说，老鼠可能会认为它们委托人类超市不断给自己提供残羹剩饭。

事实上，暴露人类统治地位局限性的是机器而非动物。越来越明显的一点是计算机并不只是人类程序的奴隶。家养的狗从人们那里得到食物、住所、医疗照顾和更多的东西，而作为回报，它会提供一些无形的礼物，如陪伴。但这种关系明显不对等，所以就算不一定恰当，至少也很容易解释为这是一种人类主导的关系。对于计算机来说，互利互惠的关系不可否认，因为这些设备不断地与人类交换信息，密切地参与各级政府和企业的决策。像宠物蛋这样的设备，暴露了我们与人工智能之间不断变化的关系中更易被忽略的特点，包括这种关系的强迫性。[10]如果一个外星人来到当代的发达国家，他们很可能会认为计算机才是主要的生命形式，而人类的存在只是为了建造和维护它们，并协助它们发挥其全部潜力。而人们为什么要执行这些任务？外星人可能会认为因为我们的程序设计就是这样的。

13

结论

CONCLUSION

宇宙是一个非常大的地方，就我们所知，它空旷、无聊且寒冷。
如果我们确实下定了决心，要消灭地球上所有壮观又可怕的野兽
（我们似乎一直在这样做），那么在我们作为一个物种的发展历史中，
在剩余的时间里，我们可能永远也不会遇到其他任何动物了。
我想，唯一比到达lv-426星球发现外星人巢穴更可怕的事情，
就是到达了那里后，再去下一个未被探索的星球，
然后再去下一个，却始终一无所获。

——大卫·夸曼，《上帝的怪物》

在本书的最初几章里，我反对将幻想的动物和真实的动物明显区分开来。无可否认，这会让我被指责为“相对主义”。有人可能会说：“这不就是宣称真理和谬误没有区别吗？”

这种批评是无法证明的，很难反驳，而且必定会出现且有点好笑，因为几乎所有较为陌生的哲学或宗教观点都面临类似的说法。基督徒经常指责无信仰的人是相对主义，无神论者也对基督徒提出同样的指控。它被用来对抗存在主义者、解构主义者、结构主义者、实证主义者、原教旨主义者，等等。

但我想不出任何一位思想家，无论是当代的还是古代的，曾明确放弃过对真理的一切信仰。相对主义不是哲学理论，相反，它是所有思想的基础，也许在当代尤其如此。它从来都不遥远，它可能隐含在一切哲学或宗教观点里，但不在个人观点之中。生命位于混乱的边缘，真理位于无意义或相对主义的边界上。真理，就其本质而言，是脆弱且难以捉摸的，因此我们应该珍惜。

当受到强烈而持久的审视时，我们文化的所有道德和知识基础都有可能开始变得武断并令人苦恼。我们怎么知道人们有权利？我们怎么知道其他人是有意识的？造成不必要的痛苦有什么错？我们怎么能知道同样的物理定律在明天会和今天一样适用？这些问题出奇地难以回答。如果我们试图严肃地解决这些问题，沉默的怀疑肯定会增长不少，任何怀疑论者也不可能被说服。但是，要过一种有秩序的正直生活，我们就不能总想着人类文化或科学遗产那种脆弱且稍纵即逝的本质。在像“哲学导论”这样的课堂上，我们可以假装质疑一切，但在日常生活中，我们必须把自己的怀疑放在一边。没有一个确切的词能

J. J.格朗维尔，《幻想生物》，1850。所有动物既是怪物也是奇迹。

形容这个过程，但“信仰”可能是最接近的一个词。

许多学者注意到，“怪物”可以帮助我们，因为它将我们内心的恐惧以具体的形式表现出来。[1]而像独角兽这样的“奇迹”使我们的希望合理化，不过这一点还没有得到广泛的认可。但所有幻想动物——在某种程度上就是所有的动物——最终都是怪物和奇迹，它们帮助我们转移和吸收我们的不确定性。我们很难将“幻想”动物与象征的、模范的、纹章上的、程式化的、诗意的、文学的或刻板的动物区分开来。什么是现实？除非我们有信心回答这个问题，否则真的很难区分真实动物和幻想动物。每只类人猿身上都有雪人的影子，每匹马身上都有珀伽索斯的影子。男人和女人不仅像古老的陈词滥调说的那样一半是天使、一半是恶魔，他们同时也是半人马、半狼人，半曼德拉草、半斯芬克斯。

所有的动物，无论它们是否存在或以何种方式存在，都是现实和幻想的辩证法的产物。因此，幻想新的动物并讲述关于它们的故事是一种永恒的哲学探索，是一种神圣的游戏。围绕着幻想动物的本体论的不确定性并不能通过新的分析来消除，不确定性存在于它们的本质之中。

正因为如此，幻想动物会让人迷失方向，甚至那些无害的动物也可能成为恐惧的对象。它们是存在的不安全感的产物，而这种不安全感似乎又是人类状况的一个基本组成部分。事实上，人类的想象力过于活跃，以至于有关鬼魂和妖精的故事不断威胁着我们对现实的把握。有时它打破了习俗或哲学的限制，人类就被激增的怪物淹没。1808年，印度政府认定必须禁止讲述有关“飞头、动物成精、蛇怪、火魔以及诸如此类的恐怖事件”。[2]与此同时，再深入思考一下我们就会知道，一个没有幻想生物的世界将是何等荒凉。通过它们不确定的社会和哲学地位，以及它们与更多新可能性的联系，它们提出了一种超越的承诺。

英语中的“超越”（transcendence）一词来自拉丁语的transcendere，意思是超过或越过。这里隐含的意思是攀爬一堵墙，最初可能是围绕着一个城镇的墙。我们今天的城市的墙不再是用石头建造的，这个障碍现在可能不是有形的了，但它却依然坚实——隔绝了人类世界与自然或超自然领域之间的鸿沟。

所有的动物都很难（甚至不可能）被整齐地纳入人类思维的范畴。对它们的任何概括都不细致、也不完全正确，甚至可以说是完全错误的。当我们说动物有或没有“意识”“自我意识”或“道德”时，我们就把“人类”和“文化”的范畴强加在它们的生活上了。动物有“道德”吗？你心目中的道德标准是什么？是21世纪的美国中产阶级的道德吗？是黑手党头目、维京武士，还是儒生的？

动物有时间概念吗？这取决于你指的是线性时间还是循环时间，线性时间在现代是西方人的主流观点，但在今天可能正在失去主流的地位，循环时间在古代占统治地位。你指的时间是永恒的现在，还是荷马所设想的时间？还是佛陀、牛顿或爱因斯坦所设想的时间？是大萧条时期流浪汉的时间？还是澳大利亚原住民的？还是一个忙碌的CEO的？

那自我意识呢？是我自己还是你自己？是一个佛教僧侣的自我，一个克罗马侬猎人的自我，还是一个爱斯基摩巫师的自我？法国的路易十四曾说过：“朕即国家。”有动物有这种自我吗？

至于意识，这可能是所有概念中最难以捉摸的。我们通常认为人类有意识，但对它的定义要么不是太过抽象以至于无用，要么就是太过经验化以至于微不足道。在很多情况下，虽然说不清意识是什么，但我们经常想要摆脱它。佛教僧侣试图通过冥想来摆脱意识，而巫毒教和相关信仰的信徒则试图通过狂喜的恍惚来摆脱它。艺术家试图在自己的作品中失去意识，因为他们希望让潜意识接管创作。所以如果动物确实缺乏意识，我们或许应该羡慕。

动物能理解死亡吗？那么人呢？如果人可以理解死亡，是哪些人呢？是那些将死亡视为通往天堂或地狱之门的人吗？那些相信生命只是从一种形式过渡到另一种形式——也就是转世的人理解吗？那些认

J. J. 格朗维尔。和格朗维尔的大部分作品一样，这幅画也讽刺了人类中心主义。在这里，评论家皮斯托雷特发现自己是所有关注的中心，因为他比任何人都更“有人性”。然而，如果你仔细观察，你会发现他其实更像一个动物，只是他自己不愿承认。

为死亡是与所有生命的神秘结合的人理解吗？提出这个问题的动物研究人员可能会假定一种世俗知识分子普遍持有的死亡观点——绝对的灭绝，或类似的观点。他们当然有权在这件事上发表自己的意见，但这不应被视为人类的普遍观点，更不应被视为衡量动物所拥有的理解力的标准。

用马克·德尔（Mark Derr）的话来说，狗对我们如此有价值，是因为：

> 它们将我们与我们自己以及人类之外的世界连接起来。然而

J. J.格朗维尔。昆虫能否通过“镜子测试”呢?

我们的社会并不善于处理模棱两可的矛盾和边界问题，因此我们倾向于将狗从它狂野的一面中分离出来，并哀叹我们所创造的矛盾。这足以把一条狗逼疯。[3]

这番话可能对所有动物都适用，尤其是幻想的生物。

大多数关于动物是否具有意识等品质的研究不仅是人类中心主义的，而且是极端的种族中心主义的。它不仅使人类成为一切生物的标准，而且使世俗的、21世纪的西方人成为所有人类的标准。在我看来，对动物权利“扩大圈子”的做法也是如此。这些方法实质上是在扩展当代人类的法律、制度和概念，用这些去衡量其他的生命形式。[4]这种方法可以保护极少数动物——那些我们认为最像人类的动物。它还可以安慰我们，让我们确信，我们的哲学不是历史的偶然，而是绝对的表达。在一定程度上，它甚至可能有助于培养人道主义的做法。但是一旦被提升到一种普遍原则的地位时，“扩大圈子”的做法实际上是在贬低动物，因为它把我们的概念、期望和价值观强加在动物的生活上。最后，它通过否定动物的独特性和自主性，减少了我们生活的世界的丰富性。

与其试图把动物带进人类的世界，我认为我们更应该尝试进入动物的世界。这就需要我们在幻想物体（包括人）在其他生物面前的样子时，付出更多的想象力。我们需要学会接受大量的不确定性，并相信诗意的幻想。当蝙蝠是什么感觉？当松鼠是什么感觉？当青蛙又是什么感觉？老虎呢？马蹄蟹呢？蝴蝶呢？龙呢？宠物蛋呢？我们永远不会对这些问题有最终的答案，但在艺术和科学的共同帮助下，我们可以得到有用和有趣的答案。

动物与人类的区别在于它们具有亲缘关系和陌生感的结合。它们与我们如此相似，却又如此不同。幻想动物建立在真实动物的基础之上，把动物渲染成“幻想的”，本质上是在强化这种结合。当给马加上翅膀时，它的他异性被放大了，但同时它也被渲染得更像人，因为它变得更容易受到寓言解释的影响。动物无法通过镜子测试，但它们是人类的镜子测试。动物不仅像克劳德·李维-施特劳斯所说的那样

“善于思考”，而且还善于做梦。[5]

幻想的生物不断提醒着我们，用哈姆雷特的话来说：“在天地间，霍拉旭，有更多的事情是你的哲学所不能梦想的。”通过这种方式，它们含蓄地警告我们不要傲慢。在哥特式教堂里，它们是对狂热的警告；在宫殿里，它们提醒人类世俗权力的局限；在图书馆里，它们是对骄傲和犬儒主义的抑制。幻想动物引导我们到达并超越日常生活、社会习俗、宗教教义甚至宇宙法则的限制。

玛丽·奥利弗（Mary Oliver）写到一群天鹅飞过沙丘：

> 我们爱的东西，美丽而纯洁，
> 不要被持有，
> 而是被相信。
> 然后它们消失，
> 进入不可企及的远方。[6]

我们在这本书中看到的美人鱼、狮鹫、独角兽、狗头人、龙和其他生物，也可以得到同样的评价。

似为河锅晓斋所作，狐妖及其他精怪，来自日本的明信片，19世纪末至20世纪初。注意中间偏左下方的妖怪，它正在戏弄一只狐狸。狐狸在镜中没有影子，也没有映出狐狸原本的模样，狐狸把一张女人的画像当成了自己的倒影。

注释

▶ 1 真正的独角兽

1 Edward Topsell, *The History of Four-footed Beasts and Serpents and Insects* [1658] (New York, 1967), p. 552. 在这段话和本书后面的引语中，我使用了一些比较现代的英语。

2 Ibid., vol. i, Dedication.

3 Didymus of Alexandria (attrib.), *Physiologus*, trans. Michael J. Curley (Austin, tx, 1979), pp. 150–200.

4 Topsell, *The History of Four-footed Beasts*, vol. iii, p. 889.

▶ 2 与动物邂逅

1 Michael Pastoureau, *The Bear: History of a Fallen King*, trans. George Holoch (Cambridge, ma, 2007), pp. 60–85.

2 Harriet Ritvo, *Humans and Humanists (and Scientists)* (2010), National Humanities Center, available at http://onthehuman.org, accessed 22 March 2010.

3 Carol Kaesuk Yoon, *Naming Nature: The Clash between Instinct and Science* (New York, 2009), pp. 119–21.

4 Signe Howell, 'Nature in Culture or Culture in Nature? Chewong Ideas of "Humans" and Other Species', in *Nature and Society: Anthropological Perspectives*, ed. Philippe Descola and Gísli Pálsson (New York, 1996), pp. 152–68.

5 Paul Shepard, *The Others: How Animals Made Us Human* (Washington, dc, 1996).

6 Keith Thomas, *Man and the Natural World: Changing Attitudes in England*, 1500–1800 (London, 1983); Harriet Ritvo, *The Animal Estate: The English and Other Creatures in Victorian England* (Cambridge, ma, 1989).

7 Nona C. Flores, 'Effigies Amicitiae . . . Veritas Inimicitiae', in *Animals in the Middle Ages: A Book of Essays*, ed. Nona C. Flores (New York, 1996), pp. 167–95.

8 有一档名为"*Fatal Attractions* (on the Animal Planet channel)"的电视节目，该节目自2010年2月开始一直运营，节目包含多部纪录片，描绘人们沉迷于与危险动物的关系。http://animal.discovery.com, accessed 9 February 2012.

9 Karl A. Menninger, 'Totemic Aspects of Contemporary Attitudes toward Animals', in *Psychoanalysis and Culture*, ed. G. B. Wilbur and W. Muensterberger (New York, 1951), pp. 62–3.

10 Boria Sax, 'Are There Predators in Paradise?', *Terra Nova*, i/2 (1997), p. 63.

11 Thomas, *Man and the Natural World*, p. 29.

12 想深入研究欧洲中世纪狩猎的价值、仪式、实践和象征意义，请参考John Cummins, *The Hound and the Hawk: The Art of Medieval Hunting* (London, 1988)。

13 想进一步讨论这些故事的文化和历史背景，请参考Michael Pastoureau, *Les Animaux célèbres* (Paris, 2008), pp. 88–117。

14 Aaron H. Katcher, 'Man and the Living Environment: An Excursion into Cyclical Time', in *New Perspectives on Our Lives with Companion Animals*, ed. Aaron H. Katcher and Alan

M. Beck (Philadelphia, 1983), p. 526.
15 Joanna Bourke, *What It Means to Be Human: Historical Reflections from the 1880s to the Present* (Berkeley, ca, 2011), pp. 19–20; Roberto Marchesini, 'Alterità non umane', *Liberazione: Rivista di Critica Antispecista*, 6 (2008); Roberto Marchesini, *Alterity and the NonHuman*, trans. Boria Sax, Humanimalia (Spring 2010), available at http://www.depauw.edu/humanimalia, accessed 7 May 2012.
16 Jacques Derrida, *The Animal That Therefore I Am*, trans. David Willis (New York, 2008), p. 9.
17 For a variation on this idea, see Gilles Deleuze and Félix Guattari, *A Thousand Plateaus*, trans. Brian Massumi (Minneapolis, mn, 1987).
18 Donna J. Haraway, *When Species Meet* (Minneapolis, mn, 2008), p. 20.

▶ 3 何为"幻想动物"

1 Carol Kaesuk Yoon, *Naming Nature: The Clash between Instinct and Science* (New York, 2009), pp. 7–10, 252–60.
2 Ibid., p. 98.
3 Joe Nigg, *The Book of Gryphons: A History of the Most Majestic of All Mythical Creatures* (Cambridge, ma, 1982), pp. 90–91.
4 Samuel Sadaune, *Le Fantastique au Moyen Âge* (Paris, 2009), p. 7, my translation.
5 Rita Carter, 'The Limits of Imagination', in *Human Nature: Fact and Fiction*, ed. Robin Headlam Wells and Johnjoe McFadden (New York, 2006); Antonio Damasio, *Descartes' Error: Emotion, Reason, and the Human Brain* (New York, 2005), pp. 83–113.
6 Roel Sterckx, *The Animal and the Daemon in Early China* (Albany, ny, 2002), p. 28.
7 Philippe Descola, *Par-delà nature et culture* (Paris, 2005), pp. 21–52.
8 Tim Ingold, 'Rethinking the Animate, Reanimating Thought', *Ethnos*, lxxi/1 (2006), p. 10.
9 Gilbert Ryle, *The Concept of Mind* (Chicago, 2000), pp. 18.
10 Damasio, *Descartes' Error*, pp. 223–52; Susan Blackmore, *Consciousness: A Very Short Introduction* (New York, 2005), pp. 50–98.
11 Descola, *Par-delà nature et culture*, pp. 321–37.
12 Ibid., pp. 183–320; Philippe Descola, 'Constructing Natures: Symboloic Ecology and Social Practice', in *Nature and Society: Anthropological Perspectives*, ed. Philippe Descola and Gísli Pálsson (New York, 1996), pp. 108–20.
13 Edward O. Wilson, 'Biophilia and the Conservation Ethic', in *The Biophilia Hypothesis*, ed. Stephen R. Kellert and Edward O. Wilson (Washington, dc, 1993), p. 31.
14 Roberto Marchesini and Karin Anderson, Animal Appeal: *Uno studio sul teriomorfismo* (Bologna, 2001), pp. 23–55.
15 Joanna Bourke, *What It Means to Be Human: Historical Reflections from the 1880s to the Present* (Berkeley, ca, 2011), pp. 285–330.
16 Louisa May Alcott, *Transcendental Wild Oats* [1873] (Carlisle, ma, 1981), p. 48.
17 关于肉类的各种复杂禁忌的讨论，尤其是当代的相关讨论，见 Hal Herzog, *Some We Love, Some We Hate, Some We Eat: Why It's So Hard to Think Straight About Animals* (New York, 2010)。
18 Elizabeth Lawrence, 'The Sacred Bee, the Filthy Pig, and the Bat out of Hell: Animal

Symbolism as Cognitive Biophilia', in *The Biophilia Hypothesis*, ed. Kellert and Wilson, p. 334.

19 Bettina Bildhauer and Robert Mills, 'Introduction: Conceptualizing the Monstrous', in *The Monstrous Middle Ages*, ed. Bettina Bildhauer and Robert Mills (Toronto, 2003), p. 21.

20 René Girard, Violence and the Sacred, trans. Patrick Gregory (Baltimore, md, 1993), pp. 143–68; Lucian Boia, *Entre l'ange et la bête: Le Mythe de l'homme différent de l'Antiquité à nos jours* (Paris, 1995); Marchesini and Anderson, *Animal Appeal*.

21 Aesop, *Fables of Aesop*, trans. S. A. Handford (London, 1987), fable 17.

22 T. H. White, ed., *The Book of Beasts: Being a Translation From a Latin Bestiary of the Twelfth Century* [c. 1150] (New York, 1984), pp. 14–15. 23 Farid al-Din Attar, The Conference of Birds [1177], trans. Afkham Darbandi and Dick Davis (London, 1984).

23 Farid al-Din Attar, *The Conference of Birds* [1177], trans. Afkham Darbandi and Dick Davis (London, 1984).

▶ 4 真实动物皆为幻想

1 恩培多克勒的作品没有完整地保存下来，但我们有许多其他作者记录的片段。汇编版本可参阅John Burnet, *Early Greek Philosophy* (London, 1903)。

2 Sigmund Freud, *Civilization and Its Discontents*, trans. and ed. James Strachey (New York, 1961).

3 David D. Gilmore, Monsters: *Evil Beings, Mythical Beasts, and All Manner of Imaginary Terrors* (Philadelphia, pa, 2009), pp. 92–5.

4 Stephen Jay Gould, *Wonderful Life: The Burgess Shale and the Nature of History* (New York, 1990).

5 Heinz Mode, *Fabulous Beasts and Demons* (London, 1975), pp. 12–14.

6 Ariane Delacampagne and Christian Delacampagne, *Here Be Dragons: A Fantastic Bestiary* (Princeton, nj, 2003), pp. 84–5.

7 关于美洲原住民传说中的一些神奇野兽，见 Gilmore, Monsters, pp. 90–114。

8 讨论史前骨骼对神话，特别是对希腊和罗马神话可能产生的影响，见Adrienne Mayor, *The First Fossil Hunters: Paleontology in Greek and Roman Times* (Princeton, nj, 2000)。

9 Stanley Charles Nott, *Voices from the Flowery Kingdom* (New York, 1947), pp. 240–47.

10 Steven Mithen, 'The Hunter-Gatherer Prehistory of Human–Animal Relations', *Anthrozoös*, xii/4 (1999).

11 Delacampagne and Delacampagne, *Here Be Dragons*, p. 71.

12 André Leroi-Gourham, *Treasures of Prehistoric Art*, trans. Norbert Guterman (New York, 1967), pp. 128–9, 447, 512; quotation on p. 121.

13 Ibid., pp. 131–3.

14 Mithen, 'The Hunter-Gatherer Prehistory', p. 200.

15 Mark Derr, *How the Dog Became the Dog* (New York, 2011), pp. 25–8.

16 Leroi-Gourham, *Treasures of Prehistoric Art*, p. 446.

17 Ibid., p. 166.

18 Michael S. Gazzaniga, *Human: The Science Behind What Makes Your Brain Unique* (New York, 2008), pp. 310–12.

19 Mircea Eliade, *History of Religious Ideas*, trans. Willard R. Trask (Chicago, 1998), vol. i, p. 5.

20 Joseph Campbell, *Historical Atlas of World Mythology* (New York, 1988), vol. ii, Part 2, pp. 224–5, 34.

21 Jocelyne Porcher, *Vivre avec les animaux: Une Utopie pour le xxe siècle* (Paris, 2011), pp. 32–3, 103–4.

22 Walter Burkert, *Creation of the Sacred: Tracks of Biology in Early Religions* (Cambridge, ma, 1996), pp. 40–47; Paul A. Trout, *Deadly Powers: Animal Predators and the Mythic Imagination* (Amherst, ny, 2011), pp. 206–8.

23 Natalie Angier, 'Quest for Evolutionary Meaning in the Persistence of Suicide', *New York Times* (5 April 1994), pp. c1–c10.

24 Ernest Seton-Thompson, *Wild Animals I have Known* (New York, 1911), p. 12.

25 Temple Grandin and Catherine Johnson, *Animals in Translation: Using the Mysteries of Autism to Decode Animal Behavior* (New York, 2005), pp. 27–68.

26 Ibid., p. 67.

27 让我想到这种可能性的是，在博斯的画作中，人们脸上的表情很少与当时的情景相称。他笔下的大多数人物的表情都相当空洞，不管场景是“俗世乐园”“村庄”还是“地狱”。

28 想了解更为详细的猿类进化史，见Jurgis Baltrušaitis, *Le Moyen-Âge fantastique* (Paris, 1993)。

29 Leroi-Gourham, *Treasures of Prehistoric Art*, pp. 182–6.

30 Baltrušaitis, *Le Moyen-Âge fantastique*, p. 20.

31 Mode, *Fabulous Beasts and Demons*, p. 11.

32 Janetta Rebold Benton, *The Medieval Menagerie: Animals in the Art of the Middle Ages* (New York, 1992), pp. 109–11.

33 Janetta Rebold Benton, 'Gargoyles: Animal Imagery and Artistic Individuality in Medieval Art', *in Animals in the Middle Ages: A Book of Essays*, ed. Nona C. Flores (New York, 1996), p. 147–63.

34 Michael Pastoureau, *Les Animaux célèbres* (Paris, 2008), pp. 95–7, 166–7.

35 Aelian, *On the Characteristics of Animals* [c. 200], trans. A. F. Scholfield (Cambridge, ma, 1971); Michel de Montaigne, 'Apology for Raymond Sebond', trans. Donald M. Frame, in *The Complete Essays of Montaigne* (Stanford, ca, 1959).

36 J. G. Wood, *Man and Beast: Here and Hereafter* (New York, 1875), pp. 41–2.

37 Lynn Barber, *The Heyday of Natural History, 1820–1870* (Garden City, ny, 1980), p. 286.

38 J. G. Wood, *Illustrated Natural History* (New York, 1893).

39 我在搜索引擎中输入了“大脚野人”和“大脚怪”两个关键词，搜索结果证实了这一点。以下网址记录了自1800年以来书籍中词汇使用的相对频率。这两个词在20世纪后期开始出现得非常频繁。“大脚怪”一词在2002年前后一度达到顶峰，而“大脚野人”的使用频率则持续飙升。Google Books Ngram Viewer, 2012, at http://books.google.com/ngrams, accessed 24 April 2012.

40 Amanda Petrusich, 'Howling at Nothing: A Hunt for Bigfoot', *New York Times* (22 April 2012), Travel section p. 11. 该组织还推出了一个名为《寻找大脚怪》的电视节目，我偶尔也会收看。

41 Boria Sax, *City of Ravens: London, its Tower, and its Famous Ravens* (London, 2011–12), pp. 1–89.

42 Harold A. Herzog and Shelley L. Calvin, 'Animals, Archtypes, and Popular Culture: Tales from the Tabloid Press', *Anthrozoös*, v/2 (1992).

43 Jan Harold Brunvand, The Vanishing Hitchhiker: American Urban Legends and their Meaning (New York, 1989), pp. 2–19, 24–46, 62–74.

5 幻想动物皆为真实

1 20世纪30年代，许多加拿大和美国的报纸报道称，不列颠哥伦比亚省的美国土著生活在被称为“北美大脚怪”的长毛人的恐惧中。土著认为大脚怪是一个以前被认为已经灭绝的土著部落的成员，实际上他们一直生活在洞穴里，时不时从洞里出来。United Press, 'Hairy Tribe of Wild Men in Vancouver', *Wisconsin State Journal* (10 June 1934), p. 1。

2 David D. Gilmore, *Monsters: Evil Beings, Mythical Beasts and All Manner of Imaginary Terrors* (Amherst, ny, 2011), pp. 91–116.

3 Anonymous, *The Epic of Gilgamesh*, trans. N. K. Sandars (New York, 1970), p. 61.

4 Ibid., p. 63.

5 Krishna-Dwaipayana Vyasa, *The Mahabharata*, trans. Protap Chandra Roy (Calcutta, 1890), pp. 342–51.

6 Ctesias, 'Indica' [c. 400 bce], trans. J. W. McCrindle, in *The Book of Fabulous Beasts: A Treasury of Writings from Ancient Times to the Present*, ed. Joseph Nigg (New York, 1999), pp. 44–5.

7 H. Stanford London, *The Queen's Beasts* (London, 1953) 50.

8 Michael Pastoureau, *The Bear: History of a Fallen King*, trans. George Holoch (Cambridge, ma, 2007), pp. 1–184.

9 Ibid., p. 146.

10 London, *The Queen's Beasts*, p. 18; Michael Pastoureau, *Les Animaux célèbres* (Paris, 2008), pp. 140–50.

11 Vladimir Propp, 'Folklore and Literature', trans. Adriana Y. Martin and Richard P. Martin, in *The Classic Fairy Tales*, ed. Maria Tatar (New York, 1999), p. 379.

12 Stith Thompson, *Motif-Index of Folk Literature: A Classification of Narrative Elements in Folktales, Ballads, Myths, Fables, Mediaeval Romances, Exempla, Fabliaux, Jest-Books and Local Legends*, revd edn (Bloomington, in, 1958).

13 Jorge Luis Borges and Margarita Guerrero, *The Book of Imaginary Beings*, trans. Peter Sis (New York, 2005), pp. 153–6.

6 怪兽

1 Lucian Boia, *Entre l'ange et la bête: Le Mythe de l'homme différent de l'Antiquité à nos jours* (Paris, 1995), pp. 13–25.

2 Rudolf Otto, *The Idea of the Holy*, trans. John W. Harvey (New York, 1958), pp. 1–40.

3 Mary Douglas, *Purity and Danger: An Analysis of the Concepts of Pollution and Taboo* (New York, 2002), pp. 42–58.

4 Stephen T. Asma, *On Monsters: An Unnatural History of Our Worst Fears* (New York, 2009).

5 Paul A. Trout, *Deadly Powers: Animal Predators and the Mythic Imagination* (Amherst, ny, 2011).

6 David Attenborough, *The First Eden: The Mediterranean World and Man* (Boston, ma, 1987), pp. 68–71.

7 Timothy K. Beal, *Religion and Its Monsters* (New York, 2002), p. 79.

8 Jurgis Baltrušaitis, *Le Moyen-Âge fantastique* (Paris, 1993), pp. 154–75.

9 Stefano Zuffi, *Angels and Demons in Art*, trans. Rosanna M. Giammanco Frongia (Los Angeles, 2003), p. 248.

10 Lorenzo Lorenzi, *Devils in Art: Florence from the Middle Ages to the Renaissance*, trans. Mark Roberts (Florence, 2006), pp. 26, 150.

11 关于博斯理论批判性的回顾，见 Roger H. Marijnissen and Peter Ruyffelaere, *Hieronymous Bosch: The Complete Works* (Antwep, 1987)。

12 Bettina Bildhauer and Robert Mills, ‘Introduction: Conceptualizing the Monstrous’, in *The Mostrous Middle Ages*, ed. Bildhauer and Mills (Toronto, 2003), pp. 1–27.

13 Joscelyn Godwin, *Arktos: The Polar Myth in Science, Symbolism, and Nazi Survival* (Kempton, il, 1996), p. 49.

14 关于更详细的梅柳辛传说和讨论，见 Boria Sax, *The Serpent and the Swan: Animal Brides in Folkore and Literature* (Knoxville, tn, 1998), pp. 81–97, 238–45。

15 Jean D’ Arras, *Mélusine: Roman du xive siècle* [1394] (Dijon, 1932)。关于这个传说的讨论，见 Sax, *The Serpent and the Swan*, pp. 81–112, 238–45。

16 Jacob Grimm and Wilhelm Grimm, *The Complete Fairy Tales of the Brothers Grimm*, trans. Jack Zipes (New York, 1987), tale 108.

17 Apollodorus, *The Library of Greek Mythology*, trans. Robin Hard (New York, 1997), pp. 97–8, 136–40. 希腊-罗马文学中有很多相关故事，它们在很多细节上都是一致的。阿波罗多罗斯描写忒修斯杀死了弥诺陶洛斯，用的是拳头而非流行版本里的剑。

18 Michael Pastoureau, *Les Animaux célèbres* (Paris, 2008), pp. 38–48.

19 Pliny, *Natural History: A Selection*, trans. John F. Healy (New York, 1991), book 8, section 78.

20 Alexander Neckam, *De naturis rerum* [c. 1180], ed. Thomas Wright (London, 1863), chap. 75.

21 Boria Sax, ‘The Basilisk and Rattlesnake; or, a European Monster Comes to America’, *Society and Animals*, ii/1 (1994), p. 7.

22 Ibid., pp. 7–14.

23 想了解更多热沃当怪兽事件的细节，了解那次事件的文化背景、对那些杀戮事件的合理猜想以及它们所激发的传说，见 Jay M. Smith, *Monsters of the Gévaudan: The Making of a Beast* (Cambridge, ma, 2011)。

▶ 7 奇迹

1 Walt Whitman, *The Complete Poems*, ed. Francis Murphy (New York, 2005), section 31, l. 669.

2 St Adamnan, ‘The Life of St Columba’, trans. Alan Orr Anderson and Marjorie Ogilvie Anderson, in *The Book of Fabulous Beasts: A Treasury of Writings from Ancient Times to the Present*, ed. Joseph Nigg (New York, 1999), pp. 147–8.

3 Helen Waddell, *Beasts and Saints* (New York, 1995), pp. 20–21.

4 Patrick F. Houlihan, *The Animal World of the Pharaohs* (New York, 1996), pp. 1–2.

5 Dorothea Arnold, *An Egyptian Bestiary* (New York, 1995), p. 4.
6 Mary Elizabeth Thurston, *The Lost History of the Canine Race: Our 15,000-Year Love Affair with Dogs* (New York, 1996), pp. 59–65.
7 Rudolf Wittkower, *Allegory and the Migration of Symbols* (New York, 1977), pp. 46–7.
8 Paul B Courtright, *Ganes'a: Lord of Obstacles, Lord of Beginnings* (New York, 1985), p. 3.
9 Wu Ch' êng-ên, *Monkey* [c. 1582], trans. Arthur Waley (New York, 1970), Preface.
10 Wu Ch' êng-ên, *Journey to the West* [c. 1582], trans. Anthony C. Yu (Chicago, 1977), vol. iv, chap. 49.
11 Roel Sterckx, *The Animal and the Daemon in Early China* (Albany, ny, 2002), p. 110.
12 Harald Gebhardt and Mario Ludwig, *Von Drachen, Yetis und Vampiren: Fabeltier auf der Spur* (Munich, 2005), p. 47.
13 Sterckx, *The Animal and the Daemon*, p. 287.
14 Andrea Aromatico, *Alchemy: The Great Secret*, trans. Jack Hawkes (New York, 2000), pp. 20–36, 98–9.
15 Jakob von Uexküll, *Umwelt und Innenwelt der Tiere* (Berlin, 1909).
16 Paracelsus, 'Liber de nymphis, slyphis, pymaeis et salamandris et de ceteris spiritibus' [c. 1540], in *Theorphrastus von Hohenheim, genannt Paracelsus, Sämptliche Werke*, ed. Karl Sudhoff (Berlin, 1933), vol. xiv, pp. 115–52.

8 水中生物

1 关于这种全球同一性及对它的解释，见 Boria Sax, 'The Magic of Animals: European Witch Trials in the Perspective of Folklore' , *Anthrozoös*, xxii/4 (2009), pp. 320–22。
2 Rachel Loxton, 'Loch Ness Monster Lessons Get the World Talking' , *Herald Scotland* (24 June 2012), p. 1, available at www.heraldscotland.com.
3 Jeremy Black and Anthony Green, *Gods, Demons and Symbols of Ancient Mesopotamia: An Illustrated Dictionary* (Austin, tx, 1992), pp. 63–5.
4 Mircea Eliade, *Myth and Reality* (New York, 1975), p. 48.
5 Stephanie Dalley, ed., *Myths from Mesopotamia* (New York, 1992), pp. 228–77.
6 Hesiod, *Theogony / Works and Days* [750 bce], trans. M. L. West (New York, 1988), ll. 129–91.
7 Ibid., ll. 804–39.
8 Ibid., ll. 29–331.
9 更多关于赛德娜及各个版本传说的讨论，见 Jacqueline Thursby, 'Sedna: Underwater Goddess of the Artic Sea' , in *Goddesses in World Culture*, ed. Patricia Monaghan (Santa Barbara, ca, 2010), vol. iii, pp. 193–204。
10 Thursby, 'Sedna: Underwater Goddess of the Arctic Sea' , pp. 197–8.
11 Dalley, ed., *Myths from Mesopotamia*, pp. 254–7.
12 Elijah Judah Schochet, *Animal Life in Jewish Tradition* (New York, 1984), pp. 28–9, 84–5.
13 Anonymous, 'The Voyage of St Brendan' (selection), in *The Book of Fabulous Beasts: A Treasury of Writings from Ancient Times to the Present*, ed. Joseph Nigg (New York, 1999), pp. 173–4.
14 Nigg, ed., *The Book of Fabulous Beasts*, pp. 261–9.

15 Anonymous, 'Great Sea Serpent', *The London Aegis* (7 August 1818).
16 更多关于目击大海蛇的细节，见J. P. O' Neil, *The Great New England Sea Serpent: An Account of Unknown Creatures Sighted by Many Respectable Persons between 1638 and the Present Day* (Camden, me, 1999)。
17 Bartholomaeus Anglicus, 'On the Properties of Things' (selection), trans. Robert Steele, in *The Book of Fabulous Beasts*, ed. Nigg, p. 141.
18 Sabine Jell-Bahlsen, 'Ogbuide: The Igbo Lake Goddess', in *Goddesses in World Culture*, ed. Monaghan, vol. i, pp. 249–62.
19 John Keats, 'Lines on the Mermaid Tavern', *Golden Treasury*, ed. Francis Turner Palgrave (London, 1884), p. 114.

▶ 9 火与空气中的生物

1 Paracelsus, 'Liber de nymphis, slyphis, pymaeis et salamandris et de ceteris spiritibus' [c. 1540], in *Theorphrastus von Hohenheim, genannt Paracelsus, Sämptliche Werke*, ed. Karl Sudhoff (Berlin, 1933), vol. xiv, pp. 127, 35, 38, 49–50.
2 Ibid., pp. 127, 49–50.
3 Max Müller, 'Chips from a German Workshop' [1871], in *Peasant Customs and Savage Myths: Selections from British Folklorists*, ed. Richard M. Dorson (Chicago, il, 1968), vol. i, pp. 67, 103.
4 Anonymous, *The Egyptian Book of the Dead*, trans. E. Wallis Budge (New York, 1995), p. 367.
5 Herodotus, *History of Herodutus*, trans. G. C. Macaulay, Sony e-book edn (London, 1890/2010), chap. 73.
6 Anonymous, 'Bestiary: Being an English Version of the Bodelian Library, Oxford ms Bodley 64' [c. 1250], trans. Richard Barber (Woodbridge, 1999), p. 143.
7 Wallace Stevens, 'Of Mere Being', in *Selected Poems* (New York, 2011), p. 318.
8 Herodotus, *History of Herodutus*, chap. 115.
9 Anonymous, 'The Romance of Alexander' (selection), trans. Richard Stoneman, in *The Book of Fabulous Beasts: A Treasury of Writings from Ancient Times to the Present*, ed. Joseph Nigg (New York, 1999), pp. 171–2.
10 Lewis Carroll, in *The Annotated Alice: The Definitive Edition*, ed. Martin Gardner (New York, 1999), pp. 94–9.
11 Joe Nigg, *The Book of Gryphons: A History of the Most Majestic of All Mythical Creatures* (Cambridge, ma, 1982), p. 194.
12 Anonymous, *The Arabian Nights: Tales of 1,001 Nights*, trans. Malcolm C. Lyons (London, 2011), vol. ii, Night 556.
13 Ibid., vol. iii, Night 1,001.
14 David D. Gilmore, *Monsters: Evil Beings, Mythical Beasts, and All Manner of Imaginary Terrors* (Philadelphia, pa, 2009), pp. 102–3.
15 Ibid., p. 135.
16 Noriko T. Reider, *Japanese Demon Lore: Oni from Ancient Times to the Present* (Logan, ut, 2010), pp. 23–4, 51.
17 Ibid., p. 17.

18 Edward Topsell, *The History of Four-Footed Beasts and Serpents and Insects* [1658] (New York, 1967), vol. ii, p. 705.
19 Ibid., vol. ii, pp. 713–14.

▶ 10 土地中的生物

1 James Lovelock, *The Revenge of Gaia: Earth's Climate Crisis and the Fate of Humanity* (New York, 2006).
2 David Leeming and Margaret Leeming, *A Dictionary of Creation Myths* (Oxford, 1994), p. 60.
3 Paracelsus, *Paracelsus: Selected Writings,* trans. Norbert Guterman (Princeton, nj, 1979), p. 15.
4 Mircea Eliade, *Shamanism: Archaic Techniques of Ecstasy*, trans. Williard R. Trask (Princeton, nj, 1974).
5 G. M. Mullett, *Spider Woman Stories: Legends of the Hopi Indians* (Tucson, az, 1991), pp. 11–43.
6 David Attenborough, *The Private Life of Plants: A Natural History of Plant Behavior* (Princeton, nj, 1995), p. 23.
7 Natalie Angier, 'Sorry, Vegans: Brussels Sprouts Like to Live, Too', *New York Times* (21 December 2009).
8 Jurgis Baltrušaitis, *Le Moyen-Âge fantastique* (Paris, 1993), pp. 109–24.
9 Ibid., pp. 109–54.
10 John Gerard, 'Herball', in *The Book of Fabulous Beasts: A Treasury of Writings from Ancient Times to the Present*, ed. Joseph Nigg (New York, 1999), pp. 270–72.
11 John Mandeville, *The Travels of Sir John Mandeville* [c. 1366] (London, 1983), chap. 29.
12 Heinz Mode, *Fabulous Beasts and Demons* (London, 1975), pp. 187–8, 97.
13 Paracelsus, *Paracelsus: Selected Writings*, p. 25.
14 Baltrušaitis, *Le Moyen-Âge fantastique*, p. 126.
15 这些传说被翻译成阿拉伯文、波斯文、中文以及多种西方语言，想了解它们的详细历史，见 Baltrušaitis, *Le Moyen-Âge fantastique*, pp. 124–50。
16 Anonymous, *The Arabian Nights: Tales of 1,001 Nights*, trans. Malcolm C. Lyons (London, 2011), vol. iii, Nights 820–39.
17 David Attenborough, *The First Eden: The Mediterranean World and Man* (Boston, ma, 1887), pp. 140–41; Mode, *Fabulous Beasts and Demons*, p. 224.
18 Ovid, *Metamporphoses*, trans. Rolfe Humphries (Bloomington, in, 1955–7), book 1, ll. 449–591.
19 Robert Kirk, *The Secret Life of Elves and Fairies* [1692], ed. John Matthews (New York, 2004), pp. 18, 80–81.
20 J.R.R. Tolkien, *The Fellowship of the Ring: Being the First Part of Lord of the Rings* (New York, 2005), book 3, chap. 4.

▶ 11 变形怪

1 Viviane Baeke, 'Les Hommes et leurs "douleurs animales" : Cameroun Occidental (région des Grassfields)' , in *Animal*, ed. Christiane FalgayrettesLeveau (Paris, 2007), pp. 253–69.

2 Pedro Pitarch, *The Jaguar and the Priest: An Ethnolgraphy of Tzeltal Souls* (Austin, tx, 2010), pp. 1–5, 40–43.

3 Pliny, Natural History: *A Selection*, trans. John F. Healy (New York, 1991), book 7, chap. 174.

4 Aesop, in Joseph Jacobs, ed., *The Fables of Aesop, Selected, Told Anew* (London, 1910), pp. 180–81.

5 Plato, *The Last Days of Socrates: Euthyphro, Apology, Crito, Phaedo* [c. 399–429 bce] trans. Hugh Tredennick (New York, 1993), sections 82a–b.

6 Ovid, *Metamorphoses*, trans. Rolfe Humphries (Bloomington, in, 1955–7), book 6, ll. 1–145.

7 Ibid., book 6, ll. 409–748.

8 Ibid., book 3, ll. 138–250; ibid., book 1, ll. 205–55.

9 Wang Chi-Chen, *Traditional Chinese Tales* (New York, 1944), pp. 24–34.

10 Xiaofei Kang, 'Fox Lore and Worship in Late Imperial China' , in *What Are the Animals to Us? Approaches from Science, Religion, Folklore, Literature, and Art*, ed. Dave Aftandilian, Marion W. Copeland and David Scofield Wilson (Knoxville, tn, 2007), p. 22.

11 Royall Tyler, ed., *Japanese Tales* (New York, 1987), tale 81.

12 Ovid, *Metamporphoses*, book 1, ll. 163–245.

13 Petronius, *Satyricon* [c. 60 ce], trans. Michael Heseltine (Cambridge, ma, 1987), sections 61–2.

14 Charles Mackay, *Extraordinary Popular Delusions and the Madness of Crowds* [1841] (New York, 2011), pp. 274–5.

15 Elizabeth de Fontenay, *Le Silence des bêtes: La Philosophie à l'épreuve de l'animalité* (Paris, 1998), pp. 684–9.

16 关于这个过程的想象，见 Boria Sax, *Animals in the Third Reich: Pets, Scapegoats and the Holocaust* (New York, 2000), pp. 47–55。

17 Franz Kafka, *The Metamorphosis*, trans. Willa Muir and Edmund Muir (New York, 1987).

18 Bourke, *What It Means to be Human*, pp. 327-386.

19 关于虚拟现实的详细讨论，见 Edward Castronova, *Synthetic Worlds: The Business and Culture of Online Games* (London, 2005)。

▶ 12 机械动物

1 J. K. Rowling, *Harry Potter Paperback Box Set, Books 1–7* (New York, 2009).

2 Anonymous, *The Arabian Nights: Tales of 1001 Nights*, trans. Malcolm C. Lyons (London, 2011), Night 294.

3 更多关于生物技术，尤其是基因编辑技术的内容，见 Emily Anthes, *Frankenstein's Cat: Cuddling Up To Biotech's Brave New Beasts* (New York, 2013)。

4 更多关于此类技术和模拟动物的讨论，见 Agnès Guillot and Jean-Arcady Meyer, *How to Catch a Robot Rat: When Biology Inspires Innovation*, trans. Susan Emanuel (Cambridge,

ma, 2010)。

5 Guillot and Meyer, *How to Catch a Robot Rat*, pp. 134–6.

6 Tamagotchi Graveyard, 2011, at http://shesdevilish. tripod.com/grave.html, accessed 15 August 2011.

7 更多仿生技术和计算机文件的深入讨论，见 Sherry Turkle, *Life on the Screen: Identity in the Age of the Internet* (New York, 1995)。

8 更多关于数码宠物和类似产品的细节，见 Sherry Turkle, *Alone Together: Why We Expect More from Technology and Less from Each Other* (New York, 2011)。

9 Mark Derr, *How the Dog Became a Dog: From Wolves to Our Best Friends* (New York, 2011).

10 更多内容，见 Boria Sax, 'What Is this Quintessence of Dust? The Concept of the Human and Its Origins', in *The End of Anthropocentrism*, ed. Rob Boddice (London, 2011), pp. 21–37; Roberto Marchesini, *Post-Human: Verso nuovi modelli di esistenza* (Turin, 2002), esp. pp. 43–104, 510–50。

▶ 13 结论

1 David D. Gilmore, *Monsters: Evil Beings, Mythical Beasts, and All Manner of Imaginary Terrors* (Philadelphia, pa, 2009), pp. 189–94.

2 Paul A. Trout, *Deadly Powers: Animal Predators and the Mythic Imagination* (Amherst, ny, 2011), p. 176.

3 Mark Derr, *How the Dog Became a Dog: From Wolves to Our Best Friends* (New York, 2011), p. 61.

4 这就是哲学家 Tom Regan 和 Peter Singer 的方法。在我看来，Roberto Marchesini 正确地将此归因于要么是无法识别动物的变化，要么是不愿赋予它们任何意义。Roberto Marchesini, *Post-Human: Verso nuovi modelli di esistenza* (Turin, 2002), p. 512.

5 Claude Lévi-Strauss, *Totemism*, trans. Rodney Needham (Boston, ma, 1962), p. 89.

6 Mary Oliver, 'Swans', *Evidence* (Boston, ma, 2009), pp. 2–3.

延伸阅读

以下是我推荐的一些能进一步了解幻想动物的书籍。当然，关于这个主题的作品数不胜数，我挑选出来的书籍虽然可能帮助不大，但胜在读起来稀奇古怪。我在此只列出一些近几十年来出版的著作，它们涉及的内容很广泛。另外要说明的是虽然我只列举了英文著作，但其他语言的相关研究也相当丰富。这些著作本身也包含了大量的参考索引，它们可以作为阅读的起点，而非终点。希望展开进一步研究的读者可以参考以下内容。

On Monsters
An Unnatural History of Our Worst Fears
Asma, Stephen T.
New York, 2009
本书主要研究了历代民间传说、文学和电影中的恐怖形象，以及由这些作品衍生的怪物，强调了恐怖与崇高的关系。

Religion and Its Monsters
Beal, Timothy K.
New York, 2002
本书主要研究了来自《圣经》以及犹太教与基督教共通传统中的怪物，比如利维坦和贝西摩斯。

The Book of Imaginary Beings
Borges, Jorge Luis, and Margarita Guerrero, trans. Peter Sis
New York, 2005
一部幻想动物的词典，没有描述大量细节，但是充满了强烈的惊奇感。

Here Be Dragons
A Fantastic Bestiary
Delacampagne,
Ariane, and Christian Delacampagne
Princeton, nj, 2003
一部插图精美的幻想动物书籍，探究了贯穿整个人类历史的幻想动物，以及它们是如何反映人类潜意识的。

Monsters
Evil Beings, Mythical Beasts, and All Manner of Imaginary Terrors
Gilmore, David D.
Philadelphia, pa, 2003
本书从人类学角度探讨了神话传说中的怪兽，尤其值得注意的是书中讨论了北美印第安人和太平洋文明的传说。

Fabulous Beasts and Demons
Mode, Heinz
London, 1975
一部专业的学术研究书籍，在出版后的几十年里都被认为是关于幻想动物的权威研究。现在虽然有些过时，但仍然是很有价值的信息和分析来源。

The Book of Fabulous Beasts
A Treasury of Writings from Ancient Times to the Present
Nigg, Joseph, ed.
New York, 1999
这是一本综合性选集，选取了从《吉尔伽美什史诗》到《爱丽丝梦游奇境》等各类神话传说中出现过的怪物。

Mythical and Fabulous Creatures
A Sourcebook and Research Guide
South, Malcolm, ed.
New York, 1988
一本学术著作，主要致力于追溯狮鹫、独角兽等神话生物的起源和历史发展。

Allegory and the Migration of Symbols
Wittkower, Rudolf
New York, 1977
插图精美的经典作品。书中详细追溯了从希罗多德时代到19世纪初的不同文化中的视觉图标，尤其是幻想动物形象的传播。

A Wizard's Bestiary
Zell-Ravenheart, Oberon, and Ash DeKirk
Franklin Lakes, nj, 2007
这本书可能是最详细、最全面的幻想动物百科全书。

下面推荐关于特定的幻想动物的著作。过去几十年来，关于独角兽这个主题的学术类书籍数量尤其多。我的目的是给读者们提供一个方便进入更深层次研究的起点。因此每一种幻兽我只列举一本书，坚决忍住列出所有材料的冲动。另外我只列举广为人知的怪兽，它们皆来自神话，当然在小说中也十分常见。

Ganes'a
Lord of Obstacles, Lord of Beginnings
Courtright, Paul B.
New York, 1985
这是一部研究印度象头神犍尼萨的学术书籍。

The Unicorn
Gotfredsen, Lise, trans. Anne Born
New York, 1999
本书插图精美，同时应该也是众多研究近代独角兽神话、传说、艺术的最全面的一本书。

Vampires
Restless Creatures of the Night
Marigny, Jean, trans. Lorry Frankl
New York, 1994
关于吸血鬼历史的短文合集，着重描述吸血鬼作为恐怖和色情的结合体是如何在流行文化中散发独特魅力的。

The Book of Gryphons
A History of the Most Majestic of All Mythical Creatures
Nigg, Joe
Cambridge, ma, 1982
本书描绘了狮鹫从古代美索不达米亚到现代的历史，着重描述了它作为象征太阳的怪兽是何等重要。

The Great New England Sea Serpent
An Account of Unknown Creatures Sighted by Many Respectable Persons between 1638 and the Present Day
O'Neil, J. P.
Camden, me, 1999
一部详细描述水生怪物的书籍，主要记录了水手目击的海怪，并讨论它们的可信度。

Alone Together
Why We Expect More from Technology and Less from Each Other
Turkle, Sherry
New York, 2011
一本有关电子宠物的研究，讲述了它们给社会和个人带来的巨大影响。

Myths of the Dog-Man
White, David Gordon
Chicago, 1991
一本非常专业的书籍，研究了从中国到印度再到美国的狗头人的历史，以及它们作为原始和野蛮的象征。

致谢

本书所有《圣经》内容都引自《耶路撒冷圣经》。本书中部分内容改编自以下作品：Boria Sax, 'Metamorphoses', *Encyclopedia of Human–Animal Relationships*, 4 vols, ed. Marc Bekoff (Westport, ct, 2007), vol. iv, pp. 1056–60; Boria Sax, 'Who Patrols the Human–Animal Divide?', *The Minnesota Review*, 73–4 (2009), pp. 165–70; Boria Sax, 'Storytelling and the Information Overload', *On the Horizon*, xiv/4 (2006), pp. 165–70。

特别感谢我的妻子Linda，她提供了很多有用的建议，很多都被用在书里了。她还校阅了本书手稿。她是哈德逊河历史博物馆的资深讲解员，因此她的建议不仅体现了一种细腻的文学风格，同时也反映了对于过去的密切洞察力。

图书在版编目（CIP）数据

幻兽志 / (美) 博里亚 · 萨克斯著；王爽译. — 北京：中国工人出版社，2023.4
书名原文：Imaginary Animals: The Monstrous, the Wondrous and the Human
ISBN 978-7-5008-8015-8
Ⅰ. ①幻… Ⅱ. ①博… ②王… Ⅲ. ①文化史—世界 Ⅳ. ①K103
中国国家版本馆CIP数据核字(2023)第089649号

著作权合同登记号：图字01-2022-3466

幻兽志

出 版 人	董　宽
责任编辑	陈晓辰　董芳璐
责任校对	张　彦
责任印制	黄　丽
出版发行	中国工人出版社
地　　址	北京市东城区鼓楼外大街45号　邮编：100120
网　　址	http://www.wp-china.com
电　　话	（010）62005043（总编室）（010）62005039（印制管理中心） （010）62001780（万川文化项目组）
发行热线	（010）82029051　62383056
经　　销	各地书店
印　　刷	北京盛通印刷股份有限公司
开　　本	710毫米×1000毫米　1/16
印　　张	23.5
字　　数	350千字
版　　次	2024年2月第1版　2024年2月第1次印刷
定　　价	188.00元